明清实录藏族史料类编丛书

"十三五"国家重点图书出版规划项目

名誉主编 ◎ 顾祖成　　主编 ◎ 孔繁秀

清实录藏族史料类编

第四集

孔繁秀　主编

·广州·

版权所有　翻印必究

图书在版编目（CIP）数据

清实录藏族史料类编．第四集／孔繁秀主编．—广州：中山大学出版社，2019.10

（明清实录藏族史料类编丛书／孔繁秀主编）

ISBN 978-7-306-06695-4

Ⅰ．①清…　Ⅱ．①孔…　Ⅲ．①藏族—民族历史—史料—中国—清代　Ⅳ．①K281.4

中国版本图书馆 CIP 数据核字（2019）第 196226 号

QINGSHILU ZANGZU SHILIAO LEIBIAN DISIJI

出 版 人：	王天琪
策划编辑：	嵇春霞　高　洵
责任编辑：	高　洵
责任校对：	王　燕
封面设计：	林绵华
装帧设计：	林绵华
责任技编：	何雅涛
出版发行：	中山大学出版社
电　　话：	编辑部 020-84110779，84111996，84113349，84111997
	发行部 020-84111998，84111981，84111160
地　　址：	广州市新港西路135号
邮　　编：	510275　　传　真：020-84036565
网　　址：	http://www.zsup.com.cn　E-mail: zdcbs@mail.sysu.edu.cn
印 刷 者：	常州市金坛古籍印刷厂有限公司
开　　本：	787mm×1092mm　1/16
总 印 张：	176.375印张
总 字 数：	2800千字
版次印次：	2019年10月第1版　2019年10月第1次印刷
总 定 价：	1350.00元（全九集）

如发现本书因印装质量影响阅读，请与出版社发行部联系调换

○《清实录藏族史料类编》编辑委员会

顾　　问：杜建功　扎西次仁
主　　任：欧　珠　刘　凯
委　　员：邹亚军　扎西卓玛　史本林　袁东亚　王沛华　张树庭
　　　　　顾祖成　索南才让　张宏伟　王斌礼　陈敦山　袁书会
　　　　　丹　曲　徐　明　孔繁秀

○《清实录藏族史料类编》由西藏民族大学承编

名誉主编：顾祖成
主　　编：孔繁秀
编辑人员：赵艳萍　张若蓉　崔　苪　陈鹏辉　顾浙秦　李　子
　　　　　马新杰　冯　云　马凌云

目 录

大小金川之役,第二次用兵,两金川平定(续一)/ 865

    清军将领间的倾轧,清廷查处对温福、桂林的弹劾,伍岱、阿尔泰、宋元俊等获罪 /865

    温福、阿桂等统兵进剿,攻克路顶宗、僧格宗、美诺、布朗郭宗、底木达,僧格桑逃往金川,小金川全境荡平 /887

    索诺木党恶助逆,清军决计进剿金川,三杂谷、梭磨、绰斯甲布、布拉克底诸土司派兵协剿 /944

    军糈挽运、银饷解拨、将弁调遣、台站设置、军报驿递等 /1002

    金川潜放"夹坝"乘间滋扰,僧格桑窜回小金川煽动复叛,底木达、布朗郭宗、大板昭等处被袭占 /1045

    木果木温福大营溃散,美诺失守,阿桂率军自当噶尔拉退至翁古尔垄 /1052

    清廷调遣满洲劲旅、绿营新兵应急增援,谕令阿桂等密筹收复小金川,再图平定大金川 /1071

    对将领兵弁、土司土兵的议赏、议叙、议恤 /1102

    蠲免、缓征官兵经过之地方及旁近州县钱粮 /1130

土尔扈特渥巴锡等奏请赴藏熬茶,清廷特准官为办理护往 / 1133

订译四体合璧大藏全咒和满文大藏经 / 1134

西藏贵族的袭封 / 1136

驻藏大臣的任免、奖惩 / 1137

赈灾、免赋 / 1138

大小金川之役，第二次用兵，两金川平定（续一）

清军将领间的倾轧，清廷查处对温福、桂林的弹劾，伍岱、阿尔泰、宋元俊等获罪

○乾隆三十七年（壬辰）四月壬申（1772.5.9）

参赞大臣色布腾巴勒珠尔等奏："臣等严讯伍岱，据供，前此副将色伦泰阵亡，因总兵马彪所领官兵并不遵照拨给，而乌什哈达亦不遵派委，是以自行具折参奏。至去岁十一月十三日进攻巴朗拉，乘夜打仗，绿营官兵鼓噪退回，非我畏难不进。又，既得巴朗拉以后，日隆宗贼番先行逃遁，并未敢妄报杀贼得功。至前在成都起程，沿途更换驿马，有道员查礼监放，未尝抢马带至军营等语。复传集在伍岱队内之侍卫官员隔别研究，众供俱属相符。请旨将伍岱革职，留于军营，自备资斧，效力赎罪。"

谕军机大臣等："色布腾巴勒珠尔、丰升额办理此事甚为错谬。折内但将无关紧要之事审实数款。其有关紧要者，如伍岱参奏温福仅图安逸，并不亲身打仗，致有失机。如果属实，则罪在温福；若无此事，即系伍岱居心奸险，自占地步。事之有无，皆军营官兵共见共闻，有何难于剖白，何以伊等皆未详悉询问？即或温福诬奏伍岱，伊等亦当并参温福，勘取两造合词定案，不可徒就一面之供作为证据。再如伍岱夺取驿马一事，伍岱不肯认承，即当询明更换何驿之马，提同质审，断无不得实情之理。若止将跟随伍岱之侍卫官员审讯，伊等讦告伍岱，即系讦告自己，且旁无证见，自不肯承。凡事务得实情，断不可以颟顸了事。著传谕色布腾巴勒珠尔、丰升额，另取两造供词，其孰是孰非之处，务在逐一审明具奏。"

（高宗朝卷九〇六·页一五上～一六下）

○乾隆三十七年（壬辰）四月癸未（1772.5.20）

谕军机大臣等："现在温福等分路进剿，克期可抵美诺，僧格桑势必窜入金川。索诺木既与同恶相济，亦断不肯将逆酋擒献。若至大兵乘胜深入，进逼贼巢，索诺木势窘力竭，始思献出凶竖，为穷蹙乞怜之计，即非诚心畏服，切不可稍存姑息。且索诺木狡悍不驯，若不及早剪除，终贻后患。现在收复革布什咱，戕其头目，贼酋必不甘心。又，昨据温福奏，沃克什脱出番民供词，有'闻绰斯甲布夺了两个牛厂'之语。绰斯甲布因桂林差陈定国前往，谕令助势堵截，仗我兵威，故敢夺取金川地界。索诺木焉肯干休？将来大兵既撤，必至受其荼毒。又如革布什咱土司之被戕，其势仍须查办，不能不复烦师旅。与其日后另费经营，何如目下一劳永逸之为愈乎？是办理金川一节，断不宜更涉游移。但番地冬间冰雪凝积，军行不免稍艰，惟夏秋进兵较为便易。著传谕温福、桂林及早熟筹，上紧妥办。再，前温福等奏，译出索诺木原禀内有'翁王''武王'之语，此必贼酋等探知色布腾巴勒珠尔、丰升额近奉派往军营，一系王爵，一系公爵，妄揣二人位在温福之上，必系派往督办军事，故以'翁王''武王'为称。或贼番诡诈，欲借此以行其反间，致温福与色布腾巴勒珠尔等不和，因嫌生懈，冀缓我师。此于军务甚有关系。色布腾巴勒珠尔心极诚悫，但性喜奉承。丰升额亦知奋勉，而不甚晓事。恐因贼酋巧辞尊敬，不觉侈然自大，妄逞己见。而温福又或略存形迹，以致掣肘误公，所系匪浅。当知温福以大学士兼副将军，系朕特简其总办军务，色布腾巴勒珠尔等系参赞大臣。军营事宜自以将军为政，参赞位在将军之下，惟当统兵督剿，于行军机要不容稍有搀越。色布腾巴勒珠尔等不可不自检束，稍滋疑衅。至温福受朕委任，当以国事为重，一切和衷共济，方为不负恩遇。即色布腾巴勒珠尔等稍有不能和协之处，温福惟当一秉公忠，实心集事，不可少存私见，致相抵牾。总之，军务责在将军，有功自以温福居先，有过亦当温福是问。将此明白训谕，俾其各知遵勉。"

（高宗朝卷九〇七·页九下～一二上）

○乾隆三十七年（壬辰）五月乙未（1772.6.1）

定边右副将军大学士温福奏："色布腾巴勒珠尔听信员外郎明德之言，

总以招致贼人为是，臣劝阻不听。原议克日攻取阿喀木雅南北山梁，今官兵意中皆谓贼番不久即降，自三月二十九日修卡后至今未修，亦未攻夺。至伍岱闻色布腾巴勒珠尔前往审讯，预遣人迎接。到营审讯即欲将伍岱开脱。因臣在旁，遂交明德办理。伍岱、明德倚仗色布腾巴勒珠尔之势，朋比为奸，陷臣于罪，难逃洞鉴。"

谕军机大臣等："温福奏色布腾巴勒珠尔种种妄行，不可仍在军营。著将伍岱锁拿，即交色布腾巴勒珠尔同军机章京明德押解来京。其带去章京等仍留军营随队进兵。"

又谕曰："色布腾巴勒珠尔人本糊涂，因其屡次恳赴军营，向以练习军务，遂令代为参赞。然犹谆切教诫，冀其自知改勉。不意到军营后不思协力剿贼，偏袒伍岱。据其一面之词，苛求温福，欲加之罪，以致进剿事宜月余延缓。其乖张贻误之罪，实无可逭。色布腾巴勒珠尔所有爵位、职任著俱革退，并将明德革职，锁拿解京讯究。至所奏温福在军营如实有欺罔之处，或未过巴朗拉而捏称已过，未得资哩而诡称已得，其罪自无可辞，即朕亦不肯废法曲贷。乃所指不过分改十二人供词及资哩非由攻得两节，均属毛举细故。况番人新济古勒原系擒到活口，讯明正法，其余十一人俱有姓名、首级。或当未及鞫讯，即予骈诛，补写供词，本亦无关轻重。至温福奏得资哩原折，亦称贼人露有奔逃形迹，因得其碉寨，并未捏报打仗歼戮之事。核其节次所奏，温福并未涉欺，本无可加之罪。至于行军要领，惟功罪大端不容稍有欺伪，而批览军书，躬亲筹画，亦断不能逃朕之洞鉴。若细微节目略为粉饰，乃军营所常有，朕亦不过于吹求。朕赏罚一秉大公，诸臣果能忠诚为国，朕酬勋从重，众所共知。温福亦当感激思奋，督励将士，竭力进攻，擒获逆竖，仍与桂林商办进剿金川事宜，和衷共济，迅奏肤功。"

（高宗朝卷九〇八·页一下～三下）

○乾隆三十七年（壬辰）五月丁酉（1772.6.3）

谕曰："色布腾巴勒珠尔所遗领侍卫内大臣员缺，加恩著舒赫德补授，著永玮署理；镶蓝旗满洲都统员缺，著显亲王蕴著补授；火器营印钥，著绵恩佩带；色布腾巴勒珠尔之火器营事务，著舒常管理。"

（高宗朝卷九〇八·页四下～五上）

○乾隆三十七年（壬辰）五月辛丑（1772.6.7）

又谕（军机大臣等）曰："阿尔泰等奏桂林在军营乖张捏饰各情形，实出意想之外。已派福隆安驰驿前往查审，并谕阿桂迅往南路办理进兵之事矣。福隆安未到之前仍令桂林办理，阿桂不可预有泄漏。但据奏，桂林毫无定见，一切机宜恐不能措置恰当。现在进剿小金川，甚关紧要。阿尔泰受朕厚恩，且系旧时总督，军营之事本无可诿。其卡丫及章谷一带有应派兵防守者，急须妥办经理，以防贼番抄截。至攻剿僧格宗一路，尤应相机速办。阿尔泰不可推诿因循，致滋歧误。至所奏兵心愤怨，恐致变生，于事更有关系。昨从后山进攻，官兵失利，人情未免惊惶。阿尔泰务须处以镇静，随宜调剂，励众心而弭事衅。"

又谕曰："阿尔泰奏桂林各款，如修屋居住，终日酣饮欢聚，及闻官兵覆没，毫无恻悯之心，已非情理所有。至密令汪腾龙交银王万邦赎取小金川所遮官兵一节，尤为大谬。果如所言，则桂林之罪更重。阿尔泰人素老成，所奏不当虚妄。且其事关系甚大，非若色布腾巴勒珠尔等之偏袒伍岱挦扯细故劾奏温福可置不问者比。一经审实，桂林即当从重治罪。现在进剿机宜甚关紧要，阿尔泰年力已衰，且平日未谙军旅，带兵进剿不可无专主之人。因思温福一路，阿桂之外，尚有丰升额为参赞。著传谕阿桂，速赴南路统兵。若阿桂先到成都，即在彼候福隆安到时同往。若福隆安已过成都，阿桂速赴军营，毋稍刻缓。桂林自简用总督以来，屡次克捷，朕不料其出息若此，喜出望外。今阿尔泰奏到情节，又不料其荒唐若此，可骇亦出意外。而官兵伤亡过多，金川罪无可赦，索诺木之必当并剿，更不容缓。昨温福一路为色布腾巴勒珠尔等所耽误，方冀桂林进攻僧格宗先能得手，今又不足恃，朕实深为愤懑。温福当迅速进攻，立擒逆竖。"

（高宗朝卷九〇八·页八下～一〇上）

○乾隆三十七年（壬辰）五月壬寅（1772.6.8）

谕军机大臣等："温福等奏到脱出沃克什番民锡喇布供称：闻得南路大兵由西山进去，欲截小金川甲尔木后路，不意金川之兵潜从后路抄出，将官兵截在中间，围困七日，伤坏甚多，其数目传说不一等语。是桂林派往西山进攻之兵伤损甚多，桂林竟尔隐讳不奏，实为可骇。行军接仗，伤亡亦所不免。设所伤无多，稍有粉饰，犹属军营偶有。是以前次降旨，桂林因侍卫等阵亡自行请罪，尚予宽免。若竟至二三千众，全军覆没，则关系甚大。乃亦匿不上闻，是因惧罪而转涉于欺，致令死事者泯灭，无由邀恤，良心何在？即此一节，桂林之罪已为不小。至官兵被围七日，为时甚久，桂林若于薛琮初次告急时发兵策应，何至失挫若此？乃竟视同膜外，以致官兵无援陷殁，问之桂林尚能置喙乎？至向小金川赎回被抢之人，损国威而长贼智，尤为乖谬。又修屋居住，亦无此理。督兵进剿，自当以前进为期，从前讷亲在军营即以偷安正法，桂林岂未闻知？试问桂林，朕待讷亲多年恩眷，较之桂林新加擢用者何如？讷亲以大学士兼公爵，较比新进之初任总督又何如？实不意其自蹈罪戾若此！至其狂妄骄纵，群聚欢饮，不见将佐等事，皆其器小易盈，无福受恩所致，反为小节矣。以上各情节，福隆安审实后，即可按律从重定拟，将桂林拿问，交阿尔泰严加看守。其总督印务，即传旨交阿尔泰署理。进兵之事，即交阿桂专办。福隆安具折奏闻，不必守候批示，即赴行在复命，务于七月二十前后到热河。昨因审案重大，不得不令其前往。但福隆安承管之事甚多，而土尔扈特郡王巴木巴尔等到热河时，并须亲近大臣照料，福隆安不便久离朕前，谅福隆安亦所深知也。设或阿尔泰所奏全虚，西山损兵不过数百，而张大其事妄报三千，及交银赎人一节毫无影响，并赏银之拉塔尔亦属子虚，则是宋元俊构词诬陷，自当奏明请旨另办。但就锡喇布供词，官兵伤损过多之说已有端倪，其余谅亦不妄，未必是非颠倒，大相悬绝至于如此也。"

（高宗朝卷九〇八·页一一下～一四上）

○乾隆三十七年（壬辰）五月丙午（1772.6.12）

又谕："前据桂林奏报官兵进攻墨垄山侍卫六十一等阵亡一折。于兵丁伤损情形并未明言，即疑其中必有含糊捏饰，当经传旨询问。嗣据阿尔泰参奏，桂林派往北山进攻所失将备兵丁甚多，桂林竟隐讳不奏。且复措置乖张，修屋居住，终日酣饮欢聚，闻官兵被陷，毫无恻隐之心。甚至密令汪腾龙交银王万邦赎取陷贼兵丁，其事尤堪骇异。似此失律欺罔，情罪重大，实出情理之外。已派福隆安驰驿迅速查办，一经审实，即当从重治罪。今日据宋元俊奏，桂林自此次失利之后，并未与贼人接仗。一切应办事宜不置可否，以致军营无所禀承。又，索诺木投递夷禀，送回把总李朝林，桂林即行札嘱宋元俊不必声张致生议论。看来桂林始因进兵挫衄，毫无策应，及军中节次告急，并不速为救援，遂尔坐视失机，茫然失措，惟知坚持掩覆之计，不惜丧心罔上，自蹈重罪，岂复意料所及？现在军务关系紧要，福隆安到彼尚需时日，未便久延。阿尔泰著即行署理四川总督，一面传旨将桂林革职锁拿，严行看守候审。至南路带兵进剿之事，昨已令阿桂星驰赴彼接办。到时即行统率官兵，实心妥办，克期集事。朕于诸臣功罪从不稍设成心，况军务大事信赏必罚，所关尤巨。如桂林自抵军营节次调度合宜，屡经破碉收寨，著有成绩，朕方降旨亟加优奖，实不料其器小易盈，荒唐谬戾一至于斯。是桂林前以甫经任用之人，既不意其骤能出息如此，而今之天夺其魄，无福承受恩泽，遂尔本心顿失，重误军机，则亦罪由自取，初非朕之所能逆睹，又岂朕之所能曲贷耶？朕实不胜愤懑惭愧，将此通谕中外知之。"

谕军机大臣等："宋元俊奏：'一切应办事宜禀商桂林，不置可否。索诺木具禀送还把总李朝林，桂林但云此事任你去办，又亲笔札嘱不得声张。'是桂林于伤损官兵一节始既讳匿，今复弥缝，已无疑义。且自前此失利以来茫无主见，不复能发谋出虑。若仍令其以总督带兵，俟福隆安审明再办，不免耽延时日，于军营必更贻误。现已明降谕旨将桂林革职，其四川总督印务令阿尔泰署理。阿桂即速驰往妥办。其未到之前，一应军务阿尔泰责无可诿，即当催督将领上紧筹办。俟阿桂到彼，专办进兵。至粮饷等事，原系总督职分，阿尔泰往来章谷一带督办亦无不可。第军旅本非所娴，驰驱亦非所习，冲锋杀贼之事，原不责之于彼也。至索诺木番禀公然欲令僧格桑磕头完事，且敢羁留内地官弁，思易其被拘之喇嘛等，是其挟此要求，显然抗拒，实系此事罪魁，更难歇手。索诺木倘将内地被留之人送至军营，借以窥探，温福等切勿意涉游移。惟将送回之人及来人一并留住，断不可给发回文，庶使逆酋无从揣测。至宁禄身系满洲，且为游击大员，非千总微弁可比，当进攻失挫，被贼遮留，自当明于大义，挺身骂贼。即使为贼所害，亦必优加赠恤，录及其子。乃竟腼颜偷生，且求调出，甚属无耻。若经送还，即当解京治罪。其余千、把以下尚可不加责备；或由贼中送回，仍留军营效力。若守备以上，秩非微末，即不应忍耻偷生；如有送回，不拘满汉，并当革职解京究治。再据宋元俊奏，前次阵亡副将二员。是该处现出有副将员缺，董天弼自革职以来尚知奋勉，著阿尔泰即令补授副将，以观后效。"

（高宗朝卷九〇八·页二〇上～二三下）

○乾隆三十七年（壬辰）五月丁未（1772.6.13）

又谕（军机大臣等）："阅阿尔泰原奏，从前由卡丫攻取达乌时，宋元俊曾将各路险易情形具禀桂林，并不省视，致临时号令不一，官兵伤亡六百余名，赖陈定国从山后抄截，始得达乌等语。因检阅桂林等奏攻得达乌一折，止云兵练均各奋勉出力，亦且伤损无多，并云伤亡官兵查明照例办理，并未奏及六百名之数，已属心存欺饰。又据称桂林派侍卫章京同薛琮从墨垄沟山后进发，约定绕至前敌山梁接应夹攻。乃桂林与铁保、汪腾龙于初八日至彼，略一进攻，即行退守。十二日并将明亮、铁保、汪腾龙撤回。是其节节贻误之处均不可不加穷究。至明亮等系带兵大员，攻剿乃其专责，因何略攻即退，并听桂林撤回？铁保本一无能为之人，汪腾龙亦深染绿营浮滑恶习，此二人原不足恃。至明亮平日尚知勇往任事，世臣勋亲尤当以国事为念。乃亦不顾军务紧要，惟凭桂林指挥，与铁保、汪腾龙等旅进旅退。且见桂林乖张欺罔，并不胪实密奏，随同隐忍，是诚何心？以上各情节，著福隆安逐一研讯，毋任丝毫遁饰。至汪腾龙以提督统兵进剿，见桂林如此乖谬，亦不据实参奏，岂可复膺专阃？著即解任候审。哈国兴虽不免绿营习气，其带兵行走尚知出力，昨已谕其迅速赴温福军营听用。所有西安提督员缺，即著哈国兴补授。"

（高宗朝卷九〇八·页二四下～二六上）

○乾隆三十七年（壬辰）六月甲申（1772.7.20）

谕（军机大臣等）曰："文绶著调补四川总督。其陕甘总督员缺，著海明调补。阿尔泰著署理湖广总督。文绶著即驰驿赴四川新任。阿尔泰俟文绶到日，再赴湖广总督之任。海明未到陕甘之前，总督印务著勒尔谨前往署理。其陕西巡抚印务，著毕沅暂行护理。"

钦差尚书公福隆安奏："臣驰抵卡丫军营，传集桂林、汪腾龙、王万邦等隔别研讯。先将阿尔泰、宋元俊参奏桂林乖张捏饰各款逐一讯问。据桂林供：'攻取达乌并未伤损六百余人。至墨垄沟失事一节，因伤亡及迷失官兵数目不及详查，是以于折内声明另行咨部。军营内遇有会议，都统、提督等偶尔留饭，并无欢饮之事。南路买卖稀少，酌量购买食物，从内地送至军营，给发价值，并未勒派供应。'至诘以宋元俊另折所参，脱出之把总李朝林带有游击宁禄禀帖，何以嘱令不许声张，据供：'宁禄系满洲游击大员，见其隐忍偷生，实为切齿。但官兵失挫，恐声张有乱众心。'又诘以交银五百两，令赎取兵丁一节，坚称并无其事。询之宋元俊，据称：'于四月二十一日自革布什咱回营至汪承霈处，据言金川抢掠兵丁，传说有送出邀赏之语。今汪腾龙将银五百两交王万邦酌办。恐其不能料理，元俊随往见总督禀明，此乃损威失体，断不可行。总督不答，亦即辞出。'据王万邦供，汪腾龙差土兵拉塔尔送银五百两、书信一封，内云金川情愿将人送出邀赏。如果送出，可将此银酌赏。迨后二日，金川并无动静，遂告汪腾龙将银取回，并写书告知宋元俊等语。又据汪腾龙供：'王万邦差人来称，金川送出官兵一名，要求赏赐，随见桂林面述。桂林言可即遣令回去。次日送银五百两，令转送与王万邦酌赏。隔二三日桂林又令将银取回。'臣思汪腾龙将金川送出官兵之故面告桂林，其时桂林并无赏银之说，何以忽尔差交银两，所差何人，传何言语，再四穷诘，汪腾龙始供系汪承霈差人交来。当即询问汪承霈，供：'是时据知州曹焜、同知林儁告言，闻我兵有迷失在各处山沟，巴旺、布拉克底之人可以找寻，但须赏赐。并言可于粮务处借银五百两应用。'汪承霈告知桂林，遂向粮务处取银送往。及阅数日，汪腾龙言巴旺等番人不能往寻，遂将此银取回。随询之曹焜等所供均同。又提取粮务处号簿，内载四月十七日支银五百两，并注明发回字样。臣思此种银两，询据各供，未能吻合。恐其中思为桂林开脱者，或以赎银为赏银，或以赏两金川为赏巴旺、布拉克底。而思构陷桂林者，又或过甚其辞，均未可定，必须严加讯鞫，务得实情，始足以成信谳。"

谕军机大臣等："福隆安查审桂林一案，桂林一闻贼人抄袭后路之信，即令宋元俊迅往救援，并非膜视不顾。此必宋元俊既奉总督派令救援，未能即往，以致官兵失挫，其罪不小，惧为桂林所劾，先发制人。亦与伍岱之密奏温福无异，但宋元俊心更阴险，故假手阿尔泰，思得潜售其术耳。惟是现在正当集兵进剿，宋元俊又熟悉番情边务，为军营得力之人，非伍岱之去留无关轻重者可比。所有案内情节，此时且不必向其穷究，并须设法驾驭，令仍鼓舞自励，统俟军务告竣，总核功罪，再行定夺。如其功绩不能相抵，再为诘办。著传谕福隆安，体朕此意，密为妥协办理。所称据宋元俊送到宁禄禀帖，桂林以宁禄身系满洲，且为游击大员，见其隐忍偷生，实为切齿。彼时正当官兵失挫之后，令不必声张，以安众心等语。桂林现有手札为宋元俊呈奏，此乃桂林事后遁饰之词，不足为信。至于用银赎人一款，尤为最重情节。乃桂林供称并无赏给银两之说，而汪承霈则供认出自其意，殊属可疑。必系桂林揣此一节，罪为最重，预嘱汪承霈代认。试思汪承霈系随往司员，军务非其承办，即兵丁迷失不出，与伊何涉，而必欲代筹悬赏觅回之计？其事尤为显而易见。至宋元俊称系用银向金川赎回，而汪承霈则称系令巴旺、布拉克底土兵觅回给赏，各执一说，情节悬殊。或系汪承霈代为担当，冀减其罪，抑系宋元俊意图陷害，过甚其词，皆未可定。不可不彻底根究。此时宋元俊固不必向其穷诘，而汪腾龙等现俱在案，无难质讯确情，以成信谳。"

（高宗朝卷九一一・页八上～一四上）

○乾隆三十七年（壬辰）六月丙戌（1772.7.22）

谕（军机大臣等）曰："阿尔泰年力衰迈，于封疆重寄究非所宜，即湖广恐亦难胜任。著仍以散秩大臣留于川省南路军营，专办粮运事务。所有湖广总督员缺，仍著海明补授。其陕甘总督员缺，即著勒尔谨署理。富勒浑著调补陕西巡抚。其浙江巡抚员缺，著熊学鹏署理。俟服阕之日，再行实授。"

又谕曰："川省现在大兵分路进剿两金川，所有军营粮饷最关紧要，昨已特调文绶为四川总督，筹办粮运各事宜。但两路相隔稍远，必得各有大臣专司董率，而文绶兼总其成，方能妥速。南路现派阿尔泰在彼专管，其西路著派侍郎刘秉恬前往专办。刘秉恬人颇明白奋勉，此事尚所优为。著即驰驿速赴川省，不必前来行在请训。其仓场侍郎事务，虽有申保料理，著裘日修暂行兼管，来往行走可也。"

谕军机大臣等："阿尔泰自上年十二月加恩赏给散秩大臣，令其在章谷专办粮务，折内诸事均应早为筹画奏闻，何以至今始行入告？此必因福隆安、阿桂均到南路，向伊言及粮马台站事事稽误，始以一奏塞责。著传旨申饬，仍以散秩大臣留川，专办南路粮运事务。其西路粮运，已派侍郎刘秉恬前往专办，而文绶则当兼总其成。文绶奉到此旨后，著即由驿加紧遄行前往，速为妥办。至驿站马匹关系传递军报，且备往来差员应用，亦属军营最要之事。文绶到后，著将台站马匹一并妥协经理，加意整顿，并将作何筹办情形据实复奏。"

又谕曰："福隆安奏查审桂林案内发银交王万邦向金川赎回兵丁一款，均系宋元俊指使。不但心迹阴险，兼且行同无赖，甚至有'恐令带兵前进，去则必同薛琮，不去则瞿参劾'之语，真是丧尽天良！昨以宋元俊倾陷桂林尚系欲图卸过，先发制人，与伍岱无异，而宋元俊熟悉番情，尚可用其所长，俟将来功过相抵。今既审出各种情节，竟是一奸狡负恩之人，岂可复行姑息，贻误大事？宋元俊、汪承霈均著革职拿问，同桂林一并解赴行在候讯，再行降旨。至王万邦，初为宋元俊所愚，一经诘讯即吐实情，此案得以明确，其情尚属可原。且伊领兵打仗颇为勇往，著从宽免其革职治罪，仍在军营领兵，以励后效。知州曹煜、同知林儁议取赏号银两，虽未赏用，亦属轻举妄动。曹煜、林儁著革职，仍交文绶、阿桂差委，俟军务告竣，再行奏闻。明亮、铁保、汪腾龙前已降旨革职。铁保仍遵前旨，留于军营，自备资斧，效力赎罪。其成都副都统员缺，已令书景阿补授，并令驰驿即赴南路军营代铁保管领满洲官兵事务。明亮著赏给头等侍卫衔，汪腾龙著赏给参将衔，均自备资斧，带兵前往绰斯甲布，督同都司李天佑驾驭该土司等进剿金川。至于绰斯甲布一路进兵，甚为紧要。李天佑虽谙悉番情，但系都司，未必为番人畏服。明亮、汪腾龙初至其地，恐亦不能即与相习。著阿桂于南路军营大员内熟筹一明晓番地情形者，令其同往，以资控驭。"

（高宗朝卷九一一·页一七上～二〇上）

○乾隆三十七年（壬辰）六月戊子（1772.7.24）

谕军机大臣等："前据阿尔泰、宋元俊参奏桂林各款，彼时以阿尔泰老成笃实，所劾自非虚饰，桂林如果乖张谬妄至此，即应审明立置重典。曾经宣谕中外，并将原折发抄，特派福隆安前往查审。兹据福隆安审明原参最重，如造屋居住，实系贮米板屋三间。军营相聚酣饮，亦无其事，质之在营将弁等，众口一词。阿尔泰在旁听闻，惟称：'原参系宋元俊开给，我实未能深知。'至发银向金川赎人一款，讯系司官汪承霈等闻布拉克底、巴旺代觅绿旗迷失之兵，应加赏号，即向军需局取银五百两，交王万邦备赏。其取银月日实在金川未经送人到营之前。乃宋元俊于福隆安未到时，预嘱王万邦附会原参，供作向金川赎人。并教令王万邦捏写字札，宋元俊亦给复札，彼此执以为据。且向王万邦言：'我若不参桂林，俟陕甘兵三千全到，必令我带往进剿。若不去，彼必参我怯懦。'经王万邦供吐明确，宋元俊亦自认不讳，业已画供。后复向人言，若再问我，即行抹脖等语。初据福隆安奏到查审大概情形，以宋元俊不过因墨垄沟失事一节，桂林曾派其救援，恐为桂林所劾，故为先发制人之举，与伍岱无异。但伊熟悉番情，尚可留其在营带兵，俟事竣后功过相抵。今复据福隆安奏到宋元俊各种情节，不但其存心阴险，惟以倾陷为能，亦且行同无赖。而其不知感奋，畏惧带兵，止图自顾，全不以国事为念，直是丧尽天良，断不可留其在营偾事。已传谕将宋元俊革职拿问，解行在审讯。昨又据福隆安奏，已令其带兵往绰斯甲布。朕以其人已不足信，带兵实属非宜。若已起程在途，前旨暂留不发，俟其办理稍有头绪，再为核定。但宋元俊居心如此，实为可恶，岂宜令其复拥资财，保妻子？闻其系安徽怀远县人，著传谕高晋，即速查明，密派妥干大员驰赴宋元俊原籍，查伊田地、房产若干，其父母是否尚存，妻子或在本地居住抑系随任，逐一查明复奏。但此案尚未明降谕旨，高晋办此止须查点明确，密为看守，以防寄匿，不必照查抄家产之例即行抄没。将此由四百里传谕高晋知之。"

定边右副将军大学士温福等奏："据游击沈宽禀称，丹坝土妇赫尔日噶求发兵救援。该土境外逼金川，内连三杂谷，今三杂谷既愿出兵，将来必由彼境进剿，是以求官兵自卫，以表其诚。应否派兵前往，交董天弼体察办理。"

谕军机大臣等："温福等奏，丹坝求内地发兵防护，可以壮进剿金川声势，而三杂谷愿出兵助剿金川，尤当及锋而用。况贼酋已知有攻剿底木达之信，尤不宜迟。现在董天弼在彼筹办情形若何？何时可以进剿？著温福即速奏闻。"

（高宗朝卷九一一·页二一下～二四上）

○乾隆三十七年（壬辰）七月辛丑（1772.8.6）

又谕（军机大臣等）："前此薛琮由墨垄沟进攻告急时，桂林曾令宋元俊带兵赴援，渠以不得进路为词去而复返。又欲改由革布什咱取道，亦未成行。已有迟误之咎。其于桂林用银赎人一款，种种情节，俱不能无罪。因念其于番地情形尚所熟悉，特从宽宥，仍令带兵往绰斯甲布督率土司兵练进攻。宋元俊如知感恩奋勉，实心筹办，将来功罪原可相抵；若竟能得间深入，捣穴擒渠，必更膺酬勋渥典；或竟意存观望，惟蹈绿营虚夸积习，则其取戾更大。宋元俊自游击不数月擢至总兵，受恩较常人尤重，益当力图自勉。朕办事一秉大公，祸福惟其自取，将此严切饬谕宋元俊知之。"

（高宗朝卷九一二·页一一上～下）

○乾隆三十七年（壬辰）七月癸卯（1772.8.8）

谕军机大臣等："昨据留京办事王大臣奏到询取色布腾巴勒珠尔供词，其中情节与伍岱、明德原供均属不符。因令军机大臣复向伍岱、明德质问，所供仍与色布腾巴勒珠尔之供不同。色布腾巴勒珠尔自去冬以来告请出兵，心甚诚切，意其奋勉出力，何以一至军营即向温福以'因何不令金川来人进见'。必系沿途为明德怂恿，希图迁就完事。不然，何以顿改初心？至复审伍岱时，转向伍岱询问温福过失，尤不可解。据明德供，色布腾巴勒珠尔接奉复审之旨，见有孰是孰非一语，心中疑惑，遂尔错误等语。色布腾巴勒珠尔人本糊涂，如果错认旨意，尚属情理所有。是否当日真情抑系明德饰说，著传谕留京办事王大臣等，再向色布腾巴勒珠尔询明，据实具奏，并将伍岱等供词折角处一并询问。"

（高宗朝卷九一二·页一四下～一五下）

○乾隆三十七年（壬辰）七月戊申（1772.8.13）

谕："前据温福奏川省支给兵米口粮前后数目不符，请定章程一折。

即批令军机大臣速议。随据议：'照平定西陲新例，止准日给口粮八合三勺，不应复援旧案，概以一升给与。'朕以兵丁等正当奋勇进攻之时，自应格外优恤，因降旨加恩，仍准日给米一升。所有多给之数，系阿尔泰及军需局员误办，著落分赔示儆。今据阿尔泰奏到认赔一折，内称：'上年十月内曾将军需各款咨部。其口粮一项，照旧例日支米一升，经部复准在案。'因阿尔泰奏折不甚明晰，面询于敏中等。据奏，前此议复温福折，因关系军务，即日议复。约计西陲平定事例，不及检查部档，旋即查到复准之案。恐部复照金川旧例一升之处办理错误，复寄询承办之员。据复称：'日给口粮八合三勺，系满洲兵定例，绿营兵虽给米一升，其所得盐、菜银两较满洲兵为少。是以定例如此，并非多给，实系臣等错误，惶悚请罪。'是此项兵米口粮并非阿尔泰等违例妄费，乃军机大臣意在节省钱粮，未加详查档案所致。所有阿尔泰等请赔之项著宽免，其原议之军机大臣等著交部察议。"

又谕（军机大臣等）："前因宋元俊为人阴险，丧尽天良，断不可留其在军营偾事，已传谕将宋元俊革职拿问。旋因福隆安、阿桂奏令其仍带兵往绰斯甲布。朕以其人既不足信，实属非宜。若已起程，即将前旨暂留不发。但其居心可恶，岂宜令其复拥资财，保妻子？随传谕高晋，令将宋元俊原籍家产及其亲属密为查点看守，且不必即行抄没。高晋自应早已接奉遵办。但续据福隆安奏：'宋元俊在川于番情颇为熟悉，绰斯甲布一路若令宋元俊前往，尚可驾驭得力。所有节次原奉查办宋元俊谕旨，密封寄交阿桂，密存勿泄。'是宋元俊带兵之事已定。既因不得已而用之，又不宜令其别有见闻，心存疑惧，甚至中怀怨望，不肯实力妥办，并致有意外之虞，于军务甚有关系。高晋既往查其家产，伊家属及其亲族断无不差觅急足送信宋元俊之理，不可不严为防范，现已谕令高晋严密防查。但恐此旨未到以前，其江南家属等业已寄信，则在江省难于查办，著传谕文绶，于自安徽赴川总要路口，密派妥人盘诘。如有宋元俊家书，该督存留，不可发往宋元俊处。该督务须妥密办理，毋令宋元俊知而疑惧。仍即遇便复奏。"

（高宗朝卷九一二·页二九下～三三下）

○乾隆三十七年（壬辰）七月己酉（1772.8.14）

谕："前派色布腾巴勒珠尔审讯伍岱捏参温福一案，色布腾巴勒珠尔护庇伍岱，并未将伊详审，转将温福无关紧要事件反复搜寻，治罪亦所自取。但其人本糊涂，尚非有心坏事者可比。至伍岱意欲参奏温福，自占地步，亦属小人常态。但无显然实证，朕亦岂肯以未形之事苛求治罪？著施恩将色布腾巴勒珠尔撤去黄带在家圈禁，伍岱著发往伊犁，自备资斧，效力赎罪。并谕中外知之。"

（高宗朝卷九一三·页一下～二上）

○乾隆三十七年（壬辰）七月癸丑（1772.8.18）

谕："前据阿尔泰等参奏，桂林有在军营群聚酣饮一款，经福隆安讯明，桂林遇同事大员往议公事，留饭时或有之，聚饮实无其事。质之营中将佐官弁，供证相同。但阿尔泰查封桂林随身资财折内列有食物一单，南酒、烧酒甚多，并有燕窝、海参等南味。随传谕福隆安查讯此项酒菜得自何来，因其已经起程，尚未奏复。今面询福隆安，据奏酒菜等项俱系供应之员办给。阿尔泰任内即系如此，并非始自桂林。至军营各自饮酒者，不独桂林一人。并闻海味南菜西路自有商贩带往贸易，不另办送。南路竟系官为办送等语。此即大谬。统兵进剿之人当与士卒同甘苦。诸军皆粗粝充肠，而大员独形醉饱，投醪之义谓何？即将领以上供馈稍优，给以肉食足矣。大臣等奉命剿贼，惟当尽力督攻，何暇复求珍味？而营帐具餐，嘉肴罗列，非徒观瞻有碍，亦岂情理所安？至西路海菜各种虽货自行商，但异味远携，人必求售，官兵月得盐菜几何，又岂宜听其糜耗？向来西、北两路军营从未闻有此，何独川省忽尔妄行？此皆阿尔泰初定章程不善所致。嗣后川省军营供给海菜、南酒等项俱著停撤，即商贩等赴营，亦不得携带海菜、酒斤。其从前供给海菜等均非常例所有，系于何项动用开销，并著文绶查明参奏。"

谕军机大臣等："温福等奏，梭磨土妇情愿派兵一千助剿金川，随札刘秉恬催督粮糈，令董天弼上紧进攻。筹办甚是。又，现在绰斯甲布、绰窝各土司具禀纷纷，恳请帮兵出力。此属最好机会。若不趁此殄灭两酋，将来各土司畏其吞噬，必转而归附金川，则逆酋鸱张益甚。此系万难中止之事，至前此所询火药一项，原恐其透漏贼境，不可不严加防范。若官兵破贼攻碉，全赖以此制胜，自当随宜施放，过为撙节，靳不轻用，奚异于因噎废食乎？其议将续调之陕西兵令往西路，在西路固可稍添兵力，但南路现须派兵由绰斯甲布一路进攻，若陕兵减去，南路恐又不敷。著传谕温福、阿桂等就两路实在情形通盘筹画。仍饬令带兵各员就近取道遄行。"

（高宗朝卷九一三·页七上～九下）

○乾隆三十七年（壬辰）七月丁巳（1772.8.22）

谕（军机大臣等）曰："阿尔泰前在山东巡抚任内，实心察吏安民，克副任使，因擢授四川总督。其于地方一切政务仍复认真，且闻其偶尔卧疾，即于枕上办公，益怜而嘉许之。是以特加恩简任纶扉，仍膺封疆重寄。前此因修建天坛灯竿需用楠木材料，尺寸较长而大，行令川省采运。前任督臣未经办及，阿尔泰到任后即购得，委员解京。曾将伊及办解之员议叙，并加赏赉。仍令其将采办工价报部开销。伊因解送灯竿之便，曾顺带木植料件。据称伊将养廉银三千两捐办。初以其出自悃忱，留于工程备用，旋即降旨以后停其购解。现有军机处档案可查。乃近日闻其曾向人言，有'将来必因此累及'之语。即此已见昧良饰诈，岂受恩任事之大臣所宜出此？至小金川一事，固由阿尔泰经理不善，然其初以小金川与沃克什土司蛮触相争，原不值轻议加兵。……因谕令妥协抚驭，以静边隅。及阿尔泰等亲至土境，面谕僧格桑悔罪受约，退地归巢，遂亦宥其既往。此实朕不欲劳师动众之本怀。若当时出自阿尔泰之意，希图将就了事，以致逆酋无所顾忌，养痈贻患，必早将伊明正典刑矣。此实番夷重务，朕未能先机果断，惟自悔前此之姑息，必不肯诿过臣下。是以于阿尔泰格外原宥，即伊获罪罢斥之后，旋即赏衔任用。如昔年皇祖时，有欲撤三藩之意，下大臣等集议，惟米思翰、明珠以为应撤，遂即允行。及吴三桂叛逆，廷臣中因有请诛建议撤藩之人者，皇祖以其事断自宸衷，不肯归罪臣下，曾颁明旨宣示。朕之不加罪阿尔泰，亦惟守祖训为权衡耳。至两金川均系内地土司，乃僧格桑与索诺木狼狈为奸，敢于自作不靖，抗拒王师，而索诺木竟敢帮兵助逆，其情罪深为可恶。若不并为剿灭，两酋必更逞其凶逆，恣肆横行，渐至吞并附近各土司，联为一气，甚或侵及内地，皆不可知，尚复成何事体！此在事势机宜实有难于中止之局。朕于边务番情，惟欲计及久远万全之策，并非好为穷兵黩武也。且自办军务以来，朕宵旰运筹不能稍暇，甚至盼望军书竟夜废寝，朕亦何所利而好为烦劳若此乎？况两金川久隶版籍，更非若准部、回部可比。因其叛而申讨，理所当然。即速为剿定，于中国境壤初无所增，实与唐时之平淮蔡无异。虽其地较淮蔡稍远，亦不足言勋绩，又岂得疑朕为好大喜功乎？朕用兵不得已之苦衷屡降谕旨甚明，兹复将此详晰宣布，俾中外咸喻朕意。至阿尔泰自上年冬加恩赏给散秩大臣衔，令其专办粮务。伊久任总督，运粮员弁皆其旧属，何至呼应不灵？近复令其署理督篆，尤当上紧筹办，乃于南路军粮节次迟误。现在筹及绰斯甲布一路分兵攻剿，专待粮集进发。昨据阿桂奏：'阿尔泰办理此路兵粮，催趱几及一月，尚无运到者。'则是伊有心贻误军务，实在于此。乃伊每向人言：'金川一事，将来必致贻累。'顷竟奏称年衰昏愦，运粮事务亦不能胜任，请革职留于军营效力，俟军务告竣，另请当差等语。是始终不肯以国事为念，惟图置身事外，倚老负恩，天良何在？阿尔泰著革职拿问，交与文绶派员看守候讯。将此通谕知之。"

（高宗朝卷九一三·页一三下～一七上）

○乾隆三十七年（壬辰）八月乙亥（1772.9.9）

四川总督文绶奏："鄂宝改赴西路，刘秉恬尚在西路未回。现阿桂乘胜进攻，粮务紧急，调夫应用。经粮员飞禀阿尔泰，乃并不拆视，直送省城。臣现即驰赴南路，督率催办。"

谕军机大臣等："阿桂攻克甲尔木山梁，调夫一千名应用。阿尔泰接到粮员飞禀，概不开视，转迂道邮送成都。于军粮重务，视同膜外，实属有心贻误。前将阿尔泰革职拿问，著文绶将此情节并案严讯定拟具奏。"

（高宗朝卷九一四·页三〇上～下）

○乾隆三十七年（壬辰）八月癸未（1772.9.17）

谕："前据阿尔泰、宋元俊会参桂林乖张欺罔一案，如称薛琮在郭舟山一带具禀告急，桂林并不派兵救援，甚至有将银向金川赎取迷失兵丁之事。实堪骇异！因将桂林革职拿问，特派福隆安驰往军营勘问。如查审属实，即欲将桂林在军营正法示众。旋据福隆安审明，桂林并无造屋居住、骄纵不法各款。至薛琮告急禀至，桂林即派宋元俊赴援，彼未得路前往。其发银赎取兵丁一节，系司员汪承霈及知州曹焜等以布拉克底、巴旺土兵寻觅绿营迷失之兵颇为出力，向粮员取银备赏。曾经禀之桂林支发，并非欲赏金川之人。并调取宋元俊所封粮饷簿册核对，其取银日期适当布拉克底、巴旺觅回兵丁之际。确凿可据，实与金川无涉。并审有宋元俊构陷串饰情节，则桂林尚非法所难贷。但其在军营日亲曲蘗，食饫珍羞，止图己身安逸，不能与士卒同甘苦。且北山梁损伤兵丁数目并不查明据实陈奏，意存掩饰，亦不得谓之无罪，但未若原参之甚耳。桂林前岁由山西按察使进京陛见，看其人尚晓事，可以造就。旋即擢为侍郎，令在军机处行走，冀得学习有成。其于军务本未经练，上年以阿尔泰等办理因循，节节贻误，因派桂林前往查看，原非欲畀以封疆重寄。后因其陈奏军营诸务颇属实心，且中窾要，而阿尔泰日益衰庸误事，是以即授桂林为四川总督，统领南路官兵。伊自受任以后，攻取约咱、卡丫、达乌等处，董率奋勉，甚合机宜。以无意中新用之人，乃能经理妥协若此，实为喜出望外。及阅阿尔泰等参奏，则桂林竟尔改弦易辙，前后如出两人，又非朕意料所及。今既审明各款，非若从前张广泗之有心贻误可比，核其情罪，尚不至于死。桂林著加恩发往伊犁，自备资斧，效力赎罪，交与舒赫德，令其在印房学习当差。至汪承霈不过随往办事司员，其与曹焜、林儁相商取银备赏一节，如果向金川赎取，不特桂林罪无可宽，即汪承霈等亦当从重治罪。今讯明实系备赏布拉克底、巴旺之人，且经宋元俊、汪腾龙屡次教令串供，汪承霈不肯扶同诿卸倾陷桂林，尚属具有本心。亦著从宽免罪，复还其郎中，带革职留任，仍在军机章京上行走。曹焜、林儁与汪承霈本同一事，俱著加恩复还同知知州，均带革职留任，交与文绶，仍令其酌量办差。宋元俊前经桂林派其带兵往援薛琮，初以无路可进退回，旋欲改由革布什咱取道，亦未成行，已难辞贻误之咎。而于桂林参案，从中捏饰唆供，意图倾害，本当按律治罪。念其自去岁随征以来颇知奋勉，且此次尚属初犯，是以从宽仍留总兵任，令其在军营益加感奋宣力，以励后效。朕于诸臣功罪办理一秉大公，从不丝毫稍存成见。此次桂林之案，如果阿尔泰原奏属实，则其人必不可留于人世，当即于军营立正典刑，俾共知警惕，朕亦断不肯稍存姑息。今其重款虽已审虚，而本分应得之罪自在，亦不肯因其经人诬陷，并为原免。其余宽宥各员，或恕其已往，或勉以后图，亦仍视其人之自取。此实朕法外之仁，伊等惟当益知感恩畏法，将此通谕中外知之。"

（高宗朝卷九一五·页九上～一二下）

○乾隆三十七年（壬辰）十一月戊申（1772.12.11）

又谕（军机大臣等）："昨原任川东道托隆回京，询以阿尔泰在任行事。据将其赃迹各款逐一开出，因命军机大臣讯问阿尔泰之子明德布。据供阿尔泰派属员代买物件，有少发价值之事。又，前任龙安府知府马权保举卓异，曾有送给松石朝珠及皮张各件等语。是阿尔泰婪索情节已属确凿无疑，不可不彻底根究，业经谕令文绶并案严审矣。马权现于陕西道员任内缘事降调离任，即著革职，令该抚巴延三派员押解来京，交军机大臣等讯问。至李本身任藩司，军需局事务是其专责，乃于办理夫粮及运送火药等事种种贻误，且于所派办差正印各官不即委员署理，至误地方公事。其罪愆已不为少，念其尚属公过，是以屡经传旨申饬，仍予姑容，冀其或思儆戒改悔。今讯出阿尔泰在任声名狼藉若此，岂托隆远在川东尚能缕析指陈，李本与之同城，共事最久，转漫无见闻之理！李本系藩司大员，何竟听其恣意贪婪，不早据实陈奏？似此徇情容隐，其居心实不可问，难以复加宽贷。李本著革职，交与文绶一并严审确情定拟具奏。四川布政使员缺，著钱鋆补授。其陕西按察使员缺，著刘墉补授。"

（高宗朝卷九二一·页五下～六下）

○乾隆三十七年（壬辰）十二月壬戌（1772.12.25）

谕军机大臣等："本日据文绶奏复讯阿尔泰各款定拟一折。前已传谕富勒浑，令其迅速驰驿赴川，秉公审办。现在案内尚有应行诘问各款，当详细穷究，俾无遁情。未便仍照文绶所奏复讯之折，仍行笼统其辞，但图就案完案，转不足以服阿尔泰之心。著将文绶折即行抄寄富勒浑，令将应诘之款逐层研审，讯取确供，一并定拟具奏。"

（高宗朝卷九二二·页二上～下）

○乾隆三十七年（壬辰）十二月丁亥（1773.1.19）

谕："前据阿桂等节次奏报攻克僧格宗等处，随营将佐中奋勉者甚多，曾降旨令阿桂查奏。今据奏到云南参将郝壮猷前在甲尔木山梁及美都喇嘛寺俱督兵杀贼甚多，实为出力。又，甘肃临洮营都司神保于进攻甲尔木及攻捣池木、美诺等处，亦俱奋勇，请赏给花翎等语。郝壮猷、神保屡次领兵接仗，皆能奋勉，甚属可嘉。著俱赏戴花翎，以示鼓励。"

又谕曰："文绶原系弃瑕录用之人，因其在陕西巡抚任内办事尚属认真，加恩擢授总督。又以四川军务为阿尔泰贻误，而文绶于军需向所谙习，特调为四川总督，令其整顿经理。乃伊闻命之初，尚似勇往，及到任以后，于各路粮饷仍均有迟误，一切军营事宜亦未见其实心妥办，甚至借军需名目妄请开捐，竟为属员冒销地步。初不意其乖张若此，曾降旨通谕中外，并将文绶交部议处，尚欲视其向后是否能改悔奋勉，再为定夺。至今年七月内，闻阿尔泰在川声名平常，并有纵伊长子明德布向属员勒索之事，因传谕文绶密行查访。及文绶复奏，惟称明德布与属员渐熟，往往进见，于是人言啧啧，虽勒索等事尚无实指，而阿尔泰纵容干与，情弊显然等语。朕以文绶不过就旨敷衍，每事虽略有因由，俱无指实。若仅以人言啧啧为凭，即莫须有罪案，何足以服阿尔泰父子之心。朕从不肯以风闻无据之言轻治臣下之罪，复谕文绶于该省属员内设法查访，据实复奏，不得仍事含糊。乃阅数月之久，并未查明续奏。嗣因原任川东道托隆回京，传旨询以阿尔泰任内之事，据称阿尔泰令属员承买玩器物件，短发价值。其办运楠木、杉木，派令重庆府多办帮木，运京售卖肥己。又，龙安府知府马权卓异时，闻有馈送之事各款迹。一面传旨诘询文绶。明德布现在拘禁候讯，即命军机大臣会同内务府大臣详加研鞫。据明德布亲供，俱已直认不讳，并非得自刑求。岂有为子者捏词陷父之理？其非风影浮谈，已无疑义。阿尔泰在川狼藉若此，托隆系川东道，距省较远，尚能列款开出，则在省官员尤当知之亲切。一经确切稽询，众人断不敢代为隐饰。文绶身任总督，奉旨密查，即应实力访察，据实复奏，方不失为大臣秉公持正之道。乃竟意存袒徇，辄敢蹈官官相护之恶习，实出情理之外。后任督、抚访查前任之事，无难令其水落石出。似此肆行欺罔，于吏治人心大有关系。若各省从而效尤，朕将何以任人？是文绶之罪断难复道。因命富勒浑驰驿前往四川，将阿尔泰之案详加严讯另办。乃文绶料明德布在京定然供认，又见富勒浑将到，自揣事必败露，始将刘益前在藩司任内为阿尔泰扣缴养廉、科派属员、苦累木商等事查出参奏，则其从前之袒护欺饰已属显然。业经有旨将刘益革职，解交四川审讯。文绶身为封疆大吏，如此居心，岂可不重加惩治？文绶著革职，交与富勒浑一并严讯。如有应行问罪实迹，即按律定拟。若尚无别项赃款，即将文绶发往伊犁，令其自备资斧，效力赎罪，以示炯戒。其四川总督员缺，著刘秉恬补授，仍在美诺、布朗郭宗等处督办粮运，经理诸务。所有总督印务，著富勒浑暂行署理，留于省城办理地方事务。至内地应运出口各路军糈，并著富勒浑悉心经理，毋使稍有迟误，不得以专办日行事件稍存膜视。其湖广总督事务，仍著陈辉祖就近署理。俟剿平金川后，刘秉恬再回成都任事，富勒浑仍回湖广总督之任，将此通谕知之。"

又谕（军机大臣等）曰："文绶于交查阿尔泰款迹一节，敢于袒护欺饰，已降旨将伊革职，交富勒浑一并查审。其总督员缺，令刘秉恬补授，仍令在美诺、布朗郭宗一带经理安置降番事宜，并就近督催粮运。该处曾经温福等派有董天弼、查礼，又续派五福在彼分段稽查。伊等虽悉番情，而于军务紧要机宜未能明习。刘秉恬平日尚属晓事，近更觉其诸事留心，著董率该镇等实力妥办，副朕委任。刘秉恬既在小金川地方综理弹压，其总督任内常行事件，难以分心遥办，并有旨令富勒浑在省暂行署理，代办一切事务，并督催内地续运粮饷。俟大功告竣，刘秉恬回至成都，富勒浑再回湖广总督之任。该督务实心整理，毋得视为五日京兆，稍有疏懈。"

（高宗朝卷九二三·页三五下～四一下）

○乾隆三十八年（癸巳）正月甲辰（1773.2.5）

谕曰："富勒浑查审阿尔泰贻误军务及勒属派买、短发价值、得受属员馈送、收回应扣养廉各款，俱已自认不讳，实出情理之外。阿尔泰前在山东巡抚任内颇能察吏安民，实心任事，因擢授四川总督。初至川省，于地方政务尚属认真，是以加恩简任纶扉，仍膺封疆重寄。至小金川与沃克什构衅一节，朕以蛮触相争自属番夷常事，原可毋庸问罪兴师。且阿尔泰业已奏明亲往查办，因其老成历练，必能妥协经理，遂不复为廑念。乃阿尔泰亲见僧格桑之桀骜不驯，并不及早筹办以除凶孽，转将沃克什地方断给小金川，致逆竖得以借口，益肆鸱张，漫无顾忌。阿尔泰惟图迁就完事，仍以僧格桑遵约归巢之词欺饰入告，而于金川之父子济恶概不置问。既将土司印信轻给郎卡，及索诺木遣人赴藏，仍复给照护行，益为逆酋所藐视。两金川遂尔狼狈为奸，梗化拒命。是两金川之事，阿尔泰实为祸阶。及伊前岁来京陛见，朕以其事屡加面询，阿尔泰一味含糊支饰，而于两逆酋之狂悖不法及索诺木欲吞并各土司侵至维州桥之语，并皆匿不奏闻。设彼时即于朕前陈述，得以洞悉其情，虽初意不欲兴兵，而知其事难轻结，必为筹制几先，使两酋不得钩连逞恶，不待其逆迹昭著，大烦师旅。此又阿尔泰养痈贻患之罪也。然朕犹不加严究，仅罢伊总督之任，并念其宣力有年，在川最久，特赏散秩大臣衔，在军营督办粮运，俾得自效。后桂林因罪罢职，复令阿尔泰署理督篆，亦以其为轻车熟路，冀可收效桑榆。乃伊仍不知感激图报，当大兵深入之际，于接运粮石，动辄稽延。甚至遇有军营催粮公牍，妄以受代为词，竟不拆阅。其罪尤无可逭。然朕亦不即加穷究。即上年夏间，福隆安命往四川查审桂林一案，其时并未疑及阿尔泰或有劣迹，交其密为查访。迨回至热河复命，以阿尔泰近日庸谬误事，迥不类其平日所为，因询其精力是否比前衰迈。据福隆安奏阿尔泰精力尚觉照常，惟在川时闻伊子明德布干与公务，与属员交结之事。亦未即深信。但地方大臣果至纵容子弟滋事营私，于吏治甚有关系，随谕文绶就近访查。及文绶颠顸复奏，朕亦不加深诘。及川东道托隆来京，令军机大臣询以阿尔泰任内之事，托隆随将伊勒派属员代买物件短发价值，并多办帮木肥己及收受马权朝珠等款开出。朕尚以托隆系福隆安一家，亦未肯遽为凭信。因即交军机大臣讯问伊子明德布，于托隆所开款迹一一直认，并非得自刑求。是阿尔泰之在川狼藉已无疑义。复据文绶查出原任藩司刘益将阿尔泰捐办木值养廉暗为缴送，甚至将库项挪用，摊扣属员养廉，苦累商民等款，尤可骇异。但文绶于奉旨之初，有心徇狥，不即据实查出，及复交令复查，料明德布在京必皆供吐，难以再为掩饰，始行和盘托出。是文绶不过小有才之人，后此之续参，适以显其前此之欺饰，不得因此稍为解免，昨已明降谕旨。至刘益因阿尔泰屡次面为保奏，是以擢用藩司，不意彼此通同弊混。假汲引以便其私图，则阿尔泰之罪更万难轻逭矣。今军机大臣会同三法司核议富勒浑原奏，将阿尔泰照有心贻误军机例拟以斩决，于罪固为允当。但阿尔泰前此之希图了事，因循讳饰，究因朕不欲穷兵黩武，屡谕就事妥办，遂尔意存将就，尚非伊之敢于逞私偾事。朕惟自咎初办之过于姑息以谢天下，不肯诿过于阿尔泰。朕于赏罚权衡一本大公至正，况事关军务乎？惟是阿尔泰经朕加恩简任总督，擢授大学士，乃竟老而贪得，易辙改弦，婪受所属多赃，甚敢怀私荐举，借以侵动库项，似此簠簋不饬，若复贷其一死，将何以任用督、抚使知警惕乎？但念其曾任大学士，加恩免其肆市，赐令自尽，即著富勒浑传旨监看，以为大臣负恩贪黩者戒。馀依议，并将此通谕中外知之。"

（高宗朝卷九二四·页二九下～三四上）

○乾隆三十八年（癸巳）二月乙亥（1773.3.8）

谕曰："宋元俊本一绿营武弁，因其久在川省稍悉番情，当小金川用兵之初，伊率众前往克复明正侵地，尚知奋勉，是以由游击荐擢总兵，用示鼓励。乃伊险诈性成，自以既叨委任，遇事意存取巧，全不实心自效。且于墨垄沟贻误之后，惟恐日久情形显露，因为先发制人之举，于上年五月内与阿尔泰会参桂林乖张欺罔各款，情节甚为重大。经朕特派福隆安前往审讯，则所奏多属捏饰。而宋元俊平日临阵换戴小帽，以避贼人枪击。至薛琮失陷一节，桂林曾派令带兵往援，以无路可进为词竟行退回。又欲改由革布什咱取道，亦迁延未往。又于参奏之后，向王万邦恐吓改供，且教令彼此串写字帖为据，并宣言：'我若不参倒桂林，必令我带陕甘兵前去。若去，就同薛琮一样；不去，必被参劾。'各情节俱行逐一究出，是其设心倾陷，天良尽丧，实出情理之外。是以质讯确实，即传谕令将宋元俊革职拿问，并将伊任所、原籍家产资财查抄，以申军纪。寻因福隆安、阿桂折奏宋元俊尚习番地情形，军营现资驱策，若令其带罪自效，俟将来功过相抵，或可收效桑榆。因复降旨加恩将伊原籍查出家产给还，并仍留其总兵之任，俾知感悔图报。乃伊贯盈罚亟，为天理所不容，旋即自行病毙。犹念其身既殁，其前此一切罪状姑且置之不问，原属格外从宽。至薛琮等被困，桂林既派宋元俊带兵往援，乃竟逗留未进，桂林因何不即将伊据实参奏，实不解其何意。曾谕令舒赫德，俟桂林到伊犁时严讯确供具奏。今舒赫德奏到，讯据桂林供，桂林一闻薛琮告急，即派宋元俊带兵赍粮星夜赴援。宋元俊以该处山势陡险难进为词，禀称必须从布拉克底与金川交界之所，带革布什咱土兵从山梁压下，较为得力。桂林即饬作速起身，伊仍迁延不进。桂林未能即时参奏，实属糊涂错谬等语。宋元俊若当桂林派往救援即从薛琮原路统兵急进，贼众闻我援兵声势，自必望风解散，薛琮等未尝不可全师而还。孰意其惟图自全，坐视不救。是薛琮及官兵二千余人之命，皆由宋元俊一人甘心膜视所致，言之实堪痛恨。使其身尚在，即立行正法已不足以谢临阵捐躯之众！若因已伏冥诛，犹任其子孙得以保守家业，国法安在！且现值官兵进剿之时，信赏必罚乃军行第一要义，倘于此等有心诡怯误公之人更加曲贷，将何以激励我将士，使人人皆知用命乎？著高晋即将宋元俊二子宋崿、宋鲁拿解刑部治罪。如宋崿尚未自川回籍，即著川省及沿途督、抚于所到之处查拿解部。其原籍家产，高晋即行严密查抄；其任所资财，著富勒浑一并查办，毋任少有隐匿寄顿。俾在营将弁兵丁等共知身受国恩，良心不容自昧，虽一时物故，暂稽刑法，而日后罪状尽出，亦必难邀宽典。凡有敌忾致身之义者，可不憬然猛省，勉图实殚心力，以期功成受赏，身名俱泰乎？将此通谕川省各路军营，咸令知悉。"

（高宗朝卷九二七·页一下~四下）

温福、阿桂等统兵进剿，攻克路顶宗、僧格宗、美诺、布朗郭宗、底木达，僧格桑逃往金川，小金川全境荡平

○乾隆三十七年（壬辰）四月丙寅（1772.5.3）

又谕（军机大臣等）曰："桂林等奏分兵四路，连日攻得阿仰东山梁、墨垄沟、达乌各地方。是处为贼紧要门户，峻险异常。桂林调度深合机宜，鼓励将兵得此要地，实属可嘉。在事之将领弁兵，并著交部从优议叙。"

谕军机大臣等："桂林等奏设法进取，分路奋攻。调度甚合机宜，将领弁兵等亦俱奋勇出力，深为欣慰，已有旨交部从优议叙矣。桂林从未经历军务，乃能筹办妥协若此，特赏御用玉觿以示嘉奖。铁保、汪腾龙亦各赏荷包一对。益当加意奋勉，迅成大功。其将弁等出力攻碉杀贼者，著

桂林将备赏花翎分别赏戴。其中如有勇往超众，不拘满洲、绿营，并奏闻赏给巴图鲁号，俾将士等益知鼓励。王万邦、英泰亦著赏戴花翎。桂林既已攻得墨垄沟、达乌一带险要，现在进攻僧格宗，贼番甫经受创，心胆皆惊，自必望风而靡。官兵即可乘胜直入，迅捣贼巢，擒获逆竖，克期蒇事。但僧格宗为小金川咽喉，恐贼众舍死固拒。该处贼寨较大，或尚须多兵分剿。俟全得革布什咱后，即令宋元俊回至僧格宗协同进攻。若僧格宗碉卡易于攻破，不须宋元俊之相助，即无庸急于调回。朕意革布什咱若经全得其地，已与金川相近，此时索诺木似尚未能多为准备，宋元俊现统兵练亦不为少，或竟出其不意乘胜直进，扼金川噶拉依之险，官兵将来进剿尤为得力。果能如此，则宋元俊之功不小。但亦须审度万全，不可不惜兵众，冒昧轻进。此等行军机要，朕亦不能悬断。著桂林与宋元俊迅速札商，就该处实在情形熟筹妥办。"

（高宗朝卷九〇六·页一下～三上）

○乾隆三十七年（壬辰）四月壬申（1772.5.9）

谕军机大臣等："桂林奏，续又攻得格乌、巴桑、那隆三处，现在觅间进攻僧格宗。所办甚好。此时兵气益扬，惟盼擒渠扫穴，速得捷音。至另折奏报革布什咱之地全行收复，办理颇为迅速，惜所筹未能妥合。前遣陈定国往绰斯甲布调令发兵占据甲尔垄坝，该酋业已发兵。今既尽得革布什咱之地，正当乘胜进剿金川，攻其无备。乃宋元俊饬令绰斯甲布番兵暂驻界上，听候调遣。失此极好机会，甚为可惜。盖宋元俊见革布什咱全行收复，其意已足，遂不复计及金川，尚不免狃于绿营习气。使宋元俊即乘官兵新胜之锐径捣金川，据彼噶拉依诸险，其功绩为何如？朕赏功之典又当何如？惜乎所办仅止于此。此次全行收复革布什咱，本应予以优叙，因此一失，功过只可相抵矣。又，折内称该地当人心初定，自应于要隘之处驻守官兵，以资防范等语。桂林所见亦误。革布什咱之地久为金川侵占，今经官兵收复，节次歼其防守番众甚多，又杀其头人三名，索诺木岂有不知？况闻索诺木已将帮助小金川之贼兵撤回，必系知官兵复其侵地，惧而自防。尤当乘其未备之时，出其不意，先发制人。今宋元俊办理既错，桂林即应就近申饬，不当听其坐守观望。桂林在军营节次所办事务悉能妥合，惟此一节则不免于失算。至索诺木从前敢于占据革布什咱，已与僧格桑占据沃克什之罪无异，且又潜发贼兵帮助小金川，更属党恶不法。即使僧格桑就擒，金川之事亦难歇手。与其待彼匿凶拒命再为擒剿，何如及此时预办之为省力乎？朕非必欲穷兵黩武，但就现在情事而论，大兵既撤之后，岂能保索诺木之日久不出滋事？是此贼不除，终为番地之患，不可不筹一劳永逸之策，以靖边圉。今既有可乘之势，昨又传谕文绶备调兵三千名，兵力不为不厚，岂可稍事因循，仍贻后患耶？温福、桂林惟当竭力相机妥办，勿止图擒获僧格桑便思完事。"

又谕曰："温福等奏，进攻美美卡，虽贼人恃其地险碉坚，亦当用计攻取，于事庶为有益。朕向虑此路兵少，今兵一万二千有余，亦属不少。温福等但能一心前进，自易奏功。再，据投出沃克什番人供称，桂林已夺取墨垒沟，又将革布什咱收复，是僧格桑处得信甚为迅速，索诺木亦必彼此相通。我兵正宜乘其未备，速将僧格桑擒获，即进兵缚取索诺木，始为有益。否则僧格桑逃入金川，索诺木预为准备，嗣后不无费手。即如从前追捕阿睦尔撒纳时，我兵已逼近贼营，而阿睦尔撒纳即于遣人禀话之际乘间远扬。此等逆酋，惟在乘机速办。而数千里以外，朕虽降旨训示，仓猝之间原无定象。朕旨即到，其中亦未免稍有不合之处。但当熟察情形，相机筹画，以仡成功。"

又谕曰："温福奏进剿金川各路情形，著于应进兵时酌量妥办。至前谕以僧格桑逃往金川，索诺木若不擒献，即一面向索，一面进攻。今观两酋党恶情形极为深固，索诺木断不肯将僧格桑献出。若攻破美诺，逆酋逃入金川，即统兵尾随追捕，不必复向索取，徒致辗转稽延。兵贵神速，惟在温福等随时相机办理，朕不能于六七千里外一一代为筹画也。"

又谕："前以桂林一路无带兵得力之人，因令明亮同侍卫、章京等往彼相助。但桂林于清文向未谙习，是以节次传谕之旨皆用汉字缮发。今明亮用清字奏折，桂林未能明晓，转非和衷集益之道。嗣后明亮遇应奏事，即同桂林具奏，列衔在桂林之下、汪腾龙之前，不必另用清字。桂林此次筹画军务，悉合机宜。明亮在彼止须协同办理，不必自出主见，致滋歧误。至于马上驰骋，身先士卒，原非桂林所长，自系明亮之责。惟当督同侍卫等实力奋励，克期奏绩。"

（高宗朝卷九〇六·页一一上～一五上）

○乾隆三十七年（壬辰）四月己卯（1772.5.16）

又谕（军机大臣等）曰："宋元俊收复革布什咱，因其番众内应，胸有成算，是以用力少而成功速。至前谕乘间进据噶拉依一节，宋元俊未筹及此，且所带兵练无多，原不能必其果有把握。桂林现在进攻僧格宗，为扫穴擒渠之计，宋元俊当回至桂林军营，随同进剿。至桂林奏称，收复革布什咱后，索诺木并不敢复图占夺。若平定小金川，该酋自必畏惧归诚。桂林之意尚以擒获僧格桑即可完局，不知众番酋之中惟金川最为强悍，若不并事剪除，则根株不净，终贻后患。现今陕、甘、贵州节次调兵已至二万，合之川省所有兵练，约计四万有余，兵力不为不多。今于平定小金川后，即移师进剿，势有可乘而役无另费，较为事半功倍。且金川虽有噶拉依之险，量与达乌一带约略相同。今此处既可攻破，则金川之险又何不可设法觅间进兵乎？况索诺木野性难驯，岂能信其不图吞并？若更滋扰革布什咱、沃克什、小金川之地，是我兵费力底定转为寇资，实属非策。通盘打算，不可不为边圉久长之计，温福、桂林断不可稍涉因循，但现在筹酌进兵，不可不加慎重。该处实在情形，朕实难于悬断，惟在温福、桂林之详审事机，妥协经理。至前此温福所奏分路进兵，虽有七路，但俱以噶拉依、勒乌围为总。是名为七路，归总仍不过两途。温福等务当妥协分派，若能于噶拉依、勒乌围之外，别有可进之路，尤为得力。前令温福、色布腾巴勒珠尔统一路兵，桂林、明亮统一路兵，阿桂、丰升额统一路兵，伊等虽分路带兵，而所办总系一事。务须和衷协力，共成大功，切不可稍分畛域，彼此贪功嫉能，方合公忠大臣为国任事之道。又，桂林称，革布什咱大头人嘉噶尔邦、策尔结二人诚心效用，各赏给蓝翎，并给与土守备职衔。此二人似属可用。伊等于金川路径必能熟悉，令为向导，于进兵自属有益。现在该处甫经收复，当留一人在彼，抚辖众番。择其中尤明练者一人，令随桂林军营听候遣委。如果能奋勉出力，不妨更予加恩，或赏以侍卫衔，或授为绿营守备、都、游，均令桂林酌量奏闻办理。使诸番见降顺者如此蒙恩，则众心必生羡慕，乐为我用。又，桂林奏称：'小金川现在粮食空虚，人心不固。'此必得自所擒贼番供词。但温福每有俘获及投顺之人，必取供奏闻。而桂林从未奏及，盖未谙军营事例，捉生询问，可得实情。嗣后如有俘降之人，并著随时讯明录供具奏。至禁止番民下坝一节，昨据温福奏，应听其照前下坝谋生，事属可行，已允所请。著桂林遵照办理，毋庸申禁。又，桂林奏：'于果洲山后觅有间道，可以进攻。现令官兵于河边大张声势，牵制贼番，另派侍卫、镇将等由山后取道潜进。'所筹甚合机宜，自当如此办理。但所称僧格宗在河西岸，沿河贼碉排立，不能搭造浮桥。现督官兵对岸用炮攻打等语，殊未明晰。前据称搭桥济师，是我兵已至河西，因何仍在东岸？而图内所绘则达乌、僧格宗又俱在河西，尤不可解。著传谕桂林，即速详悉复奏，并核定方向，另行绘图呈览。"

（高宗朝卷九〇六·页三〇上～三三上）

○乾隆三十七年（壬辰）四月庚辰（1772.5.17）

又谕（军机大臣等）："美美卡至沃克什旧寨一带为金川紧要门户，贼人必悉众拒守，攻之稍觉费力。而僧格宗一路，贼酋因达乌路险难达，久将贼兵掣向美美卡等处防拒，自不虞我兵之越道深入。现据就获之小金川贼番供词，僧格宗寨内只存妇孺。是该处守御空虚，已可概见。今桂林既统兵进次其地，或可乘其不备，悉锐进剿，攻取自觉稍易。若攻得僧格宗，直捣贼巢，则美美卡各处亦当不攻自溃。如此，则两路声势既合，剿擒逆竖非难事矣。至索诺木敢助恶帮兵，其罪实无可逭。此时若仍佯为不知，必转为其窃笑。且金川在众土司中最为桀骜，若不一并剪除，则番境必不能久辑，而驻兵亦不能控驭相安。是并剿金川，实有难于中止之势，昨日所降谕旨甚明。且乘胜进剿金川，不烦另集师旅，实为最便。此时即多费帑金，亦所不惜。不愈于养痈贻患，致将来另起炉灶乎？著传谕温福等，即为熟筹妥办，毋涉游移滋误。至桂林昨奏达乌、僧格宗相隔河岸之说，未为明晰，已谕令另行绘图奏进。今复细阅原图，达乌、僧格宗俱在河西，中间并无水隔，何须搭桥始渡？而美诺寨则正在河东，若如桂林昨奏官兵在东岸之说，可循河岸径取美诺，又何必转向河西攻剿僧格宗，复渡河而东再攻美诺乎？此必原图舛误之故。著桂林按实在水道、山形及贼碉卡方向详细确核，展绘大图，迅速呈览。"

（高宗朝卷九〇六·页三六上～三七下）

○乾隆三十七年（壬辰）四月丁亥（1772.5.24）

又谕（军机大臣等）："昨桂林奏分兵两路，派侍卫等由果洲翻山绕道，俟其一有消息，即统兵前后夹攻。今又奏于革布什咱与金川毗连要隘拨兵防守。调回宋元俊，仍由达乌一路合力进取等语。所办俱合机宜。惟宋元俊檄调金川连界之霍耳等土司，预拨番民，听候调遣，殊为失算。索诺木党恶助兵，罪在不赦。然逆酋此时尚未计及官兵之将伊并办，正当乘其未备，迅事剿擒，庶得神速制胜之道。乃预檄各土司发兵，转使逆酋闻之早为防拒，甚属非计。此时自当并力攻剿小金川，速擒逆竖，乘胜进剿金川，出其不意，方合事机。乃犹为勒兵问罪之语，亦属迂缓而不中窾要。大约桂林之意似以僧格桑就擒，军务即可告蒇，而于金川未免存畏难之见，与温福等大略相同。朕非不知金川之较为难办，必欲黩武喜功，但现在之势实难中止，而善后之策尤当熟筹。在庸众浅识，大率以金川恃险，攻之未易得力。朕意金川之噶拉依虽险，亦不过与墨垄、达乌相似。今此两处既皆觅间攻破，则噶拉依何独不然？岂宜心存畏阻，不为久远计耶？今以土司全局而论，荡平小金川后，若议驻兵防守，多不过三四千名，而各营分拨尤易见少，岂能令逆酋畏慑？即索诺木暂时安帖，日久故智复萌，出而侵扰邻境，我驻守之兵未必足资弹压。万一绿营兵弁亦为贼所攻围，实为非策。总之，办理此等大事，必当通盘筹画，不可仅狃目前。朕昼夜熟筹，非及此时兵力并办金川，更无长策。温福、桂林或果别有妥善之计，可保其不贻后患，不妨据实直陈，断不可貌从心违，致滋贻误。再，闻金川地界不及小金川之大，人亦少于小金川，其说确否？著查明具奏。前此折奏，阿桂于普尔玛之傍破其水寨。似贼人正寨克日可破，何未能迅即攻取？攻剿要领当随机设法，使之迅不及防。如温福等抵阿喀木雅后已半月有余，何徒为坐守之计？倘贼人果于要隘抗拒，别无径路可通，自不能不专于一处攻击。若止沿山排立碉卡，则当寻觅间道，超越其后，使贼人失其所恃，无难顷刻摧坚。并可引贼出碉，乘势掩杀，以期克捷。温福等何见不及此？再，温福军营已有色布腾巴勒珠尔在彼参赞，丰升额自应往阿桂处协同攻剿。且谕进剿金川时，令阿桂领一路兵，丰升额前往相助。此时即应往彼协力集事，岂泥于进剿金川之说，至彼时始行分往耶？"

（高宗朝卷九〇七·页二七上～二九下）

○乾隆三十七年（壬辰）四月戊子（1772.5.25）

谕军机大臣等："顷令丰升额往阿桂处协同攻剿，伊系御前大臣领侍卫内大臣尚书，奏事列名应在阿桂前。但阿桂历练军务，丰升额甫经学习行走，仍著阿桂列名在前，丰升额列名在后。丰升额不可稍存意见，致有掣肘，阿桂亦不得推诿。务须和衷办理，期于军事有益。"

（高宗朝卷九〇七·页三〇下～三一上）

○乾隆三十七年（壬辰）四月庚寅（1772.5.27）

谕军机大臣等："温福等奏打仗情形，仍在阿喀木雅近处，尚未前进。现在兵力甚强，贼番若在碉卡藏匿，或尚难于痛歼。今西寨贼众直前救援，仅毙二十余人；北山二百余贼前来，仅毙十余人。且败走贼番皆由碉卡而出，何以竟不追赶剿杀？若以绿营兵不甚得力，则军营现有满洲兵二百名，又有巴图鲁侍卫章京等，皆何为者？总之，办理贼番愈速愈妙。即山险路窄，抵死固守，亦应鼓舞官兵别寻路径，设计办理。若迟延日久，众心必渐疏懈。不但僧格桑速期殄灭，即索诺木亦须并办。温福等尚其同心努力，及早成功。"

（高宗朝卷九〇七·页三二上～下）

○乾隆三十七年（壬辰）四月辛卯（1772.5.28）

又谕（军机大臣等）曰："温福等奏到小金川投诚番人沙尔嘉勒供称，闻说南路官兵离僧格宗不远，僧格桑将美诺之兵尽掣往僧格宗把守等语。是美诺现在空虚，若能不由僧格宗，另觅间道，出其不意，直抵贼巢袭擒僧格桑，自是极好机会。著传谕桂林，即速酌量情形，若可如此掩击，较之专攻险隘实为事半功倍。再，闻僧格桑之妻已往布朗郭宗。该处系泽旺所居，僧格桑令其妻妾往彼，必预为逃入金川之计。泽旺不能管教其子，致僧格桑抗拒天朝，罪应缘坐。即或念其为逆子所拘，凶渠梗化之事，实未与谋，亦止可贷以不死，断不可复令其仍管土司。前曾谕令阿桂分兵剿擒泽旺，槛送京城候旨。著传谕温福选派兵练，令阿桂、丰升额统领，速往布朗郭宗擒获泽旺，并俘僧格桑妻妾，毋任遁逃。至阿桂现攻之普尔玛等处，令色布腾巴勒珠尔前往攻剿。"

（高宗朝卷九〇七·页三六上～三七上）

○乾隆三十七年（壬辰）四月甲午（1772.5.31）

又谕（军机大臣等）曰："桂林奏攻达乌东岸山梁，官兵奋勇扑栅，侍卫六十一、参领普宁俱受伤阵亡。又攻剿甲尔木之时，参将薛琮被枪滚崖阵亡。此次官兵直前攻栅，杀贼甚多，颇著奋勇。所有阵亡之六十一、普宁、薛琮及兵丁等，俱著桂林查明咨部，从优议恤。至薛琮近在军营，甚属出力，尤为可惜，该员有无子嗣，查明具奏，候朕降旨加恩。其迷失之侍卫拉汉保、参领西兰保曾否查有著落？及受伤之侍卫额勒金、华善、额林普尔、伊尔苏拉等曾否调理平复？并查明咨部，分别奖赏。"

又谕曰："桂林奏，攻剿东岸山梁及间道袭取甲尔木等处，带兵人员间有阵亡，自以筹画未能周密，请交部严加治罪。此可不必。桂林自统兵攻剿以来，屡次克捷，故官兵倍加鼓勇。行军之道岂能常得便宜？即小失亦不足异。断不可因此气阻，致生畏怯。惟当益励锐气，切齿逆酋，急图殄灭，为阵亡诸人报仇，方不愧统兵之任。至所奏陕甘续调之三千兵与南路相近，现在咨商温福，就近调赴军营等语，此项兵丁前经温福奏请拨赴西路备用，今桂林既因需兵接济，调往南路，温福处再为拨补。已谕令文绶，将陕甘预备之三千兵，即派员带领赴川矣。又，桂林奏果洲一带山沟四月初有连日雨雪之事，此必贼番扎答所致。其法在番地山中用之颇效，然亦可用扎答阻回。现派善用扎答之三济扎布、萨哈勒索丕二人，令翼长富虎、章京扎勒桑带领，驰驿分往温福、桂林军营备用。该处番人及红教喇嘛内多有习其术者。著温福、桂林留心访觅精通扎答之人，随营听用，使贼番技无所施。此次进攻碉寨，对仗时多系金川贼众，且闻僧格桑将我兵未经攻获之地许给金川，甚为可恶。温福等前将索诺木差人赏赉遣回，尤为错谬，索诺木敢于党恶梗命，其人来至军营，必系探听我军虚实，否则系僧格桑诡计，托言金川所使，以售其奸，皆不可知。自应留而不遣，严刑讯鞫，令其供吐实情，或可稍得贼中要领。岂宜仍行放回，转借以安定番心？实为失算。温福等或因有此一节，进攻稍懈，则误事更为不浅，嗣后如再有贼番来差，须拘禁营中，严加刑讯，务得实供，并派妥员解京，听候审问，勿再如前贻误。"

（高宗朝卷九〇七·页四二上～四四下）

○乾隆三十七年（壬辰）五月辛亥（1772.6.17）

又谕（军机大臣等）曰："温福奏夺取北山东玛寨大碉情形。折内有贼番乘夜来抢沿河碉卡，色布腾巴勒珠尔、丰升额差侍卫赓音素等带兵应援，杀退贼众等语。所办非是。贼众敢于夜半来抢碉卡，实为可恨。色布腾巴勒珠尔、丰升额望见，即应一面遣人前往，一面自带兵丁接应，方为妥协。如日间与贼鏖战，官兵在前，大臣督后，见贼来犯何处，随即遣人接应，伊等相机指示，尚无不可。今夤夜闻警，而身在营盘，止遣人去，并不亲往，伊等在营只图安逸，并不冲锋接仗可知。在色布腾巴勒珠尔之意，不过谓贼番投服，即可完事。今朕已令其来京。至丰升额前此谆谆叩恳前往，所为何事？或系随从色布腾巴勒珠尔所为，并不带兵前往，著丰升额明白回奏。再，此次所奏，虽与贼番数次交锋，并无攻获地方，亦未将贼番紧要地方剿除一二，不过仍在东玛等处支持。今阿桂已调南路，丰升额又复如此，军营诸事惟在温福一人，务期坚持心志，断不可存优柔之见。"

（高宗朝卷九〇九·页五下～六下）

○乾隆三十七年（壬辰）五月癸丑（1772.6.19）

谕军机大臣等："温福及桂林等奏两路攻剿情形，未能寸进，甚为烦懑。看来南路自甲尔木山梁失挫以来玩误至今，大约俟阿桂到后，方可冀其另有振作。至温福一路，因色布腾巴勒珠尔等在彼不能和协，以致耽误月余。经朕洞鉴其情，秉公核办，温福此时自必倍加感奋，努力向前，或可望其得手。如果相机觅间，破其险要，固属甚善。但恐温福自念身膺重任，责无可诿，又受朕格外成全之恩，激切图报，督率将士奋勇直前，不复稍为慎重。甚至亲冒矢石，不自顾惜，皆情事所必然。冒险攻碉，最为无益，屡次降旨甚明。若因此而谕以临事持重，又恐其心生退阻。朕再四踌躇，阿桂素属晓事，且曾在军营历练，又熟悉温福之为人；福隆安久在朕前，习闻前后谕旨，深知朕心。此等军国重务，不可不详细熟计。著传谕福隆安、阿桂彼此会同商酌，如何方能动出万全，即速具奏。"

（高宗朝卷九〇九·页八下～九下）

○乾隆三十七年（壬辰）五月甲寅（1772.6.20）

又谕（军机大臣等）曰："桂林奏称三杂谷情愿出兵，随同进剿小金川。自当听温福酌办。至该处为进攻曾头沟正路，距布朗郭宗及底木达不远。其地系逆酋之父泽旺所居，且其妻亦曾潜往，自当一并剿除。屡经谕令阿桂分兵往办，总因军营之兵不敷分调而止。今既有此机会，而后调之陕甘兵三千又已起程，现复催调哈国兴迅赴西路军营。或令哈国兴，或令董天弼，即带陕甘续到之兵，并督率三杂谷土兵，由曾头沟一路径取布朗郭宗、底木达，似为妥便。若果攻得此两处，并擒泽旺及逆酋眷属，于进剿机宜亦甚有益。著传谕温福，即速悉心筹画。"

（高宗朝卷九〇九·页一〇下～一一上）

○乾隆三十七年（壬辰）五月戊午（1772.6.24）

谕军机大臣等："据文绶奏，奉到拨兵预备之旨，已于陕省挑选兵二千名，甘省挑选兵三千名，并选派副将佛逊、六十六统领，一切先期妥协备办，俟川省咨到，即行起程。所办甚好。著传谕温福、阿桂彼此熟商，约计何路需兵若干，一面速咨文绶，催令遄程进发，一面奏闻。至现在南路所攻之僧格宗，西路所攻之美美卡等处，乃贼番必争之险，且有金川帮兵在彼悉力守拒，恐急切难以攻破。而地险径仄，虽多集精兵，无可施展。若徒坐守玩日，实属非计。朕意似当另觅金川捷径，分兵往攻，或可乘其无备，夺取一二要害，预为进兵地步，于事当甚有益，即不然，亦可掣贼番之势。索诺木闻官兵进攻，必将帮助小金川之兵撤回自卫。我兵得伺其罅隙，相机进剿，自可易于得手。日前阿尔泰奏述宋元俊之言，有驾驭绰斯甲布、三杂谷发兵进攻金川，使尽撤帮兵，方可剿灭小金川，已遣李天佑等分头前往调遣等语。是宋元俊等亦曾筹画及此。昨据桂林等奏，三杂谷土司情愿发兵效力。其地与曾头沟一带相近，已传谕温福等如酌量可行，即檄哈国兴、董天弼带领陕甘兵前往。至绰斯甲布在金川之西，从前所列分路进攻金川单内，绰斯甲布原系一路。若选拨兵练数千，令宋元俊统领，并派能领兵之侍卫、章京数员同往绰斯甲布，令其助兵，作为向导前进，自当得力。温福、阿桂于宋元俊带兵起程后，即当彼此照会，声息时通。仍各留心侦探，若见贼番露有撤退形迹，两路各宜迅速进攻，毋稍延缓。小金川贼众不谙战阵，若无金川相助，失所倚恃，则其势弱胆虚，易于溃破。此乃最要机会。温福、阿桂务当实力妥筹，互相照应，以期及早集事。"

（高宗朝卷九〇九·页一四上～一六上）

○乾隆三十七年（壬辰）五月辛酉（1772.6.27）

谕军机大臣等："阿桂甫自西路调往南路，所有两路兵力情形皆得深知，更可与温福通盘筹画。每路需兵若干，即行檄知陕甘带兵之员分路趋赴，自尤妥速。至统计前后所调之陕甘兵已一万七千名，贵州兵八千名，合之川省所有兵练，不下六七万余，兵力不为不厚。此时攻剿小金川，已足敷用，但将来进剿金川，分路派拨，自属多多益善。现已谕文绶再行预备陕甘兵五千名，听候调取。至西路军营，现调哈国兴迅往随同领队。而南路军营，令宋元俊分往绰斯甲布后，更无熟练之人。昨派往之副都统永平虽为可信，但初至川省，于该处贼情地势未必即能明晓。著福隆安同阿桂于绿营副将、参、游内，或于派往之侍卫等官内，选择谙悉风土形势，量其是否堪胜领队之任，通行选派数员奏交阿桂酌量派用。又，温福等奏，投诚之小金川喇嘛索诺木鄂特则尔供，老喇嘛被小金川拘在美诺，不能受十八土司供养，情愿投诚。现因有人看守，先令其到营求见等语。此事殊不足信。该处既有喇嘛九众，因何止来一人？即使允其投诚，而老喇嘛等并不亲来，恐系逆酋狡谲，令其探听信息，必须严讯确供，并严密羁禁，毋任兔脱。若军营现无可问之处，著温福即派委干弁解赴热河行在候讯，仍饬沿途小心防范，毋致稍有疏虞。"

（高宗朝卷九〇九·页二〇下～二一下）

○乾隆三十七年（壬辰）六月乙丑（1772.7.1）

谕（军机大臣等）曰："额森特在军营一切奋勇出力，而攻取东玛寨又因奋勇得伤，著赏给副都统职衔。"

又谕曰："温福等奏攻克东玛贼寨，丰升额、马彪调度颇协机宜，俱著交部议叙。在事侍卫将弁等亦皆奋勇立功，并著查明咨部议叙。其兵丁等量加赏赍，以示鼓励。"

谕军机大臣等："丰升额等带兵冒突枪石，攻取东玛。官兵如此奋勉出力，则色尔渠、美美卡等处不久俱可攻克，朕惟伫望捷音。又据温福奏，富勒浑等带兵夺获数碉，并据山绝顶向下攻取木阑坝。富勒浑著赏戴孔雀翎，仍俟攻得木阑坝加恩议叙。"

（高宗朝卷九一〇·页一上～二上）

○乾隆三十七年（壬辰）六月壬申（1772.7.8）

谕军机大臣等："宋元俊奏驾驭各土司，所见颇为合理。是以前据阿桂等奏绰斯甲布情愿出兵助力，即谕宋元俊带兵前往，督率绰斯甲布土兵进剿。其三杂谷愿出兵二千五百名，随剿底木达、布朗郭宗，亦谕令董天弼带兵往剿矣。但至今并无进兵实信，乃称请调湖南、湖北近山营分之兵，再于山西、甘肃兵内拨给数千，共得二万之数，分路进攻等语。未免过涉张皇。现在由绰斯甲布进攻，原系牵制金川之势，使其掣兵自卫，以便乘间攻取小金川。俟小金川平定后，再并力会剿金川，此时难以兼办也。且计节次调赴川省之兵，贵州已有八千，陕甘已一万七千，加以预备之五千，核计共及三万，合之本省绿营及土兵之数，不为不多。况番地跬步皆山，调往之兵跋涉不易。至于险隘处所，仄径单行，虽多兵亦无从施展。而所云七月内齐集军营之说，更恐远道不能如期全至。著传谕福隆安，会同阿尔泰、阿桂将该处情形通盘筹画，并问宋元俊详悉核计是否必须添兵接济，核实酌议，以期万妥。又，前此金川用兵，共调兵六万二千五百余名，计核销银七百十二万七千余两。现在军营约存军需银三百五十余万，自当敷用。如将来尚须添拨，亦即据实先行奏闻，以便筹办。"

又谕："前因湖广兵丁懦弱，是以川省进剿之兵未经派及。今据总兵宋元俊奏，请添调湖南、湖北近山兵丁，于七月内到营，分路进剿。现谕福隆安会同阿尔泰、阿桂酌量定议，如果尚需添拨，一面奏闻，一面即行咨调。著传谕总督海明于湖北、湖南两省近山各营内，遴选勇锐兵丁五千，将应带火药、器械等项一并预备，并拣派带兵大员将弁等，听候川省咨到，迅速起程。此时海明如未到任，陈辉祖现署督篆，即令遵旨妥协办理。"

又谕曰："总兵宋元俊看来尚能办事，且熟悉番地情形，伊亦尚有心奋勉。若用之有方，可期得力。但其人似乎狡猾好事，究难深信。若使过于得志，难保其不滋骄纵。务须留心驾驭，方为有益。著寄信阿桂，惟当量能取力，勿令知觉，留心钤束。"

（高宗朝卷九一〇·页九上～一一下）

〇 乾隆三十七年（壬辰）六月癸酉（1772.7.9）

谕军机大臣等："温福奏到脱出沃克什番民供单内章喀尔供称，僧格桑闻官兵占住玛尔迪克山梁，恐力量堵御不住，差人往金川求助，派兵合同抵拒。如不能冲动玛尔迪克官兵，就从阿喀木雅沟内绕出，截断官兵后路。而罗布藏供亦称僧格桑分付众头人说，策布丹是最紧要隘口，断失不得。已遣头人往金川借兵，若能截得官兵后路更好等语。此事甚有关系。我兵方锐意进攻，后路未能准备严密，万一稍有疏虞，则玛尔迪克一路甚为可虑。温福此时务须实力筹画，分派严防，以杜贼人妄想。或并于后路要隘设伏预备，若有贼至，即奋力歼击，使贼众丧胆，不敢复萌窥伺，方为妥善。至玛尔迪克山梁，富勒浑等在彼攻打，兵力尚不免单弱。今僧格桑既往金川求助，设果更添贼众，此山梁不可不用兵合击。查阅图内，现在牛天畀攻得大木栅及第二木栅，此下五卡亦俱为官兵据守。所余西面一带卡栅，未得者止有七处，似可以次攻取。此时若已全行攻克固善，即或尚存数卡未攻，俱相近官兵防守之地，无难照料。或竟令牛天畀移兵往玛尔迪克帮助富勒浑，使官兵声势愈壮，剿御更为得力。若能攻得玛尔迪克贼寨，则分路进攻木阑坝及沃克什旧寨，势皆自上而下，贼自难于支拒，较他路似稍有力。此就温福奏到之图约计如此，其是否可行，著温福按该处实在情形妥酌为之。再，官兵攻一碉卡，动辄经时，殊为非计。因思贼人卡栅俱临时设以抗拒，必不能各处俱有屯积，及预为汲饮之资，自不得不仗他处运粮送水。若能断其粮路、水路，使守卡之贼饮食匮乏，自必疲劳溃散，较之用力攻碉，不啻事半功倍。即云碉卡多据隘口，我兵只攻其前，难以绕出其后。然图中所绘碉卡孑立无依者颇不少，其四面必有一路可通粮水。纵使仄径单微，贼能往，我亦能往。或凭高设卡瞭望，用枪遥击，断其行踪，贼计复将安逞？著温福留心酌量妥办。又，另折奏筹办曾头沟进剿，令董天弼带兵之处，所办甚好，与朕前降谕旨相符。至董天弼接办巡查资哩至巴朗拉一带粮运事宜，虽亦关系紧要，但得一精细勤妥之人即可胜任。著温福照前旨酌量妥办。"

又谕曰："温福等奏：'攻克色尔渠后仍须攻取美美寨，始可抵沃克什旧寨。今若先攻美美寨，绝其水道，自属易取，亦系用兵之计。'他寨如有似此应行绝水之处，亦照此绝其汲饮，方为有益。著温福等酌量筹办。"

又谕："两金川贼番所用火药得自何处？何以竟不缺乏？若番地所产硝磺，自难禁其陆续配制。设使仰借外来购买，现在征剿紧要之时，更应严禁漏泄。著传谕阿尔泰严饬所属，于沿边通番关隘实力盘诘巡查，毋许丝毫透漏。仍将番地因何得有火药缘由，据实速奏。"

（高宗朝卷九一〇·页一一下～一四下）

○乾隆三十七年（壬辰）六月庚辰（1772.7.16）

谕军机大臣等："温福等奏，于南、北两山打仗，虽俱击败贼番，夺获碉卡，并未攻克美美卡、木阑坝前至沃克什旧寨。朕深为烦闷，伫望伊等捷音。温福、丰升额惟当鼓励官兵，速图攻取，直捣贼酋巢穴。再，贼番敢于常出侵扰，击败时又复进卡死守，殊为奸狯可恨。必系索诺木所派贼番暗助小金川。朕从前宽其洗灭，准其投诚，仍得安居本地，原属施恩格外。今索诺木并不感恩，反敢协助小金川，抗拒天朝，愈为可恨，断不可复加宽宥。著传谕温福等，务须擒获僧格桑、索诺木始可完事。脱漏一人，亦不可谓之蒇事。温福、阿桂加意勉之。再，温福等将超异出力之都司马诏蛟、辛大勇赏戴孔雀翎，委署土都司巴勒达尔吉日朋、委署土守备穆塔尔赏戴蓝翎，深得鼓励官兵之道。嗣后有似此超众出力者，即一体赏戴。再，官兵夺取碉卡亦俱尽力，著温福、丰升额将阵亡、受伤及出力人员查明造册，送部议叙。"

（高宗朝卷九一一·页二上～三上）

○乾隆三十七年（壬辰）六月壬辰（1772.7.28）

谕军机大臣等："温福等奏，南、北两山打仗，虽得贼卡一二处，至于美美卡、色尔渠、木阑坝并未攻得。然官兵冒险杀贼，尚属奋勉。著温福等将此次出力官兵存记，俟续得要紧地方一并议叙。至自进兵以来，伊等折内常称贼番所占地方险狭，人不能登。当知山高路险，我兵与贼所同，岂有我兵难走、贼便易走之理乎？伊等所奏贼必在山顶峻险之处修盖碉卡，亦属不解。贼既在高山顶上，其汲水取柴，运送口粮、火药、铅丸等物，自必从下运上。若无道路，何以源源馈送？而贼番又何以前来救应？贼番既有路径，我兵亦可找寻。一得此路，即据此处以断往来，伊等何不留意乎？温福等嗣后进兵至险狭处所，惟断其运送之路，贼碉自不能守，则从中自乱。我既可以省力，而贼酋亦能速灭。"

（高宗朝卷九一一·页二七下～二八下）

○乾隆三十七年（壬辰）六月癸巳（1772.7.29）

谕军机大臣等："前因川省两路军营粮运紧要，传谕文绶，令其速赴新任董办。今阿桂奏，现在南路军营粮储短少，不可不急为妥办。文绶谅已起程在途，再传谕该督，不必俟莅任后始行筹办，以致缓不济急。一入川境，即将南路粮运应如何急办之处悉心熟计，速为转运。务使军储口粮源源接济，以资进剿。"

又谕："南路军粮，自上年十二月起即令阿尔泰在章谷一带专办，自应及早悉心筹画。即使该处转运稍难，亦宜早为据实入告，另行熟计。乃迟误若此，阿尔泰视为泛常。直至福隆安、阿桂先后到营查出，始以一言塞责。是南路粮储不敷之处，实阿尔泰贻误。现已令文绶一入川境，速行办理。但阿尔泰究系专派办理南路兵粮，当早知改悔，即行设法赶运，俾军营得以源源接济。倘再有迟缺，于军务所关甚重，恐阿尔泰不能任其罪也。"

又谕曰："福隆安等奏，阅看达乌一带，路径险峻，势难进攻，若从东山绕道前进，仍须于墨垄沟一带夹攻，自非多兵不可等语。此处正路既极险恶，自不宜令兵丁冒险攻坚，用力于无可著力之地。至觅径绕道，固为胜算，亦难必其果出万全，且又须多添兵众。现据阿桂奏，南路军营无五日之粮。现在之一万五千余众，口食尚且不敷，若再添调陕甘兵二千，湖广、云南兵五千，约计每日又须增粮七十石，供馈自必倍增竭蹷。若徒集众坐守，糜饷耗时，更属非计。朕意达乌逼近贼巢，而僧格宗又系小金川出入要径，自不宜弃而不顾。但既知其难，即宜思所变通。或仅于僧格宗至约咱一带要隘留兵防守，使贼番不得外逸，仍于进兵要路派兵攻击，以缓贼势，令其不疑。设或金川贼众撤回，有间可乘，原不碍乘机进取。或将南路拨派余兵及续调未到之兵，均令并往温福军营听用，西路北山之美美卡、色尔渠，南山之玛尔迪克，现俱分路攻剿，且有可进之势，添兵自更为得力。而策布丹一路又系通贼巢要险，前据温福等奏，现在探觅间道，若再得分兵袭击，必当有济。如此通盘酌剂，较之南路株守不能寸进者，奚啻事半功倍！而南路运粮稍减，又可不致耽延贻误。此系朕遥为筹度，未能信于该处情形果合与否。福隆安业经亲往阅勘，地势军情皆所深悉，著将调往西路是否可行之处，即据所知复奏。至阿桂现在南路，此一路之多兵有益无益，自必深筹，且甫自西路前来，亦能得彼处要领。著传谕温福、阿桂，速将两路实在情形，应否调拨之处，各据所见，从长筹画，详晰速奏。"

（高宗朝卷九一一·页三〇上～三二下）

○乾隆三十七年（壬辰）七月丁酉（1772.8.2）

谕："据温福等奏报攻剿小金川情形，于北山攻得美美卡旁碉卡二处，南山攻得固布济石卡、木城二处等语。温福、丰升额实力督率，其将领弁兵等奋勉出力，均属可嘉。著交部一并议叙。又据奏攻美美卡之第二卡时，有固原兵丁陈世宝由卡外之沟首先缘上，贼众惊见掷石，陈世宝中石滚下，旋复超跃出沟，同众登上，遂得贼卡等语。陈世宝实属奋勉出力，著赏给千总，遇缺即补。并赏银五十两，以示奖励。"

谕军机大臣等："抄截后路乃贼番惯技，自当于要隘处严密防备，无稍疏虞。著传谕温福、阿桂等随路留心，不可日久生懈。至前因南路情形，急切难于进取，或酌量留兵牵制贼势，余兵改拨西路并力攻剿。今贼番因西路攻打甚紧，将南路防守之贼撤往西路。是现在南路一带，贼番守拒必疏，阿桂尤当时刻留心察探，一有可进之机，即当乘虚攻捣，以期深入。"

（高宗朝卷九一二·页六上～下）

○乾隆三十七年（壬辰）七月癸卯（1772.8.8）

又谕（军机大臣等）曰："阿桂从东山梁进攻，虽得有数卡歼戮贼番及其头目，兵气稍觉奋扬，但以路险山高不敢深入，旋即撤回，仍属有名无实。是该处形势，进取颇难。据阿桂另折奏称，昭通、湖广兵各三千名，到日可期得力。如果阿桂访有僻路，可绕过僧格宗前后夹攻，添此新到之兵自属甚善。若不过漫为筹画，何如仍遵前旨，将续调及现有余兵概行调往西路，并势进攻。阿桂仍驻扎南路，以缀贼势，遇有暇隙，仍可相机进剿。是南路坐守牵掣之功，西路实资多兵之助。著传谕阿桂，速行妥议具奏。"

又谕曰："阿桂奏南路侍卫章京俱令与绿营之领兵官同住，所办甚是。侍卫章京等系派往剿贼之人，一切攻剿情形，必须亲驻其地，详细体察兵丁出力与否，亦必朝夕同处，彼此相习，方能调度得宜。若平素均在营盘附近居住，临阵方领兵行走，官兵何能合为一心？此必从前桂林为总督时将伊等宾客相待，所以有此错谬。今阿桂既将伊等分发领队，著传谕温福等，西路军营亦即照此办理。"

（高宗朝卷九一二·页一五下～一九下）

○乾隆三十七年（壬辰）七月乙巳（1772.8.10）

定边右副将军大学士温福等奏："从美美卡攻取贼卡后，逼近色尔渠大寨，连拿石、木各卡十数处。仍派乌什哈达等分左右设伏。又派彰霭、巴三泰等带兵据西北山峰，以截别斯满来援之贼。派丕亨保设伏北山下，截杀败往色尔渠之贼。臣等率兵突入，杀贼甚众。其窜逸者，又经伏兵痛歼三十余名。"

谕军机大臣等："色尔渠乃一大寨，碉房百数，拒守之贼甚多，所杀仅三十余贼，不足舒愤申威。贼匪蚁聚支拒，一见碉卡垂破，望风溃窜，此固若辈长技。但费力攻得一寨，自应尽力穷追。纵蹑逐不及，亦当枪击炮轰，期于歼殪多人，庶使游魂丧胆。若竟听其漏网逋诛，贼众必仍向前途要隘聚守。是我得贼寨，转须派人防守，分我兵力，而贼失此一寨，复留余孽，为彼寨添人，实为非计。著传谕温福等，嗣后务须设法追剿，或量其形势预为邀截，毋使兔脱。"

钦差尚书公福隆安奏："前蒙垂询南路情形,谕将所有余兵并拨西路攻剿。查南路地险碉坚,较西路为甚。现业至达乌,前距美诺不远。若厚集兵力,觅路由绰斯甲布进取,兼为剿灭金川之地,使两金川疲于支守,久当自溃。西路固为切要,南路亦无不可办之情形。应饬温福、阿桂复奏定局。"

谕军机大臣等："朕前因达乌一带路径险仄,难以容集多人。与其顿兵无用之地,不若酌量拨并西路,可资实济。今福隆安既有此奏,著传谕阿桂,令其自行酌量。如添调云南、湖广之兵,即能乘势深入缚贼擒渠,自当檄催滇、楚兵丁六千遄赴南路,迅速妥办。若多集兵丁,徒令株守山蹊,仍属有名无实,即一面奏闻,一面饬知滇、楚带兵将领径赴西路应用。阿桂务就实在情形,筹度万全。只期于事有益,南路、西路本无区别。并将此谕令温福等知之。"

（高宗朝卷九一二·页二二下～二四上）

○乾隆三十七年（壬辰）七月庚申（1772.8.25）

参赞大臣署四川提督阿桂奏："西路军营以沃克什为正路,而曾头沟为协剿之师。南路以卡丫为正路,而绰斯甲布、革布什咱为协剿之师。必卡丫一路军威强盛,则南路各土司方可借以无恐。且现在温福一路捣小金川之东,又有曾头沟一路以据其北,若卡丫再得多兵,捣其西南,贼番腹背受攻,必难支御。若将南路调拨所余及续调未到官兵归并西路,约咱一带止为驻守之计,则是名为三路,实仅有两路。贼番窥南路力单,必撤其精锐,潜赴曾头沟、沃克什等处固守,恐西路亦未必能即速奏功。"

谕军机大臣等："阿桂复奏南路之兵不宜分驻西路,所奏甚是。所有南路节次调派之兵,应仍归阿桂统领妥办。昨据温福议,将第五次调赴南路之陕兵二千改赴西路。如现在未赴西路,即令其仍归南路备用,而以续调之湖广兵二千调往西路。若前项陕兵已赴西路军营,即将湖广之二千兵调赴南路。著传谕温福、阿桂酌量檄调,并谕令陈辉祖知之。"

（高宗朝卷九一三·页二一上～二二上）

○乾隆三十七年（壬辰）八月己巳（1772.9.3）

谕："据阿桂奏报,七月二十一日,由墨垄沟一路黉夜进兵,于二十二日五更至甲尔木，乘大雾弥漫之中攻据山梁，连得石卡二十余座、石碉四座、木栅一座。贼人披靡奔逸，经官兵追击，歼戮甚多，并杀死头目一名。又将路通金川之格鲁克古地方派兵占住等语。阿桂自到南路军营以来，督励将士，调度得宜。今复乘间袭据山梁，歼贼甚众，直压僧格宗贼巢，又分兵控扼金川要险，军威大振。殊属实心任事，阿桂著加恩授为内大臣。其在事之将领弁兵等实力奋勉，均属可嘉。著交部查明，一并议叙。"

又谕（军机大臣等）："南路自薛琮失利之后，久未进兵。今阿桂攻克甲尔木山梁，军声渐振。但官兵自墨垄沟进发，已深入八九十里，沿途堵守要隘，需兵正多。而此次所带之兵，仅于各隘口分防内酌量抽拨，恐兵力不足，不能乘胜深入。所有第五次之陕兵二千名即日自可全抵达乌，又前次令湖广预备之二千兵起程前赴西路。今南路正当相机进剿，厚集兵力自属多多益善。著即传谕陈辉祖，速饬带兵之员，将后调之二千兵遄程前赴南路军营，以资调遣。"

又谕："布拉克底土司安多尔、巴旺土妇伽让俱各督派所属土兵随同大兵进剿，诚悃可嘉。安多尔著赏戴花翎，并赏'恭顺'名号；伽让著赏'恭懿'名号，并赏缎四匹，以示鼓励。"

（高宗朝卷九一四·页一四上～一七上）

○乾隆三十七年（壬辰）八月壬申（1772.9.6）

定边右副将军大学士温福等奏："曾头沟一路粮运迟误，屡次檄催，布政使李本、松茂道查礼彼此剖诉，各执一词。现飞咨文绶速查，仍就近急筹济用。"

谕军机大臣等："曾头沟一路，间道分兵，期于迅速制胜。今董天弼到彼已及月余，内地粮石乏夫滚运，致稽进剿之期。著传谕文绶，将此次迟误缘由，详查据实严参。仍即会同鄂宝上紧派员趱运，使兵食日就充裕，以便克期进剿。"

温福等又奏："提督李煦所驻贡噶山左与德尔苏连接，乃海兰察等军营粮运必由之路，因令游击富敏奏添碉接应。贼番果于玛尔迪克来扰，经海兰察、哈国兴前往救应，杀贼多名。现大营已至玛尔迪克。"

谕军机大臣等："贼众乘间扰截官兵粮道，若非海兰察、哈国兴历练戎行随机救应，几致疏虞。海兰察、哈国兴著各赏荷包四个。现在大营至玛尔迪克地方，约及百里，军粮运送络绎不绝。贼番诡谲多端，或占截来路，或从后侵扰，温福等务须加意防范。并传谕海兰察、哈国兴及守卡之侍卫章京等知之。"

（高宗朝卷九一四·页二六上～二七上）

○乾隆三十七年（壬辰）八月丙子（1772.9.10）

又谕（军机大臣等）曰："温福等剿贼数月，贼番据险死守，未能迅速集事。温福、丰升额惟在同心合力，奖励官军，相机筹画，动出万全，方为有益。若意存躁急，惟事冲突，徒致兵力挫损，关系匪轻。温福等切勿孟浪，致有疏虞。现今阿桂由墨垄沟觅间潜进，似有可乘之机。著传谕温福、阿桂将两路情形通盘筹算，计何路可以速进，何路需用多兵，不难通融熟筹，合力速办。两路军营俱为朕办事，本无分彼此，温福等谅不至稍存畛域之见也。至曾头沟一路，为进攻底木达捷径。若甘肃兵四千全到，军声自当更壮。设或尚须兵力，或可就近酌调，以助董天弼之用。温福等当就该处实情妥协筹办，伫听捷音。至董天弼前经赏戴孔雀翎，今仍加恩赏戴，俾增体统。务期倍前努力，以副恩眷。"

又谕："川省官兵，前因派往滇省，尚有应扣之项。其为数若干？系属何年之事？何以至今尚未扣完？伊等现在随征出力，自应令其生计宽裕，俾知感奋。乃仍照常坐扣，殊不足以示体恤。著文绶即将此项应扣银两，如何酌量停缓，以纾兵力，悉心筹议具奏，候朕降旨。"

（高宗朝卷九一四·页三一下～三三上）

○乾隆三十七年（壬辰）八月戊寅（1772.9.12）

谕军机大臣等："阿桂奏官兵因风雪雨雹气候寒冷，将已得之甲尔木山梁退回不守。现今七月下旬，即使雨雹交作，何至顿改寒暄？此必系绿营恇怯，驾词撤退。明亮等若于其时询明倡议之二三人，骈诛示众，军心自定。乃见不及此，随同撤回，实有应得之咎。领队大臣随从将军参赞，固不可任意专擅，若独当一面，遇有怯懦弁兵难于约束，即于阵前斩徇以肃军纪，此又与专擅者不同。如现在甲尔木官兵竟将已得之地弃而弗守，似此军令废弛，何以鼓励戎行？阿桂可弗憬然动念乎？此次著照阿桂所请，明亮降为二等侍卫，乌尔图纳逊降为四等侍卫。念系初犯，仅予薄惩。若不知警惕，复蹈前车，军律具在，不能复为宽宥也。至退兵一节，或彼时实系雪后风寒，我兵衣单难御，即勉强驻守山梁，究竟不能施展。万一贼番乘机掩袭，更觉不成事体。则全军退回，未可尽谓之失计。但在阿桂权宜酌办则可，将领以下不得援此借口也。再，官兵退回，正恐继进不易。如其地难以急图深入，又当于绰斯甲布一带分途并进，以为牵制小金川之计。总之，军行机要务在随时斟酌合宜。著传谕阿桂，就现在情形悉心筹画具奏，以慰悬念。"

（高宗朝卷九一五·页一下～三上）

○乾隆三十七年（壬辰）八月癸未（1772.9.17）

定边右副将军大学士温福等奏："由德尔苏至贡噶山梁，贼番新立碉卡，经海兰察、哈国兴带同章京、侍卫等攻扑，贼不能支，遂得抢占二卡。其南山梁一带，亦经章京德保等连夺三卡。"

得旨："嘉奖。"

（高宗朝卷九一五·页一二下～一三上）

○乾隆三十七年（壬辰）八月戊子（1772.9.22）

谕军机大臣等："温福等奏五月以后，喇布楚克一路节次攻破贼碉共十八座，玛尔迪克一路攻破贼碉共二十二座。贼番所恃以抗拒者，惟在碉卡联络，得以运送薪米。今温福所得碉卡不为不多，若附近贼番要隘之处俱经攻毁，则所拒守大碉已至孤立无援，挽输不继，因何得以苟延日久？且既云攻碉，则或制其要害，或断其应援，方为有益。若所攻碉卡如许之多，而于要隘毫无关涉，岂不枉费兵力乎？况贼番所守碉卡必不能多贮粮石，乘其随时运送，相机遮截，则守碉者将不攻自溃。温福等何见不及此？著传谕温福等即将现在情形据实复奏。"

（高宗朝卷九一五·页一四下～一五上）

○乾隆三十七年（壬辰）九月甲午（1772.9.28）

参赞大臣署四川提督阿桂奏："第五次陕兵二千内，一千二百余名已赴西路，其至南路达乌者仅七百余名。第六次陕兵一千，因西路尚在需兵，仍饬将备带赴西路。至南路兵，除派往绰斯甲布及革布什咱共八千外，兵力本单。今奉谕将湖广后起兵二千即往南路，加以滇、楚兵到，自可深入。再，据脱出之屯兵供称：'索诺木派勒乌围以上贼番御西路，噶拉依以上贼番御南路，是贼党鸱张。'今日之办小金川，与办金川无异。但绰斯甲布土司必俟官兵前进，方肯多派土兵助剿，而南路各土司又必俟绰斯甲布协助，方能实力奋攻。是此路进兵尤急。近因宋元俊染病，稍迟数日，俟其病体稍愈，粮运充裕，立即进发。"

谕军机大臣等："前阿桂奏官兵自甲尔木山梁退回，俟有续调兵到，即行前进占据之语。续据云南、湖广督、抚奏闻官兵入川日期，阿桂处应有带兵大员禀报，何以今日折内并未奏到？又，阿桂另折奏称：'绰斯甲布一路进兵更难稍缓，但宋元俊染患时疫，未能迅速进兵。'阿桂宜将应派之兵，派员先行带往，并谕宋元俊在后继进，方属妥协。设或宋元俊病难速痊，又尚须另筹接代之人，不可因循姑待，坐失事机。且据金川脱出屯兵供词，索诺木将所有贼众尽派助小金川，支御西、南两路，则境内自必空虚。此时若由绰斯甲布乘间直入，或将索诺木剿擒，全局竟可不劳而定，自是极好机会。惜乎进兵稍迟，不能先发制人耳！至绰斯甲布之兵，由革布什咱挑拨前往。革布什咱甫经收服，其地为章谷后路，所有派驻之兵不宜过于抽拨。今现调之昭通及湖广兵六千名早入川境，阿桂酌调数千，选员带赴绰斯甲布，较之专调革布什咱之兵更为得力。阿桂当就现在情形通盘筹酌，务出万全。"

（高宗朝卷九一六·页四下～六下）

○乾隆三十七年（壬辰）九月乙未（1772.9.29）

定边右副将军大学士温福等奏："据董天弼禀称曾头沟一路，现领甘省兵一千余并汉、土兵练三千六百余进剿。又派甘省兵一千七百、三杂谷土兵七百由梭磨之堪卓沟分剿，统俟军粮稍裕迅发。"

谕军机大臣等："董天弼既带兵前往曾头沟一路，正当乘此机会迅速进取。即或口粮稍未充裕，所过番地遇有粮食，亦可用价售买。番人贪得价值，自必踊跃乐从。且克取碉卡，更可因粮于贼，并割取未获禾稼以裕军食，尤为便益。著传谕董天弼，务须鼓励官兵前进，毋得刻迟。仍令鄂宝速行催趱粮运，以资接济。"

（高宗朝卷九一六·页八上～下）

○乾隆三十七年（壬辰）九月壬寅（1772.10.6）

定边右副将军大学士温福等奏："南、北两山贼卡，于八月二十六日贼众自行烧毁。臣温福即从阿喀木雅前进，压至木阑坝，臣丰升额亦从美美卡压至日喀尔桥。嗣据哈国兴、海兰察、李煦等禀称：'贼酋屡在玛尔迪克卡外喊求，愿尽退沃克什地方。当即谕以僧格桑，如果悔罪，应将各卡全行撤退。'二十六日贼众果将各卡栅毁撤，该提督等随压至沃克什旧寨。现贼聚守于路顶宗一带山梁，苟延残喘。臣等仍督兵进剿。"

谕军机大臣等："温福等正当攻围之际，忽见贼寨焚烧，即应乘机急击，痛歼丑类，方足振威解恨。乃竟听贼自去自来，而于已逃出卡之贼尚不能剿杀，则驻兵在彼何为？至贼在玛尔迪克山梁，甫经哈国兴等许降，何以能同时将各卡尽行毁撤？均不可解。温福此时惟当督兵并力进攻，不可因此稍懈。如贼酋以退地求饶之说向温福等支饰，即当责以罪恶重大，天兵申讨不灭不休，虽将原地退出，不能相为宽宥。若逆酋或向哈国兴等别有求饶之说，原可量其情形计诱智取，又不妨随机应变，务出万全。至我兵现已深入，其玛尔迪克、喇布楚克等处皆系我兵后路，贼番在在可通，不可不防其抄袭。温福等当一体留心防护，切不可稍存大意。至董天弼奏报于九月初一日，从纳云达一路先攻取大板昭等处，是董天弼现有奋进之势，温福派翼长富瑚、侍卫明仁、彰嘉布，参领额勒登布等往同协助，自更为得力。"

（高宗朝卷九一六·页二〇上～二一下）

○乾隆三十七年（壬辰）九月癸卯（1772.10.7）

谕军机大臣等："贼众据险负隅，悉力抗拒，官兵攻围虽久，并未能得其要害，何以无端自弃其险，遽甘退撤？若贼番势渐窘迫，见大兵声势日盛，自揣不能抵御，因而内溃奔逃，又何必向哈国兴等屡次告求，方将碉卡焚弃？抑或僧格桑顽梗执迷，从前惟以总督断给之地借为口实，不肯输心服罪。今见情势日蹙，计无复之，妄揣中国问罪之师意在勒取沃克什侵地，今将所占全行退还，冀得饰词免罪，我兵退后仍可占取，亦未可定，所以仍然退而守险。总之逆酋狡诈百出，恐其伪为退避，冀引官兵深入，潜抄后路，不可不深为筹虑。昨已令温福留心防范，其底木达、布朗郭宗等处歧径甚多，皆可绕越我兵之后。设贼番逸出抄袭，粮道少有阻碍，所关非细。温福等当严饬守隘将领等加意巡防，不可稍存懈忽。"

（高宗朝卷九一六·页二一下～二二下）

○乾隆三十七年（壬辰）九月乙巳（1772.10.9）

参赞大臣署四川提督阿桂奏："据驻绰斯甲布之副将李天佑禀称：'该土司已选土兵四千，并指引进兵之路。一由日旁山攻勒乌围上首，一由俄坡攻勒乌围中间，一由牧畜沟攻噶拉依。但现在兵力不敷分拨，应先酌要路进攻。'臣一面派将领带兵前赴绰斯甲布，一面饬游击马应诏同李天佑驾驭该土司督兵前进。"

谕军机大臣等："绰斯甲布土司盼望官兵速往，自属实情。其分路多兵之说，亦必应如此办理。现在昭通、湖广头起官兵陆续可抵成都，著传谕阿桂即速酌调，派员带领前进。李天佑原以副将候补之员，今现出有陕西洮岷协副将员缺，即令李天佑补授。马应诏系候补游击，著加恩以参将用。伊等自当愈加感奋。但二人究属偏裨，于统领大兵不足以壮声威。舒常原系领队大臣，曾经带兵阅历，现在西路带兵之人尚多，即令舒常迅速起程，遄赴绰斯甲布领兵进剿，并谕阿桂令音吉图、乌尔图纳逊二人陆续带兵往绰斯甲布，随同舒常前进。"

（高宗朝卷九一六·页二四下～二五下）

○乾隆三十七年（壬辰）九月丁未（1772.10.11）

定边右副将军大学士温福等奏："臣等察看路顶宗山梁形势，于两山中突起一峰，三面距河，石碉排列，险隘异常。查北山美美卡，下至日喀尔桥，缘山有小路可登，地名兜乌，近可抵康萨尔，远可抵明郭宗。现派马彪、额森特带兵五千，由此路进剿。仍令李煦留驻贡噶，以防策布丹后路，并令牛天畀由木阑坝南山梁拿卡，保护贡噶粮路。总兵张大经带兵驻阿喀木雅，副将成德驻色布色尔。自资哩以东，驻防官兵各仍其旧。至董天弼驾驭三杂谷土司觅间进兵，并于所过之梭磨、卓克采等处官寨留兵弹压。"

谕军机大臣等："温福等筹办分路进剿及防后事宜，所办俱妥。惟是路顶宗地险碉多，官兵断不可轻率攻扑，只宜用大炮轰摧，以缓贼势，而分路由兜乌及策布丹两处觅间进攻。策布丹有哈国兴、海兰察前往，已能胜任。其兜乌一路尤为险要，马彪、额森特二人恐不能筹办裕如，且仅有兵五千，亦觉不敷。丰升额于北山路径既熟，心亦切实勇往，著于路顶宗所有官兵内酌拨二三千名，令丰升额带领，迅即驰往兜乌进剿。"

（高宗朝卷九一六·页二七下～二八下）

○乾隆三十七年（壬辰）九月癸丑（1772.10.17）

定边右副将军大学士温福等奏："路顶宗碉寨与沃克什相近，现安大小炮位尽力轰摧。其兜乌一路，向有日喀尔桥可通来往，已为贼番拆毁。现令马彪等伐木搭桥，以次进剿。"

谕军机大臣等："路顶宗地险碉坚，但宜用炮轰击，即费火药稍多，亦不足惜。其兜乌一路，虽马彪等搭桥筑卡，究不若丰升额亲身督办。务令兼程速进，方为有益。"

（高宗朝卷九一七·页一一下～一二上）

○乾隆三十七年（壬辰）九月庚申（1772.10.24）

参赞大臣署四川提督阿桂奏："小金川头人萨斯嘉与通事拉旺并贼番等喊求投禀，臣等译看，仍以沃克什咒伊父子报仇为词，狂悖可恨，讯据该番等供现收稞麦仅支两三月粮，且番众七八千死亡过半，自属实情。此时僧格桑虽将沃克什退还，见西路兵尚无歇手之势，因复遣人来南路，借以窥探军情。如稍优容，贼酋必更诳番人，嗾使死守。而巴旺、布拉克底各土司或疑仍复纳降，转多观望。因将萨斯嘉、拉旺解京，余番解省，绝其回谕，以固众心。再，探前敌东山梁贼番卡栅，靠山临河，占尽地势。

惟西山脚壁立水中，若得皮船百十，夜中溯流可登，现在趱造。俟滇兵全到，一面从甲尔木冲压，一面乘夜渡河进攻。"

谕军机大臣等："阿桂奏贼番投禀一节，所办俱是。萨斯嘉、拉旺二犯已经解京，应知会沿途小心管押。余如桑哈尔、拉布克、格宗、阿台四犯供词较多，著一并解京备讯。至此时续调滇、楚官兵俱应陆续到营。今日据刘秉恬奏，达乌军营及绰斯甲布等处军粮，现在源源接济，是兵粮均已应手。现今僧格桑退守路顶宗，境地愈蹙，人民乏食，正当乘此机会两路夹攻。则甲尔木一路之兵，此时更不宜再缓。著传谕阿桂上紧筹办，朕惟伫盼捷音也。"

（高宗朝卷九一七·页二一下～二二下）

○ 乾隆三十七年（壬辰）十月甲子（1772.10.28）

又谕（军机大臣等）曰："温福等奏撤回兜乌之兵，并力攻路顶宗一折。殊未明晰。前此派兵往攻兜乌，据称近可抵路顶宗西之喀木色尔，远可至美诺贼巢。是兜乌路径似绕出路顶宗之旁，可收夹击之益，何以马彪、额森特等纡途前往，半月有余仍隔在路顶宗正面贼碉之外？且云离营甚近，则前此所谓绕道分进又属为何？兜乌贼卡既多，官兵自难径进，何以原派之五千兵仅撤回一千？其所留四千兵又欲从何路分进？况带兵之马彪、额森特均撤回路顶宗正路，则现留兜乌之兵又交何人带领？著温福等逐一声叙复奏。至金川送出之外委臧儒供称，探问通事，有现在劝僧格桑出降之语。甚不足信。逆酋诡诈百出，岂肯轻至营门？或力已窘蹙，自知罪大难宥，觅一年貌相仿之贼番假作僧格桑，到营希图混饰完局。又或妄冀如从前金川受降之例，诱我将军等出营，贼得逞其伎俩，则甚有关系，不可不防。设僧格桑果有乞降之事，如随营之沃克什旧土司等，即可令其识认，自能确切辨别，不致为其所愚。纵使逆酋实系亲身至营，只当设法诱擒，温福等断不可出营相见，即将备等亦不宜轻率派往。此等情节并著谕令阿桂知之。再，索诺木所投哈国兴禀帖，尚欲貌托恭顺，阴逞奸狡，不宜仅付之不答，竟当作哈国兴之意给与回檄，谕以索诺木与僧格桑狼狈为奸，拒守要隘，抗犯官兵，迹已显著，何得佯为恭谨冀图朦惑？况墨垄沟未出官兵甚多，岂容以一外委臧儒遂谓送还官人妄思矜宥？大兵声罪致讨，必须先擒僧格桑，次擒索诺木，以申国宪而靖边庭。僧格桑即逃至金川，自可克日剿擒，无借索诺木之献出。且索诺木即为法所必诛，又何能代人施此诡谲！本提督奉命随征，惟知奋勇杀贼，力缚凶渠，断不能为贼诳言所惑云云。照此写成番字，或于营中择一无用土兵送往，或多录数纸，系于箭头射至贼营。俾贼酋知狡恶罪状，不能掩饰。其送回之外委臧儒，并著解京讯问。"

（高宗朝卷九一八·页五上～七上）

○ 乾隆三十七年（壬辰）十月乙丑（1772.10.29）

谕（军机大臣等）曰："原任甘肃西宁镇总兵高天喜前在西路军营奋勉出力，临阵捐躯，成劳可悯。伊子守备高仁因预保引见，奏恳四川军营效力。著加恩赏银五十两，驰驿前赴军营，交与温福，听候差委。遇有都司缺出，即行补用。其次子武举高人杰现在会试未经中式，并著加恩准与新科中式武举一体殿试。"

谕军机大臣等："董天弼所奏堪卓沟一路系游击沈宽带兵。前据温福奏，沈宽于六月初六日至孟拜拉，初七日即至纳云达，因粮运不敷裹带，又山路逼仄，必须修辟，未能速进。旋据报称，八月初六等日已将道路开修，不日告竣。军粮亦经鄂宝督催，源源接济。是路通粮足，更无可待。乃距今已及两月，沈宽驻兵未移寸步，所办何事？著传谕董天弼查奏。至明仁、富瑚俱经温福派赴董天弼一路，见闻必真。著温福密饬明仁等就近访查，一并据实复奏。"

（高宗朝卷九一八·页七下～八下）

○ 乾隆三十七年（壬辰）十月丁卯（1772.10.31）

谕："据温福等奏：总兵马彪上年带领黔兵赴川时，曾带有云南昭通镇官兵三十五员名随营打仗，甚为出力。是以议叙案内察其中出众奋勉者，一体造册送部。经兵部行查，随即将实在打仗奋勇，并未冒滥缘由咨复。复据兵部以原奏未将云南官兵打仗之处声叙，未便据咨办理咨驳等语。滇省官兵既同系军营奋勇出力之人，自应一体准其议叙，何得率行议驳？该部所办实属拘泥。因令军机大臣查阅原稿，该部初次具题行查，尚可云照例办理。及温福明晰咨复，即当据咨核办。如或该将军其中有混冒情事，该部原不妨据实参劾。乃将打仗一体出力官兵复行咨驳，所办非是。著该堂官将此情节明白回奏。所有滇省出力官兵，仍著照原题交部一并议叙。"

谕军机大臣等："丰升额于奉到前旨，即日赴北山带兵督办，不免拘泥。前据温福等奏兜乌一路，远可直抵美诺，近可绕出路顶宗后。似此路甚为扼要，若能攻其不备，即可乘间直入。是以谕令丰升额前往统兵，较马彪等更为得力。今据奏，马彪等带兵之地距路顶宗甚近，并非别路分往。而兜乌与路顶宗又同一费力仰攻，实属无益之举。与其分兵而归于无益，何如留此多兵合攻路顶宗，军声益壮，更易集事。且果能攻得路顶宗，则兜乌不攻自破。即尚留余孽，亦可一面进捣贼巢，一面留兵牵缀。行军机要，贵于因地因时，朕岂能于五六千里之外一一遥为指示？今温福、丰升额惟知遵旨奉行，不复计其事是否有益，与胶柱鼓瑟何异？著传谕温福等，此时兜乌一路不但丰升额不应前往，即分剿之兵亦只可酌留数百在彼牵掣。其余概撤回路顶宗，并力攻剿，方为妥协。"

又谕："现在绰斯甲布一路之兵原为牵缀贼势，如果得路进攻，擒获索诺木，亦属美事。舒常受朕深恩，虽奋勇向前，亦须相度地利，详察贼情，期于计出万全。若专务进攻，不思退路，贼番从后截其粮道，其患非细。舒常须留心预防。"

又谕曰："温福等进抵路顶宗，若能相机攻克，自可直捣美诺。阿桂一路亦当觅间攻取僧格宗，以收夹击之益。僧格桑计穷力竭，势必窜入金川。我兵合力追擒，逆酋自无能久匿，究不若严密预防，毋任兔脱之为愈。著温福、阿桂于攻得要隘，凡有可通金川之路，预为堵截，勿使逆酋外逸。至董天弼所攻之布朗郭宗、底木达为两金川相通要路，且系僧格桑之父及其妻属所在，尤关紧要。并须密访路径，派兵防截，或逆酋潜窜至彼，即可乘便掩擒。"

（高宗朝卷九一八·页一〇上～一三上）

○乾隆三十七年（壬辰）十月戊辰（1772.11.1）

参赞大臣署四川提督阿桂奏："参将常泰所带川陕兵二千五百，于九月十二、十三等日前抵木池。楚兵三千内头二起已出打箭炉,十九等日抵喀勒塔尔,后起亦即陆续前进。臣于二十二日派令侍卫蒙固勒、乌尔图纳逊、伊尔哈纳、章京三通保前赴绰斯甲布,分领官兵。此路为将来接办金川之局,已令总兵马彪驰赴大营详悉指示。该镇于二十五日自达乌起程,由吉地、丹东一路追及楚兵,带赴木池进剿。再,吉地一路官兵,臣于九月二十三日令副都统职衔音吉图、侍卫普济保等前往分领。至进兵后文报甚关紧要,自巴东至木池现议设七站,其中逼近金川贼人出没之地,并饬将弁督兵严防。"报闻。

又奏:"奉谕以李天佑、马应诏究系偏裨,因令舒常为领队大臣,前赴绰斯甲布。查此路领兵,臣已奏派总兵马虎前往。舒常系满洲领队大臣,若统辖官兵令马虎协助,更为得力。但舒常从西路赴绰斯甲布,须由成都出打箭炉,道路纡回,尚需时日。此时正当驾驭土司发兵,李天佑等若闻舒常前来,未免迟疑观望。将谕旨暂存,仍饬伊等上紧办理。俟舒常将抵绰斯甲布时,行令遵照。"

得旨:"嘉奖。"

四川总督文绶奏:"川省冲途各驿及西、南两路新设台站,均已酌增马数,并添拨营马。所需草豆例于军需项下及各营草干银内分别支销,应令口内州、县照增拨马数领项办理。其口外添设各站,应照马数核计一季需用料豆价值,于军需项下预动银两,发给产豆各州、县采买,运交总理粮务处按站分给。所需草束,令各站员弁就本地购买。"从之。

督理粮饷侍郎刘秉恬、四川总督文绶奏:"臣等驰赴达乌督催粮运。据雅安县禀报,九月初八至十七日,官商各米过雅州府者,计一万二千二百余石。又据各路粮员报称,绰斯甲布之木池及丹东两处米石,由打箭炉、资隆卡、喀勒塔尔分路起运者,均经陆续赶运。至卡丫、墨垄沟、果洲与章谷等处粮石,逐日转运,军储并可充裕。"报闻。

又奏:"军营台站应用夫役甚多。自清溪至打箭炉,民户甚少。自打箭炉至军营,每一土司所属不及内地一大村落,又复各派土兵随营,及于两金川接壤之处分拨防守。运粮人夫沿路不敷雇用,应令军需局酌定附近地方,调民夫协济。弯远州县如楚、滇连界处,应听酌量帮贴。其民夫更换,原议以三月为期,不免太促,应令五月更换一次。至西路军营及曾头沟等处，应仿照南路办理。"从之。

（高宗朝卷九一八·页一六下～一九上）

○乾隆三十七年（壬辰）十月辛未（1772.11.4）

谕曰："小金川来降之喇嘛索诺木鄂咱尔，著赏给章嘉呼图克图役使。"

谕军机大臣等："昨文绶将金川番人嘉木磋等解京，供称金川所需茶叶，全借内地出产，若无茶叶，甚为不便等语。茶叶既属番地必需，自当禁其外出，不令丝毫透漏，俾贼番得资利便。著传谕文绶速饬沿途员弁，于附近番境密查，如有奸商偷贩出口，即行严拿究治。"

又谕（军机大臣等）："兵部奏资哩议叙一案，温福等于接到部驳后，减去官兵土练九千余人，现请议叙者二千余人。此时既知核减，则原题之滥列更无可辩。其文内所称'逐日围寨打仗阵亡、受伤官兵应否议恤'，则又过于拘泥。官兵效力捐躯，自应逐一咨部查办，原不当俟有议叙之案，始将阵亡附列。即该将军等统兵进剿，不暇随时咨报，亦应每月汇咨一次，以恤勤事而励戎行。至受伤官兵，又当分别核办。如受有头等重伤者，除附折具奏外，并应按月咨部议赏。其二等以下之伤，止须记明册档，遇有议叙时，量其劳绩咨部酌议。若浮伤无关肢体，不过册内登记，不没其劳，仍视其奋勉出力与否，统行核定，并不得与轻伤一例。温福等当照此妥办，并谕阿桂知之。"

（高宗朝卷九一八·页二〇下～二二上）

○乾隆三十七年（壬辰）十月壬申（1772.11.5）

谕："据董天弼奏报，于九月二十四至二十八等日，带兵攻得穆阳冈及木丫山梁等处，克取石卡三十余座、大卡木城三座，杀贼百余人等语。董天弼等督率官兵分路奋勇攻剿，甚属可嘉。董天弼、富瑚、明仁、佛逊、沈宽及旗营各员并打仗官兵等，均著温福查明咨部议叙。至游击沈宽自派赴党坝以来，颇为奋勉出力，并著温福遇有参将缺出，即行奏请补授，以示鼓励。"

又谕曰："参将薛琮前于进攻墨垄沟时阵亡，曾经谕令桂林查明议恤，并令将该员有无子嗣确查具奏,听朕酌量加恩。嗣因桂林革职离任,未据奏复。薛琮带兵进剿,效命捐躯,甚属可悯,著加恩照副将衔交部议恤。并著文绶查明薛琮如有子嗣,即行送部引见。所有墨垄沟阵亡官兵,著即一并确查,咨部议恤。"

(高宗朝卷九一八·页二二上~二三上)

○乾隆三十七年(壬辰)十月乙亥(1772.11.8)

谕军机大臣等:"阿桂给与小金川回檄,欲诱逆酋自来,并冀因此拒守稍疏,以资乘隙进攻之益,固亦一策。但逆酋诡诈,未必肯凭阿桂一言自投罗网。且恐逆酋假亲来之说,以诱我领兵大臣及将佐等出营,逞其奸恶。阿桂等惟应布置掩擒,或并相机剿杀,勿稍疏懈。至逆酋求降乞命,尤当付之不闻。非但僧格桑不可轻宥,即索诺木亦罪无可宽。岂有费如许兵力仍以姑息了事,复贻后患之理!温福、阿桂等谅必能深体朕意。"

参赞大臣署四川提督阿桂奏:"臣现派明亮领汉、土兵八千余,由甲尔木山梁一路进攻。其墨垄沟迤东泥垄一处,派令总兵伊常阿领兵千名间道前往,以缀贼势。至达乌大营,留兵千余,臣亲身督率由正面攻击。定于十月初七日,登山攻取各处碉卡。"

得旨:"嘉奖。"

又奏:"绰斯甲布、革布什咱两路,均可进捣金川贼境。革布什咱之吉地,距金川之甲尔垄坝止有三站,如能攻取甲尔垄坝,已据金川要隘,可以进攻正地。现在附近吉地之汉、土官兵,令参将郑国卿等管领,由格尔格堡前进。其附近丹东渥睹之兵,由拉古鄂前进。均于十月初三日启行。至由吉地抵甲尔垄坝一路军粮,因不及安站酌雇番民负运,并驾驭头目派出番夫百名。又于余科土司地方调牛三百,以供挽运。"

得旨:"嘉奖。"

(高宗朝卷九一八·页二五下~二七上)

○乾隆三十七年(壬辰)十月丙子(1772.11.9)

又谕(军机大臣等):"西、南两路军营克日进抵贼巢,董天弼一路亦已攻取木丫山梁。若一得大板昭,即可直趋布朗郭宗及底木达,计泽旺、僧格桑父子均无难次第就获。倘或冀效从前金川莎罗奔、郎卡故智同赴军门乞降，自当设法掩擒。若即于军前诛磔，固可令众番共知警戒，但小金川一经荡平，即应进剿金川，恐索诺木闻僧格桑父子被戮，自揣彼此同罪，畏死铤走，并坚其负隅阻险之心。温福等于擒获僧格桑父子时，务宜派委妥干员弁隔别管押，迅速解京。且使军中扬言：'僧格桑蒙大皇帝宥以不死，现在送京，别有加恩。'令索诺木窃闻此语，自恃无虞，或亦赴营请降，擒缚更为省力。亦兵不厌诈之一道也。至两金川有名大头人，如攻破美诺后同就俘获，或随逆酋投诚被擒，均不必于军前正法，亦当讯取确情奏明，并派妥员分管解京。将此传谕温福、阿桂、丰升额遵旨妥办，并谕舒常、董天弼知之。"

（高宗朝卷九一八·页二八下～二九下）

○乾隆三十七年（壬辰）十月壬午（1772.11.15）

谕："据阿桂奏报，于十月初四至初八等日分四路进攻，将甲尔木山梁全行占据，并前此未得之第四峰、第五峰碉卡石城，亦俱攻克，杀死贼番百余名，并杀红衣贼目三名，抢获木城一座、碉卡二十余座等语。明亮等带领官兵不避雨雪破卡杀贼，甚属奋勉。所有此次打仗之侍卫、员弁、兵丁等，均著阿桂查明咨部议叙，以示鼓励。"

又谕曰："副都统华山著授为领队大臣，派往南路，交与阿桂差遣。"

谕军机大臣等："阿桂奏攻得甲尔木山梁一折。我兵既据最高峰顶，自上而下，其势较易。若即出达乌之前，直压贼番所守要隘，则与阿桂处官兵两路夹击，更无难乘间攻克。再，现在我兵所据山峰似已抄在阿桂对敌贼寨之上，即当设法截贼后路，断其粮食、火药，使力不能支，必将自溃。而我兵应需口粮、军火之资，务宜熟筹，即速继运，毋蹈前辙。若皮船一节原属攻其无备出奇制胜之计，但黑夜渡河亦须事出万全，慎勿冒险轻进。至官兵议叙之案，只应将此次实在出力人等造册报部，俾有功者益知感奋，其余亦可借以激励。将来两路有应议叙者，均照此办理。"

（高宗朝卷九一九·页一〇上～一一上）

○乾隆三十七年（壬辰）十月乙酉（1772.11.18）

参赞大臣署四川提督阿桂奏："甲尔木第五峰之南，有四峰相连，地名真登梅列。每峰各有贼碉，官兵必须下至山坳，向上仰攻。十月初十日，明亮督兵攀崖而上，三面冲击，杀贼甚多。其泥垄一路，伊常阿于初九日带兵至大山之中，直前攻扑，并分兵三路将各石卡克取。"

谕军机大臣等："前据阿桂奏，甲尔木之第四、第五峰，地尤险要。如能夺此两峰，则迤南一带山峰碉卡皆出其下。两峰既经明亮攻得，何以此次进攻真登梅列贼碉，我军尚须下至山坳复向上仰攻？且此两峰既属险隘，自可截贼后路，其粮食、火药复从何路运送乎？至明亮、伊常阿分路进攻，贼番自必难于兼顾，阿桂所办皮船又已告竣，若潜师速往，出其不意，可冀得手，何至今尚迟回观望？并著阿桂据实复奏。"

定边右副将军大学士温福、参赞大臣尚书公丰升额奏："南山由玛尔迪克至贡噶，复越山梁二道，即策布丹地方。哈国兴、海兰察带兵五千，在贡噶一带迁延未进。据称大雪之后，难以仰攻。因令官兵修筑木栅，而石被雪冻，复难掘取。现飞檄严催，令其迅速攻剿。"

谕军机大臣等："由贡噶前进，即策布丹地方，为直捣美诺捷径。觅间袭取，利在速攻。哈国兴等当冬寒水冻之时，欲待晴霁雪消，原属非理。即所云石冻难于掘取，何以贼番用石筑碉取携甚便？但策布丹一路，从前温福等亦称其路险箐深，今复加以雪冻，更非急切可以著力。若明知其难进，而促官兵冒险直前，转恐无益有损。如必待至雪消，则此际相距春融为时尚远。以五千有用之兵置之无用之地，实为非计。著丰升额亲往该处察勘，果系一时难以进攻，即当留兵数百，交李煦等于贡噶一带严防后路，其余官兵均撤回路顶宗。即令哈国兴、海兰察带领进剿。若兵尚可进，而哈国兴等有退缩之意，亦即据实参奏。"

（高宗朝卷九一九·页一九下～二一下）

○乾隆三十七年（壬辰）十月庚寅（1772.11.23）

谕军机大臣等："阿桂奏，巴朗索原系赏给绰斯甲布地方，其头人复情愿归还。自当听从其便。至其地为金川自取，与从噶克无关，似可毋庸顾计。而阿桂折称从噶克倘稍有干涉，恐致心生疑贰，亦属详慎之意。著舒常及李天佑等传谕绰斯甲布土司，以此地照旧归还自为顺理。其中或有境壤相错，俟平定两金川后彻底清厘。如巴朗索与从噶克有涉，原可于攻得金川地内酌量地界、人户与巴朗索相仿者另行赏给，但须奋力从征，或较此所得尚多，亦未可定。又，各土司出力攻地，将来量功行赏事宜业经一体传谕。从噶克现在西路随营，若言及此事，即著董天弼等照此宣谕，俾鼓其自为之心，益坚其奉公之念。温福等亦不可不知此意。再，前据阿桂奏章谷以北东山梁后，即小金川汗牛一带地方。汗牛以外又属何处？阅全图所载，汗牛相近地面南为明正，东为木坪。此二处土司最为恭顺，其境内若有路可通，分兵夹击，得手尤易。是否可行，著阿桂据实复奏。其另折所奏音吉图、汪腾龙等进攻甲尔垄坝，已攻得正地水碉木栅。似亦可望得力。如此两路进兵，索诺木断无不撤兵自卫之理。僧格宗一路贼势必孤，乘间犁巢，自可克期集事。"

又谕曰："董天弼督兵进攻大板昭，正值军行紧要之时，粮运尤为急务。前据鄂宝奏，曾头沟一路军粮，源源接济。何以董天弼甫经进兵，遂至粮石不敷支给？况此处八月以来已将道路开修，自不应尚有迟滞。著传谕鄂宝严饬员弁迅速赶运，仍亲往督催，务令官兵足资支食。倘有不继，惟鄂宝是问。并谕董天弼当与在事侍卫章京等督率兵练，驾驭土司，克期攻取大板昭贼寨，以慰廑念。"

参赞大臣署四川提督阿桂奏："明亮进攻真登梅列，贼番踞守四峰，碉卡排列，而最北一碉之下有山脚一道，贼番筑有二碉。从僧格宗一带运送口粮，必经由其下，绕至后面方可前进。十月十二日明亮派兵往攻，贼弃碉窜走，旋将二碉占据。复令官兵向下连筑卡座，以断贼番来路。"

得旨："此举乃断其后路，最要策也。"

（高宗朝卷九一九·页二八上～三〇下）

○乾隆三十七年（壬辰）十月辛卯（1772.11.24）

定边右副将军大学士温福、参赞大臣尚书公丰升额奏："臣等酌抽南、北两山官兵，并力攻路顶宗。如此举尚难得手，即合攻兜乌。倘仍难攻上，现查有别斯满一路，即抽调各处兵前往分剿。"

谕军机大臣等："路顶宗地势固为险厌，现在并力合攻，军声益壮，自足令贼胆落。且聚有多兵，更番攻击，贼愈难于支拒。即访有间道，分兵往袭，正兵仍不虞单弱。若路顶宗猝难攻破，亦不妨留少兵牵缀贼势，而以全力并击兜乌。温福等其酌量情形，相机办理。"

（高宗朝卷九一九·页三〇下～三一下）

○乾隆三十七年（壬辰）十一月癸巳（1772.11.26）

又谕（军机大臣等）："近据温福等奏，现在合兵攻路顶宗，阿桂一路亦已占据要隘山峰，董天弼又进剿大板昭，是于小金川地方业经三面夹击。而汪腾龙等由革布什咱攻吉地，舒常等由绰斯甲布攻俄坡，索诺木必将助逆兵撤还自救，西、南两路自当捣穴擒渠。但恐僧格桑窜入金川，索诺木岂肯立时擒献？惟须急剿金川并缚两酋，方能通完此局。至僧格桑及索诺木兄弟就擒骈戮，必当仿照前此办理杂谷脑改土归流之法，安营驻兵，尽成内地，庶为一劳永逸之计。此虽系善后事宜，温福等不可不预知此意，但须密为筹画，不可稍露端倪，致番众生心滋事。"

（高宗朝卷九二〇·页八下～九下）

○乾隆三十七年（壬辰）十一月乙未（1772.11.28）

谕："据温福等奏报，十月二十二、三等日攻克路顶宗及喀木色尔贼寨，共攻破大小卡寨五十余座、碉房三百余间，杀死贼番数百名，俘获金川贼人九名，夺得大炮三座及军械、火药、粮食甚多一折。此次温福、丰升额督率将士，调度有方。海兰察、哈国兴、额森特及在事攻剿之将佐、弁兵、土练等均各奋勉出力，甚属可嘉，俱著交部查明分别议叙。其将弁内实在奋勇出众者，不拘满汉，并著温福等确查奏闻，赏给巴图鲁号。即绿营兵丁内果有勇往超群者，亦著破格查赏，以示鼓励。至海兰察、额森特带兵甚为奋勉，海兰察著交兵部，遇有蒙古都统缺出，即行奏请补授。其所遗副都统员缺，即令额森特补授。所有温福等奏折并著译汉发抄。"

谕军机大臣等："现在温福等已攻得路顶宗及喀木色尔贼寨，自可乘势深入，迅捣美诺。谅僧格桑必窜匿金川，希冀缓死。索诺木向虽狼狈为奸，究因僧格桑有'将境壤归并掌管'之语，竭力抗拒，乃系自图占地，非止袒护私亲。我兵攻剿严密，自应即为擒献，计图解免。温福等惟当将僧格桑并伴送之人拘禁解京。或索诺木到营请降，即遵前旨设法诱擒。仍一面严饬急攻，扫荡巢穴，搜捕余孽，以期永靖边徼。温福、阿桂等均当共知此意。"

（高宗朝卷九二〇·页一一上～一二下）

○乾隆三十七年（壬辰）十一月戊戌（1772.12.1）

参赞大臣署四川提督阿桂奏："明亮带兵进攻真登梅列，所取山脚石碉旁有小山一座，上有石卡。明亮于十月十八日派兵于山沟左右潜伏，复派官兵直攻小山石卡。各处贼众分路来援，我兵佯退。贼众追至山沟，伏兵并起，退兵复还，杀贼甚众，并歼大头人二名。前有两峰相接处，地名翁古尔垄，贼番悉力拒守。现令官兵略为休息，侦探道路情形，以期深入。"

谕军机大臣等："明亮此次带兵甚属勇往，计画亦为得当。阿桂当传谕令其益加努力，以冀勉副酬勋。至伊常阿由泥垄进兵，何以尚无信息？而阿桂在达乌亦未见有寸进？即以坚碉非可急取，亦岂容过于迟疑坐待！现在温福等已将抵明郭宗，阿桂若即能克僧格宗，则两路夹击，可藏小金川之局。著传谕阿桂，将现在进剿情形迅速核奏。"

（高宗朝卷九二〇·页一六上～一七上）

○乾隆三十七年（壬辰）十一月己亥（1772.12.2）

定边右副将军大学士温福、参赞大臣尚书公丰升额奏："十月二十四至二十八等日，官兵进攻兜乌山梁及附近贼寨。哈国兴、额森特、巴雅尔、阿尔苏纳等攻取穆拉斯郭大寨，占据兜乌山顶，与马彪合兵，悉夺兜乌附近碉卡。翘苏勒带兵从沃克什旧寨之北鼎达实诺尔山夺取碉卡，海兰察带兵从色木僧格山前进至格实迪，连夺碉卡，进取木城。现在据守要隘，取路进攻明郭宗。"

谕："此次在事奋勉之头等侍卫阿尔苏纳著赏给副都统职衔，三等侍卫巴雅尔著授为二等侍卫。"

谕军机大臣等："温福等奏，瓦寺土舍索诺木雍中，请将伊所赏名号、花翎移给伊叔土司索诺木旺丹等语。索诺木旺丹感戴朕恩，因年迈不能从军，令索诺木雍中带领所属人等随营效力，殊属可嘉。著加恩于现在职衔上加升一级，并赏戴花翎，给与名号，以示优奖。其索诺木雍中现在军营出力，所有原给名号、花翎毋庸移给。"

（高宗朝卷九二〇·页一七下～一八下）

○乾隆三十七年（壬辰）十一月丙午（1772.12.9）

定边右副将军大学士温福、参赞大臣尚书公丰升额奏："十一月初四日夜，额森特由穆拉斯郭山绕至博尔根山顶，占据大寨；哈国兴由喀木色尔北山旁进夺额尔奔木栅；海兰察自山后进夺贼卡，复夺取玛觉乌大寨，此处甚关紧要，现已添兵驻守。"

谕军机大臣等："温福等此次进兵分队占据博尔根山梁，并攻克玛觉乌寨落，取路前进，甚合机宜。但细阅地图，簇拉角克纳拉觉等处贼碉林立，与我兵后路相通者甚多，温福等宜善为防范。其进兵则仍应照攻取路顶宗等处筹办分路，方为有益。"

（高宗朝卷九二〇·页三〇上～下）

○乾隆三十七年（壬辰）十一月丁未（1772.12.10）

副都统舒常奏："金川逆酋将被留兵丁杨会先放回投递书禀。据供，在西路南山水卡进攻被掠，金川头目告称：'官兵攻我，未识大皇帝知与不知。如必欲攻我，我不得不防备。'又闻贼寨中有内地兵丁八九十人。至所见守达尔图山梁之头目、通事，即在西路被掠时所见之二人等语。军营无识番字者，已将逆酋原禀驰交阿桂处译奏，并将杨会先送达乌备讯。再，现在定期进兵，山险碉坚，必须用炮轰击，屡经札催铜斤炮匠，尚无音信。"

谕军机大臣等："舒常奏到杨会先供词，系在西路南山水卡进攻，其因何为贼所掠？何以未据温福等奏？及至所称贼匪各寨拘留八九十人，此等兵丁何由为贼所得？且营兵有数可稽，如系带兵将领，未经呈报，即著查明参劾。或各营禀报而温福等以为无关紧要，不即奏闻，亦著据实复奏。又据供所见守达尔图山梁之头目、通事，即在西路被掠时所见之二人等语。此必贼匪因我兵由绰斯甲布一路进攻，遂将助逆头目撤回防守。是西路各寨，金川贼众渐少，温福等益当乘隙直入，自更易于得手。至西路助逆头目既经撤回，南路一带亦必潜行抽撤。况温福等现在进攻明郭宗，距美诺甚近，则南路官兵尤当乘机奋击，使贼番不能兼顾，自可克期捣穴擒渠。再，金川逆酋禀词译出情节与杨会先供词是否相符，并此外有无吃紧关键，阿桂即应知会舒常，一面奏闻。"

（高宗朝卷九二一·页二下～四上）

○乾隆三十七年（壬辰）十一月戊申（1772.12.11）

谕："据阿桂奏称，本月初三日督率将弁黑夜渡河，分路攀援，占据山顶及各处要隘，攻破东面之翁古尔垄、西面之布拉克尼德古及纽寨各地方，计夺得大木城一座、碉寨一百余间、石卡五十余处，杀贼二百余名，生擒活口一名，并获军械、口粮各物等语。此次阿桂实心筹画，调度有方，甚属可嘉。阿桂及在事出力之将领弁兵，并著查明交部议叙。至攻取大木城时，有贵州千总郭士才首先拔开木栅，腾身跃入，以致阵亡，实堪悯惜。著加恩赠都司衔，交部照例议恤；仍著赏银一百两，给付其家；并著阿桂查明郭士才有无子嗣，如年已及岁，即送部带领引见。"

谕军机大臣等："前以阿桂攻克甲尔木山梁，赏给内大臣衔，随据具奏恳辞，因谕令俟攻得僧格宗，即传旨谢恩。今阿桂如此勇往，即著在军营传旨奏谢。如能径取僧格宗扫穴擒渠，自当再颁酬庸渥典。至官兵已得翁古尔垄隘口，正贼番破胆之时。且据所获达尔结供称，距僧格宗不远有噶察地方，闻僧格桑尚欲调兵拒守等语。阿桂若及其守拒未定，迅速剿击，自易为力。惟僧格桑势已穷蹙，亟宜留心访察，断其潜通金川之路。倘逆酋逃往金川，即应督兵与索诺木一并剿擒，不得仅向索取。现今另降谕旨，详悉传示两路遵照妥办。再，我兵攻得翁古尔垄东、西两面山梁，此等要隘得之颇属不易。其间路径丛杂，并当设法堵御，毋为贼所窃占。而我兵所过后路更须加意防范，俾粮运接续通行，贼番不能在后抄截，庶为万全。"

（高宗朝卷九二一·页四下～八上）

○乾隆三十七年（壬辰）十一月壬子（1772.12.15）

谕曰："福昌前在山神沟带兵进剿，不能迅合机宜，是以降旨革职，令其自备资斧效力赎罪。今据温福等奏，该员自革职以来，深知感惧，今在资哩一带防守后路，兼管收发军火诸务，并无贻误等语。福昌既自知悔罪，倍宜奋勉，且其自备资斧效力已及一年，著加恩以参将委用。"

定边右副将军大学士温福、参赞大臣尚书公丰升额奏："臣等于十一月初六日黎明，督令哈国兴带兵攻达克苏山巅大碉。其时，普尔普等领兵夺据山巅向下贼碉，以断贼人来路，海兰察等领兵上攻达克苏山。复令章京观音保带兵由山下小路进夺贼碉，与海兰察兵上下合击，将此山碉卡以次夺据。其山巅大碉虽未攻克，现令哈国兴等留兵扎营，以缀贼势。臣等统领大军由达克苏山脚进攻明郭宗。"

谕军机大臣等："温福等奏攻取达克苏山贼寨碉卡，所办自合机宜。但高峰碉内贼人尚有牵缀之兵，南山三道大沟仍有通我兵背后之路，益当留心防守。再，据擒获贼番所称，番众心变，亦势所必然。如果将僧格桑擒献，即应亟予奖励，加恩抚其余众，则办理小金川之局便可完结，并可令金川贼番闻之心动，更有裨益。至海兰察、哈国兴及侍卫章京等节次进攻均属奋勉，俟攻克明郭宗之日一并议叙。"

又谕曰："董天弼统兵攻底木达，原以擒获泽旺为要著。现在阻隔山梁，未能深入。今据温福等奏，所获贼番嘉噶尔供称，从前泽旺向僧格桑云'我曾在将军前乞恩不允，如今再言亦不相信。汝须速即出去，叩头求免方是'等语。是泽旺之心尚知畏惧，自应乘机诱其来降，设法擒获，则布朗郭宗、底木达一带并可借泽旺之名招致，自当不攻而溃，所谓兵不厌诈也。特命军机大臣代拟檄稿，并令解到通事翻出发去。若此时董天弼尚未攻克底木达，即将此檄传示。仍于发檄后督兵奋攻，并将泽旺奉檄情形奏闻。"

（高宗朝卷九二一·页一一上～一三上）

○乾隆三十七年（壬辰）十一月癸丑（1772.12.16）

又谕（军机大臣等）："据阿桂奏，官兵续攻西山梁，连克得里、日寨、扎觉木等处碉卡甚多。伊常阿并于初六日四更，督兵潜上岳鲁山梁，将卡栅全行夺得。其甲尔木一带，明亮等亦于初六日督兵进攻，更余尚未能克。明亮等以贼人抵御疲乏，且料我兵必不连夜进攻，正可乘其不备，因分队派兵于三更后潜往，直攻真登梅列高峰。同时奋力扑上，贼人不能相顾，各自弃碉惊溃。共得碉卡三十余处、平石房五十余处。德赫布等亦于初六日早攻得格鲁克古山顶大小卡十余座，并杀毙贼人，夺获枪械等语。阿桂此次分兵越险，攻夺贼碉甚众，董率有方。明亮、伊常阿、德赫布倍著奋勉，在事将弁兵练亦甚出力，深为嘉悦，均著交部查明议叙。再，明亮、德赫布已另旨各赏副都统衔。所有伊常阿总兵任内降级留任之案，并著加恩开复。守备崔文杰等均属奋勇出力，崔文杰业照阿桂所请，准其升补都司。其守备马廷亮、范玉光并著量加一等升用，以示鼓励。阿桂折并发。西山梁甲尔木及正地山口各处打仗官兵间有伤亡者，并著阿桂核实报部，照例议恤。"

又谕曰："德赫布、明亮领兵进剿，连克碉卡，奋勇可嘉。德赫布著赏给副都统衔，明亮著授为头等侍卫，仍赏给副都统衔。绥库带兵亦属奋勉，著授为二等侍卫。"

谕军机大臣等："现在翁古尔垄等处隘口节次攻破，贼已失其险要。且据阿桂奏，从此进取，可以直压僧格宗等语。官兵屡经奏捷，阿桂等当乘其锐气径捣美诺，擒缚逆竖，以待酬庸渥典。又，另折奏现拟派兵于正地嘉资山，截断贼人粮道。所筹甚是。至所称土兵除明正及革布什咱番民外，均不向前等语。土兵随营征剿，惟在善为驾驭，恐音吉图未能随时妥办，汪腾龙到川不久，亦未必深悉番情。阿桂当檄令伊等晓谕土民，果能攻夺紧要碉卡，必当报明参赞优叙。如实系向前出力，虽未得有功绩，亦必据实呈报，量为奖赏。如此，则有用土兵益加感奋，即退后者，亦当观感知改。"

（高宗朝卷九二一·页一五上～一七上）

○乾隆三十七年（壬辰）十一月丙辰（1772.12.19）

谕："数日内连接军营奏报克捷。西路自攻破兜乌、路顶宗，直取明郭宗，可以径抵美诺；南路由翁古尔垄及甲尔木等可以直压僧格宗。而各路分剿之兵亦各奋勇取胜。看来捣穴擒渠平定小金川之事，年内可以告藏。再，两路兵丁土练等当此天寒，越险奋勇，所至奏捷，朕心深为廑念，已降旨加恩加赏一月盐菜银两。著将此即行抄案，令温福等传知各路兵丁，共晓恤劳鼓勇之意，倍加踊跃，迅奏肟［朕］功。现在京师入冬以后三次得雪，通七八寸有余。据各省陆续奏报，当本年夏秋收成大稔之后，又均获此屡丰之兆，实为数年所罕见，朕心深为欣悦。温福等闻知，亦当共深庆忭。当此军威大振之后，计日可以立伫捷音。将此由六百里加紧传谕伊等知悉。仍将数日内进兵深入情形迅速复奏，以慰悬注。"

谕军机大臣等："西路军营自攻破路顶宗、兜乌进攻明郭宗，可以径抵美诺；南路则由翁古尔垄及甲尔木等处，直压僧格宗。而各路分剿之兵亦皆奋勇克捷。平定小金川之事，计日自可告蒇。至索诺木为小金川主谋，罪更浮于僧格桑。昨阿桂奏到贼禀内有'若发兵来，实在不得不抵当'之语。是逆酋公然欲与大兵抗拒，直认不辞。若非乘此兵力进讨金川，直取渠魁，尽平其地，更无中止之理。即此时诱其出降，就势缚取，不过另备一策，并非正办也。两路官兵当此天寒，越险奋攻，所至奏绩，朕心深为厪念，现降旨加赏一月盐菜银两。将此谕令温福、阿桂，传知各路汉、土兵练，俾共喻恤劳鼓勇之意。"

（高宗朝卷九二一·页二三上～二五上）

○ 乾隆三十七年（壬辰）十一月丁巳（1772.12.20）

参赞大臣署四川提督阿桂奏："臣于本月十三日派侍卫三宝等进至西山之邦甲山梁，章京图钦保等沿沟而上，从邦甲山顶绕出贼后，合兵攻击，夺取邦甲山梁石城大碉及各石卡，游击谷生炎沿河进攻策尔丹色木之喇嘛寺。已克邦甲之兵向下夹攻，贼众溃逃，官兵追杀头人一名，夺取喇嘛寺，复进取公喀尔，将山顶后碉房一并攻取。臣已令明正土兵预备皮船，派守备鄂辉等领兵渡河，攻取东山梁下拉宗等寨及沟内、坡上各碉房。又进至拉约焚烧七寨，番人尽降，翁古尔垄高峰上贼人亦遁。统计东、西两面山梁，攻克碉寨三百余间。土守备阿忠保又攻取西山梁后之登藏寨，东山梁官兵复与明正土兵督率拉约降人攻至宅垄，焚烧寨落，番人亦皆投顺。此二寨共降番民二百余户、精壮番丁二百余人。查僧格宗一带为小金川西南门户，田地稍饶，户口最多，碉寨亦密。今番人接踵乞降，臣遵奉谕旨，投降者尽予抚辑，拒守者即加骈戮，番人已尽解体。但番情诡谲，未可深信，现在拉约、宅垄两处精壮番丁令各土兵分带随营，以便防制，其余番户派明正等处土兵看守。至西山梁后处处与金川接壤，已派兵分布防范，并拆毁攻得碉寨，俾贼不得乘间占据。"

谕："据阿桂奏报，攻克东、西山梁之邦甲、拉宗等十数处，所得石城大卡碉房数百座，剿杀贼番多人，余各跪恳投降，其分兵攻克之宅垄番人亦复哀求投顺，并收获粮石、牛羊甚多等语。览奏深为嘉悦。阿桂连日屡报克捷，今又攻得邦甲、拉宗等处，在事官兵俱奋勇直前，所向无阻，实属可嘉。皆由阿桂董率有方，故能叠著劳绩。均著交部议叙。其打仗受伤弁兵及阵亡之土司头目等，并著查明咨部照例赏恤。"

又谕（军机大臣等）曰："伍岱虽有乌拉齐习气，曾经阅历行阵，昨在西路军营尚无大过，著加恩授为蓝翎侍卫，派往南路，交阿桂酌量差遣。想此时伍岱已至伊犁，著传谕舒赫德转饬伍岱驰驿赶同桂林前往。"

又谕曰："阿桂攻克邦甲、拉宗等处情形，一切筹画调度深合机宜，惟处置降人一节，最为此时紧要关键。杀降本非行军所宜，且恐番人因此生变，转以坚其固守之志。所有拉约、宅垄老幼妇女自应宣谕安抚，俾获宁居。其中壮丁可用者，察其心无反复，随营驱遣。既可资其向导，且使传述中朝抚辑降众之恩，俾为贼拒守之人，望风解体，实为事半功倍。阿桂所办甚属妥协。西路此际已直取明郭宗，遇有投诚乞降者，温福等即当仿此办理。至阿桂奏到，擒获贼番噶勒丹彭等，讯有'金川头人带兵防守美诺'之供。可见索诺木力为谋主，欲于僧格桑败亡之后并吞其地。是两酋必须一鼓剿擒，更无疑义。且折内所称西山梁后处处与金川接壤，则现在攻剿助逆之兵，即为摧折索诺木羽翼之要策，固不待收得美诺时始图另起炉灶也！将此并谕温福等知之。"

（高宗朝卷九二一·页二五上～三〇下）

○乾隆三十七年（壬辰）十一月己未（1772.12.22）

谕："据温福等奏，于本月十五日派拨官兵分路进攻，将附近明郭宗一带之山沟及沿路所有番贼碉卡共九十余座尽行攻得，杀贼甚多，擒拿番贼十一名，所得军器、火药、牛羊、粮食等件无算。现在乘胜用大炮轰摧明郭宗等语。此次官兵俱能奋勇出力，所向无前，皆由温福等董率有方，于分攻合剿机宜无不谙练，是以随宜运用，迅速奏功，甚属可嘉，均著交部议叙。其有打仗阵亡、受伤兵练，并著查明咨部，分别照例恤赏。"

谕军机大臣等："昨阿桂奏攻克邦甲、拉宗等处碉寨，有番众投降一节，办理甚合机宜。已有旨传谕，并令温福等一体照办矣。现今两路兵威大振，番众乞降者必多，急宜设法安抚，并择其丁壮可用者随营驱遣，俾逆酋不得以'投顺亦难免死'之言蛊惑其众。但贼人狡狯百出，一时畏威窘迫，不得不以归附求生，旋或系念故居亲属，易于生变，且安知逆酋不令其诈降入营，乘机观衅？设使对仗时失于防范，致降人复有逃叛，甚至倒戈相向，尚复成何事体？温福等务宜先事提防。抚辑固不可不周，而稽查尤不可不密。况此时小金川之拒守者多系金川贼兵，其中不无因败来降。将来接办金川亦应即用此法，以加恩抚绥，解散其党，并以留心防备，早破其奸。庶肘腋无稍疏虞，而先声所至，番人自知弃逆效顺。温福、阿桂等皆宜善体朕意，熟思审处。并密谕各路将领默为理会，毋令稍涉声张。将此再行详悉传谕知之。"

（高宗朝卷九二一·页三一下～三四上）

○乾隆三十七年（壬辰）十二月壬戌（1772.12.25）

又谕（军机大臣等）曰："舒常奏攻克日旁山口东边碉座，拟于俄坡、日旁两路择一易于得手之处进剿。所办甚是。绰斯甲布一路原为牵制贼势，使其撤兵自卫起见。将来迅捣美诺，僧格桑既已殄灭，即当进剿金川。如量度此路必应进兵，再为厚集兵力，熟筹妥办。此时不宜冒险深入，致有疏虞。自应如舒常所奏，蹓探道路，审择而行。"

（高宗朝卷九二二·页二下～三上）

○乾隆三十七年（壬辰）十二月癸亥（1772.12.26）

谕："据阿桂奏，十一月十七日派拨将弁官兵分路进攻都恭山坡碉卡十余处，杀贼二三十名，追戮奔窜之贼五六十名。十八日将日木则、扎尔玛等处一带碉寨及拉咱寨、丹扎、噶察、丹嘉等处碉卡尽行攻克，又分兵顺河进取东山一面之茨寨、荣寨，杀贼百余名。前后共收获降番六百余口，攻克碉寨七百余间，占据山梁三道。十九日亥刻，用皮船渡河，分为两路，潜至僧格宗碉房，一面攻压，一面绕截贼人去路。贼人于寨后拆墙逃溃，官兵追杀二十余名，带伤逃窜者甚众。攻得大战碉一座、平房小碉一百五十余间，夺取枪炮、刀矛、火药、铅子、牛羊、粮食甚多等语。僧格宗距美诺不远，为小金川险要门户，贼人负隅拒守甚坚。阿桂能殚心筹画，调度有方，将士等均各奋勇争先，连日攻夺各处要隘碉寨，歼戮多人。贼番丧胆，所至降溃。复乘其不备，黑夜分路潜师袭击僧格宗，贼人弃险惊逃，乘胜克捷，深合机宜。朕心深为嘉悦。阿桂及在事将弁兵练并著交部从优议叙，以示奖励。"

谕军机大臣等："僧格宗系贼巢门户，地势极为陡险。今我兵于黑夜分道深入，毁碉歼贼，从此直捣美诺。小金川之事自当克日告蒇。皆由阿桂筹画调度悉合机宜，是以陷锐摧坚，要寨应手而得。著赏御用黑狐冠，以示奖异。所有应行优叙之将弁兵练，阿桂可查明功绩等次，咨部办理。其所奏进取僧格宗时，巴旺、布拉克底头人雍忠尔结等与我军定议前进，颇见诚心效力，并交阿桂酌加赏赉。"

参赞大臣署四川提督阿桂奏："南路由章谷起，东面山后即系小金川汗牛地方，计长百数十里，皆与贼界相近，必须留兵防守。翁古尔垄至僧格宗六十余里，其中纳围、纳扎木等处系通金川大路，防守亦属紧要。现在南路进攻之兵不过数千，因酌撤达乌等处守兵并无关要隘地方兵，添为剿击之用。至绰斯甲布、革布什咱两路之兵，原为牵制金川贼势，今既攻克僧格宗，正进攻美诺之时，舒常奏请添兵，势不能行。俟小金川事竣，再筹画合剿金川。"

谕军机大臣等："西、南两路官军深入，正值需兵紧要之时，断无分此要路之兵而攻不能入之地。朕屡经降旨，令舒常相机办理。今阿桂奏到情节，均与朕旨符合。不但现在形势如此，即擒获僧格桑后接办金川，亦只温福一路、阿桂一路、丰升额一路。舒常则令其助丰升额进兵足矣。著传谕阿桂善为筹画，速抵美诺，缚取逆酋。舒常但以分贼兵势为要著，切勿冒险轻进，致有损伤。再，此次官兵攻取僧格宗，拉布东阿、李植善尤为出众，应否升级赏给巴图鲁号，著阿桂查明具奏。其余各员并著一体查奏。"

（高宗朝卷九二二·页三下～八下）

○乾隆三十七年（壬辰）十二月乙丑（1772.12.28）

定边右副将军大学士温福、参赞大臣尚书公丰升额奏："明郭宗北有宁扎山，西南有公雅山，贼于两山对峙处筑碉拒守。臣等于十一月二十一日令海兰察、哈国兴、额森特带兵袭击公雅山，进至山顶，占据卡座。现进攻明郭宗。"

谕军机大臣等："温福等攻取明郭宗西南公雅山，在事大小官兵均属奋勉。著暂交军机大臣存记，俟攻得明郭宗一并议叙。其阵亡、受伤人员，即著确查造册送部议恤。至阵亡之护军校阿哈拉克、护军博和勒岱有无子嗣，并交军机大臣查奏。再，温福奏讯据贼番供有'索诺木派兵二千，欲由拉觉木地方断官兵后路'之语。兜乌既为吾有，贼何得犯山顶之栅？此必系从别斯满而来。则防备此路甚关紧要，著传谕温福、丰升额留意办理。"

（高宗朝卷九二二·页一〇下～一一上）

○乾隆三十七年（壬辰）十二月己巳（1773.1.1）

谕军机大臣等："昨阿桂奏报攻克僧格宗，直压美诺，不过数十里。小金川已失南路之险，其西路明郭宗之贼必当胆寒势解。但前据贼番雅噶尔供称，逆酋在布朗郭宗、底木达等处。恐其预为三窟之计，且路通金川，即可由彼窜逃，则底木达一带防守必坚。董天弼所带兵力未免稍单，必须添兵夹击。温福、阿桂两路官兵会合之后，如已擒获逆酋，则底木达等处不攻自溃。若逆酋与其父泽旺同匿底木达，温福等即由美诺通底木达正路进剿。并著丰升额带兵五千速赴董天弼一路，合力夹攻，俾逆酋难于兼顾，并可绝其外逸之路。但须寻觅间道迅速前往，不可仍由巴朗拉、维州一带曲折迂回，致有延缓。丰升额临时与温福、阿桂熟筹，竭力为之。至处置降人一事，已屡次传谕两路，仿照阿桂前奏而行，并令随时留心访察。昨阿桂奏僧格宗之捷，其随营出力之雅玛等有打仗伤亡者。可知伊等归顺，自出诚心。大兵乘胜深入，降附日多，急须设法安插。其随营者，自应与土兵一例；其不随营者，亦无须取给内地粮运，以资养赡。温福、阿桂等即当审酌与金川隔远之处及非官兵紧要后路，令其各安耕种。如力不能自给者，不妨听其下坝佣工，自觅口食。至其所居之地，只可择头人中良善者暂为管束，而投诚之大头人及小头人桀骜者，必不可使与新降番众同居，致滋事端。惟当令其随营效用，并谕以如能出力奋勉，将来均可承受大皇帝恩典，俾益坚其去逆效顺之心，于安抚驾驭事务方为合宜。将此并谕董天弼知之。"

（高宗朝卷九二二·页一八上～一九下）

○乾隆三十七年（壬辰）十二月庚午（1773.1.2）

参赞大臣署四川提督阿桂奏："千总刘世勋等督兵攻取卓克寨。明亮等分兵三路进攻古噜。贼番分为两路下山冲突，官兵先将中路贼番击败，逃回死守。其右山梁之贼欲围官兵所占石卡，都司许世亨督兵奋力迎击，短接七八次，又派陕兵二百余名前往夹击，贼始溃逃，遂将古噜地方攻克。又，章京拉布东阿、守备李植善收服鸠寨、玛尔里寨番民八十余户，曰古噜寨番民四十余户；明亮收服僧木则等寨番民百四十余口。其布隆喀咱、他克撒、玛尔里、木巴里各碉寨亦均陆续来投。查自策尔丹色木至僧格宗，其中如噶察等处，山崖峻削，偏桥皆为贼番焚毁，现修理以利馈运。其由达乌至僧格宗，据侍郎刘秉恬察看，应设粮台二处，亦经派员拨夫安设。现在西山梁一带，惟纳围、纳扎木二处尚有遗孽。其地在僧格宗西北，若俟尽数扫除，恐延时日。自应先捣腹心，迅攻美诺。惟是西面山梁攻得各处均须留兵分驻，现派副都统书景阿驻翁古尔垄，总兵英泰驻僧格宗。其纳木觉尔宗沟口，系通纳围、纳扎木大路，令总兵伊常阿驻扎。僧木则一带尤为紧要，派章京、备弁等分防各隘口，并令副都统永平统领驻守。各处分布之余，所存汉、土官兵共七千名，臣亲督前进。"

谕军机大臣等："阿桂督率官兵，不日攻取贼巢，克建大勋，自有酬庸之典，此时且不必交部议叙。惟此次打仗官兵有出色效力者，著即查明咨部，分别议叙。都司许世亨、千总刘世勋奋勉出众，均著赏给巴图鲁号。许世亨遇有参将缺出，即行奏补。其另折所奏，雍忠尔结、色尔奔并著赏给巴图鲁号，仍加守备职衔，赏戴花翎，以示优奖。现在南路已破僧格宗，乘势直抵美诺。查阅番人供词，有'僧格桑到布朗郭宗，今又回美诺'之语。逆酋当此军威逼近，岂肯安坐受缚？盖由平日禁锢其父，甚且悖叛跳梁，罪恶贯盈，天夺其魄，致令株守美诺，官兵得捣穴擒渠。第该番所供，有'美诺若破，即退守帛噶尔角克，再退守底木达'。我兵尤当设法遮防，侦其所向，蹑迹穷追，务擒僧格桑，以完小金川之局，方可接办金川。若徒得美诺空寨，则小金川一役亦未可云告藏也。再，如除夕、元旦等佳节，人情于此时必稍疏懈，恐贼番窥揣及此，潜伺官军，劫营滋事，不可不慎重周防，令狡计无从施展。我兵于此等日尤当乘其不备，相机剿戮，自更易于奏功。著传谕两路大营，加意办理。"

（高宗朝卷九二二·页二〇下～二三下）

○乾隆三十七年（壬辰）十二月辛未（1773.1.3）

定边右副将军大学士温福、参赞大臣尚书公丰升额奏："公雅山之前有木尔古鲁、嘉巴、日果尔乌谷三山，下有大沟一道，逾沟前进亦可直抵美诺。臣等于十一月二十八日子刻分路进兵，至天明时，哈国兴、海兰察、额森特等兵至木尔古鲁山脚，夺取沟内贼寨及各卡座，并将嘉巴占据，派兵驻守。"

谕军机大臣等："温福等奏分派员弁攻取木尔古鲁山脚。著暂交军机大臣记档，俟攻得明郭宗时一并议叙。其阵亡、得伤人等，即著温福查明咨部，分别恤赏。"

又奏："臣筹画攻打明郭宗，若由南山进攻，隔山沟三道，骤难越过，其北山无可通之路。若一面从达克苏山梁压下渡河，于南岸正路分兵数队，使贼不能相救，方可攻取。当令海兰察、牛天畀等领兵二千自北山压下，搭桥渡河，直由南山之布喇克占得固循梁压取明郭宗。臣温福同海禄等前往接应。又令额森特等领兵一千自北山下渡河，由纳拉觉仰攻。又令总兵马彪等带兵一千前往南山，自格实迪压下。臣丰升额同普尔普等前往接应。并令哈国兴等领兵一千渡河，自南山中间鄂尔济仰攻，将贼众截断，并力攻取。各路俱于十五日进兵。海兰察等潜至河岸，赶搭桥座渡河，即登南山攻取布喇克、扎喀尔二寨，杀贼甚多。牛天畀等自达克苏山梁压下，占据明郭宗桥，直取得木达，夺获碉寨三、石卡七。有贼二百余出沟抵御，官兵击退。其杀伤及落水淹毙者更众。臣温福带兵前往会合，自明郭宗东边压下攻打。其额森特等所领兵夜半渡河，至南山纳拉觉地方向上仰攻，克取贼碉十二、卡十五。臣丰升额前往合攻，并分兵往剿格实迪。时马彪等所领兵已从格实迪上面压下，两路奋攻，贼俱弃碉逃窜。至哈国兴亦自南山鄂尔济直上，夺获贼寨四、卡五。查明郭宗碉房坚大，拒守贼人甚多。必先用大炮力轰，一有摧陷，方能攻取。"

谕军机大臣等："温福等奏，附近明郭宗贼番碉卡俱行攻克，现在进取等语。温福等此次分路派兵，使贼不能防备救援，克碉杀贼，直抵明郭宗，用炮摧攻。所办皆合机宜。至伊等擒获番人所称'僧格桑在布朗郭宗念经，同老土司商议'之语，看来贼势穷促窘迫，必由彼逃往金川。大兵一抵美诺，若即获僧格桑，固为美事。即或僧格桑遁去，而小金川已被大兵占据，从此直捣金川，不惟僧格桑在所必俘，即索诺木亦将焉往！著传谕温福、丰升额等，惟有速荡小金川巢穴，占据地方，加意相机办理。此时当已克明郭宗，往攻美诺。得有捷音，即行速奏。"

又谕："近日官军屡有克捷，已距贼巢不远。阿桂攻克僧格宗之后，业与温福寄信，其间自必有路可通。温福等如审度明郭宗贼众抵死拒守，狡难攻拔。或可一面攻击，一面另为踹探路径，直捣美诺，则明郭宗可以不攻自溃。此际难以遥定，著传谕温福等熟筹妥办。"

（高宗朝卷九二二·页二三下～二七上）

○乾隆三十七年（壬辰）十二月壬申（1773.1.4）

又谕（军机大臣等）曰："阿桂解到小金川投禀番人萨斯嘉，交军机大臣讯取供词。据称美诺至僧格宗不及半日路程，中隔一河，冬天水浅，亦可过去等语。南路官兵既攻得僧格宗，距美诺不远，此河在所必经。其水浅处是否可涉，阿桂等自必遣人踹探。但萨斯嘉现有此供，著即寄知军营，以便相度进取。又所供美诺可通金川之路数条，僧格宗一路可由纳围、纳扎木过去等语，阿桂亦当稔知。并著将萨斯嘉原供抄寄温福等知之。"

（高宗朝卷九二二·页二七下～二八上）

○乾隆三十七年（壬辰）十二月癸酉（1773.1.5）

谕："现在据阿桂奏报，官兵已攻克僧格宗，可以直捣美诺。而温福一路亦直抵明郭宗，逼近贼巢，路仅十余里。西、南两路音信已通，自此合兵会剿，小金川之局岁内即可告蒇。至金川索诺木助恶主谋，罪更浮于僧格桑，即应移师并剿，歼此渠魁，庶杜边夷后患，理势断难中止，屡降谕旨甚明。此时兵力糗粮一切储备，师行声势更大。应分三路进发，用壮军威。而西路所带副将军一印，尚于军营体制未符，温福著即授为定边将军。阿桂、丰升额俱著授为副将军。各行统辖弁兵，分路进剿。其温福一路，著舒常为参赞大臣。阿桂一路，著海兰察为参赞大臣。哈国兴虽系绿营汉员，但现系提督，于军营领兵征剿之事曾经练习，且原在乾清门侍卫上行走，与满洲大臣无异，所有丰升额一路，即著哈国兴为参赞大臣。一俟平定小金川之后，即相机分道进剿金川，以期迅奏肤功，蛮氛永靖。其将军及副将军印信，著派侍郎副都统福康安驰驿赍送前往，即留军营为领队大臣。"

又谕曰："温福一路，派福兴、常保住、巴朗、额森特、阿尔苏纳为领队大臣，德尔森保、赓音素、普尔普、巴雅尔为领队侍卫；阿桂一路，派兴兆、奎林、齐哩克齐、明亮、华山、书景阿、音吉图为领队大臣，三宝、蒙固勒、和隆武、乌尔图纳逊为领队侍卫；丰升额一路，派董天弼、福康安、百灵阿、永平、伊常阿、德赫布为领队大臣，彰霭、阿尔都、明仁为领队侍卫。其余提、镇、侍卫、章京等，著温福等公议分领。若止分两路进兵，其丰升额队内人员，著归温福一路行走。"

（高宗朝卷九二二·页二八上～三三上）

○乾隆三十七年（壬辰）十二月丙子（1773.1.8）

又谕（军机大臣等）："据温福等奏，十二月初五日分兵四路，乘贼不备，攻取明郭宗。普尔普等带兵奋勇先登，克其碉卡，杀死贼番甚众。惟西南贼寨有念经楼一座，内有红衣贼目抵死守拒，我兵复攻围，断贼去路，并堆聚木柴、火药焚烧贼楼，将贼目及守碉贼番俱行焚死。此次共杀贼三四百人，擒获活口二十七名，夺取牛羊马骡、粮食、军械火药无算。现在整兵直捣美诺贼巢等语。温福等屡经攻得木尔古鲁及公雅等处山梁，前经降旨，俟攻取明郭宗后再行议叙。今温福等督兵进剿，调度有方，将贼人紧要门户既行克获，且歼贼甚多，贼皆胆落。从此乘胜直捣美诺，自可迅奏肤功。温福、丰升额俱著交部从优议叙。其余在事将领、满汉土练官兵亦俱奋勇出力，并著温福等查明咨部，从优议叙。其间有阵亡、受伤之兵练，亦著咨部赏恤。再，瓦寺土司都司职衔噶实布随官兵一体奋勉，效瘁行间，今闻其临阵捐躯，情殊可悯。昨曾谕部议定土司加恩之例，所有噶实布应得恤典，即著照新例行。"

又谕曰："普尔普、巴雅尔领兵先登，克取明郭宗南寨大碉，乌什哈达、额尔特向下攻击，均属奋勉出众。普尔普、乌什哈达著加恩赏给副都统职衔，巴雅尔著授为头等侍卫，额尔特著授为二等侍卫。"

谕军机大臣等："温福等奏攻得明郭宗，整师直取美诺。览奏甚为忻慰。前据阿桂奏报，攻克僧格宗，亦统兵进剿美诺。两路官兵，乘胜深入。僧格桑若即成擒，则布朗郭宗、底木达等处止一老病之泽旺，不难传檄而定。惟汗牛一带为通我兵后路，阿桂自必密访要隘，派兵守御，不使贼众得以潜逸。但偏隅遗孽亦不容听其久匿滋事，谅其地不过一二番目固守，不值复烦兵力，而当此贼众胆落之时，即为设法招降，自无不畏威憬附。阿桂其详酌妥为之。至平定小金川后，官兵分路进剿金川，则美诺一处尤关紧要，且系接应馈粮总要之地，抚辑新附番众亦有应办事宜，必须大员弹压经理。著刘秉恬驻扎美诺，督理粮运及处置降番诸务，其协同留驻之武职大员。并著李煦带兵防守，联络声势。再，哈国兴之子哈文虎，兵部带领引见，已加恩用为守备，发往四川。可谕哈国兴，令其益加感奋。又，温福等另折所奏，军营晴霁和暖，士气倍扬，天时人事，信而有征。朕览之益加寅敬，不敢稍存自满之心。温福等愈当戒满持盈，共深凛畏，速建大勋，以副恩眷。"

（高宗朝卷九二三·页二上～四下）

○乾隆三十七年（壬辰）十二月丁丑（1773.1.9）

又谕（军机大臣等）："据阿桂奏报，十二月初三、四等日派兵攻克池木，初五日抵美诺。明亮、德赫布等分路扑剿，将美都喇嘛寺贼人歼戮甚多。遂进逼贼寨，官兵三面合击，于初六日寅时，将美诺碉寨全行攻取，并拿获喇嘛及男妇等三十四名。是日辰刻，温福、丰升额亦即会合。现在迅速督兵，筹办追擒逆酋等语。览奏深为嘉悦。阿桂统率官兵由达乌逾险进攻，迭日连奏克捷，一月之间即直捣美诺。虽僧格桑暂行鼠窜，不过在布朗郭宗等处势如釜底游魂，不日即可就获。而贼巢已破，我武维扬。阿桂调度有方，懋著劳绩，著交部从优议叙。所有在事出力将弁兵练等,并著阿桂查明咨部,一并从优议叙。"

谕军机大臣等:"僧格桑逃往布朗郭宗之说大约十居八九,两路官兵既已会合,尤当迅速蹑追。其由美诺至布朗郭宗路径自多,温福等或分路夹攻,或合力并击,自应就该处情形善为筹办。如僧格桑一经就获,即遵前旨,选派妥干文武大员严加管押,槛送京师。设僧格桑竟向金川逃匿,即宜统兵速剿金川,将索诺木一并擒缚,以完此局。至官军三路分进,温福等三人即与派定各路参赞大臣及领队大臣等分兵前往。若止须两路,则丰升额仍照前谕,随温福同往。总之所办同此一事,将来大功全蒇,劳绩维均。朕策勋行赏一秉至公,必不肯稍存歧视。温福等必须和衷共济,无分彼此畛域,方合大臣公忠为国之正道。尚其善体朕意,悉屏嫌疑,以副优眷。"

(高宗朝卷九二三·页六上～八下)

○ 乾隆三十七年(壬辰)十二月己卯(1773.1.11)

又谕(军机大臣等)曰:"温福等奏现在追截逆酋,于初九日抵帛噶尔角克,带兵前进。阿桂得美诺后,想尚须在彼经理,再行进兵。温福、丰升额立即统兵追擒逆竖,不令久匿远扬,所办甚是。其所派游击富敏泰带兵五百名于达巴沟山梁驻守一节,亦合机宜。惟所留之兵太少,而带兵之富敏泰亦未必能独当一面。此等紧要处所,若得如海兰察、哈国兴等驻守,方为足恃。但温福现已带往进兵,想亦因此两人于攻剿得力,是以不令留驻,此时亦可无庸更调。著传谕阿桂,酌派多兵,并于领队大臣内选择练习可恃者一员,于达巴沟山梁驻守。仍将派出何人奏闻。阿桂此时亦已进攻布朗郭宗,与温福等或合或分,和衷协力,并遵昨降谕旨,就近妥酌办理。"

(高宗朝卷九二三·页一五下～一六下)

○ 乾隆三十七年(壬辰)十二月庚辰(1773.1.12)

定边右副将军署四川提督阿桂奏:"美诺以西之彭鲁尔八寨番人已就招抚。附近明郭宗之达伊、达克苏、噶沙里、尼雅布角等寨并别斯满五寨中之两寨悉已抚定。此路军粮,经侍郎刘秉恬前来美诺赶办,足敷支给。

臣酌留官兵驻防各要隘，即于十一日起程前赴布朗郭宗。查温福、丰升额两路并进，所带兵数相仿，而丰升额一路与金川隘口相通，必须官兵续进，更足以壮军威。臣即由丰升额一路续进。再，小金川所属地方汗牛最大，形势险绝，臣令明正土司甲勒参得沁设法招抚。今据报汗牛等十四寨均经投顺，臣即令甲勒参得沁派出头人暂为管束。"

谕军机大臣等："阿桂奏筹办美诺稍毕，即于十一日起程前往布朗郭宗，所办甚是。与昨温福等所奏，即由美诺前进追捕逆竖，其迟速前后，俱合机宜。至所奏抚定彭鲁尔等寨，极为妥协。汗牛一带业遣明正土司招抚，更足慰怀。该土司甲勒参得沁，即著阿桂传旨嘉奖，俾其益知鼓励。惟据图内地形，别斯满贼寨均在美美卡之北，为西路应防后路，其距美诺较远，因何得以并为抚定？或系旧图方向未确，著阿桂补绘呈览。又，所奏丰升额一路必须官兵续进，是以从达巴沟分路带兵继进一节，所办亦是。再，温福等昨奏，于达巴沟山梁派员驻守，因其地关系紧要，曾谕阿桂添派多兵，并令选派领队大臣前往。今阿桂既由达巴沟分路进兵，则此一带形势皆所目击，尤应善为筹办，以期于事有益。至金川贼众焚碉而遁，自必退守巢穴。官兵既扫清美诺，即日可剿金川。如噶拉依、勒乌围等处虽向称险隘，谅亦与西路之路顶宗至明郭宗，南路之翁古尔垄至僧格宗形势相仿，温福等惟当坚持定见，剿平金川，擒缚索诺木，方为尽善。"

又谕曰："将军、大臣及侍卫、章京等带兵攻剿，若心存畏怯不戴翎顶，固属非宜，但不留心防范，专务乘马打仗，亦有未便。从前伊犁回部地方平坦，官兵均各乘马，尚无区别。今四川军营兵丁皆系步行，独领兵之将军等乘马，是使贼番易于认识，得以指准放枪。现在进剿金川，著传谕将军、大臣，与贼打仗时务须下马步行，并令巴图鲁侍卫章京等知之。"

（高宗朝卷九二三·页一七下～二〇上）

○乾隆三十七年（壬辰）十二月辛巳（1773.1.13）

定边将军大学士温福、定边右副将军尚书公丰升额奏："臣等于本月初十日带兵至岱多喇嘛寺，有喇嘛一名出降。据云寺内僧格桑派有金川人二百，僧众请为内应。当令还寺，仍督兵急攻。寺僧皆出，内外合攻，歼贼甚众，遂进至布朗郭宗。此寨周围五六里，碉房千余间，我兵分据要隘进攻。自未至戌，寨内火起，贼番溃围而出，我兵奋击歼戮。据活口供称，僧格桑昨日至布朗郭宗，即将伊妻妾及心腹头人等由寨后美卧沟送往金川。今早闻官兵已过帛噶尔角克碉，即到底木达求见泽旺，泽旺闭门不令进见。遂从底木达过河，亦由美卧沟小路逃往金川等语。臣等旋由布朗郭宗过河至底木达，各路兵续到。次日进围官寨，泽旺出寨乞降，当派哈国兴看守，俟部署稍定，即派妥员解京。又，别斯满土舍安都尔及通事虎儿并跟役七名到营请降，现在逐一严讯办理。再，投降头人阿克里愿差人招降大板昭头人末利、阿什咱等。随派沃克什通事赓噶，与阿克里所派之人同往，并令董天弼来底木达会合。至僧格桑所走美卧沟，据番人称，路甚险仄，仅容单身行走，且沿途少水，兵行不便。查功噶尔拉，系乾隆十三年进剿金川之路，布朗郭宗迤西簇拉角克沟有路可通功噶尔拉，不须绕回美诺。现在筹办口粮，俟董天弼兵到，即由此路前进。再，小金川全境荡平，必须清查户口，察其地理形势，以为办理善后之地。董天弼在川年久，熟悉番情，现令带兵一千驻扎布朗郭宗。其查办户口册籍，须文员协助，革职松茂道查礼承办边务，向称干练，已咨明文绶，飞调至营，俾协同董天弼，逐处细查注册。俟剿平金川后，通筹全局办理。"

谕："据温福奏，大兵由帛噶尔角克碉追剿僧格桑，于十一日攻得布朗郭宗，僧格桑已于前一日潜窜金川。随即进克底木达，擒获土司泽旺解京。其别斯满土舍亦已来降，大板昭一路已遣人往谕，即可传檄而定。现筹合力追拿逆竖，并剿金川等语。前据阿桂攻克美诺，贼竖丧胆奔逃。温福等即督兵迅速穷追，荡平巢窟。现在僧格桑虽尚在喙走偷生，而伊父泽旺及其头人、通事等咸已就缚。其别斯满等处并经降顺，而大板昭一路亦已前往檄谕，便可望风就抚。小金川地方全行底定，朕心深为嘉悦！温福、丰升额督励将士，机宜允协，均著交部从优议叙。所有在事出力之将弁兵练等，并著温福查明咨部，一并从优议叙。"

又谕："昨据阿桂奏，大兵攻破美诺，各寨悉就安抚。今据温福等奏，分兵攻克布朗郭宗、底木达，执缚土司泽旺解京。贼巢俱经扫荡，现在克日追擒僧格桑，捷书屡奏，小金川之局已经全定。计自办理军务以来一年有余，一切紧要军邮往来络绎，沿途各台站均能如期趱递，并无贻误，甚属奋勉可嘉。所有直隶、山西、陕西、四川等省驿站官员，俱著加恩交部议叙。其驰送文报之兵丁人等，并著各该督、抚等查明给赏，以示鼓励。"

谕军机大臣等："温福等奏，攻得布朗郭宗、底木达等寨，僧格桑之父泽旺业已就获。泽旺虽非首恶，亦系大逆缘坐之人，自当解京严讯。土舍安都尔为逆党济恶要犯，通事虎儿曾至内地，今为贼酋出力管事，即与汉奸无异，均应解京治罪。又，跟役七名内如查有紧要人犯，亦著一并解送。其管解之员须选择晓事人员，饬令沿途小心防范，毋致疏虞。再，从前屡据贼番供称，七图安堵尔、蒙固阿什咱二人系僧格桑得用头目，向在美诺。亦有言七图安堵尔为逆酋所杀，蒙固阿什咱思欲逃至内地。其说虽在疑似之间，但小金川地方今已全定，此二人作何下落，或仍随逆酋窜去，抑实系一死一逃，其逃者又往何处，均著温福等确查具奏。其岱多寺内喇嘛悉众迎降，奋力杀贼，温福等应令其仍居寺内。现在小金川收存粮食足资养赡，即按伊等旧有分例赏给。至僧格桑由美卧沟逃往金川，索诺木见官军追贼甚急，祸将及己，且见僧格桑挟资而行，或留其资财及伊姊在彼，将僧格桑献出。温福等若能诱至袭捕，最为妥善。设专差大头目送出，即将僧格桑及其头目一并留住，择其中无用番众一人令其回巢，谕以尔索诺木之意，不过以僧格桑为倡叛之人，将伊缚献即可完事。俟大兵既撤，复出而吞并小金川之地，逞意妄行。此等伎俩岂能在本将军前掩饰？今奉大皇帝威命，统率大军，分路声讨，惟知督励士卒，扫荡金川，擒缚索诺木兄弟，以靖番夷而辑边境。如此复檄，方为合宜。并当遍告各路将士共知此意。又，另折所奏清查降番户口，此亦善后事宜必当办及者。但此时止可云查明安抚，令皆得所，将来移驻绿营之事不可稍有漏泄，庶降番不生疑畏，且使金川闻之，共怀归附。前已有旨令刘秉恬同李煦留美诺办事，今温福等奏，拟留兵令董天弼带领，在布朗郭宗驻守，所奏亦是。即可令董天弼留驻，李煦随营攻剿。但仅留董天弼同查礼商办，尚不足恃，仍著刘秉恬会同董天弼，经理美诺一带事务。在番地番情董天弼固为谙习，其间紧要机宜，仍责令刘秉恬实心酌办。其美诺各处有通金川要隘，应派官兵防守，并著温福等妥酌派往。"

（高宗朝卷九二三·页二一下～二七上）

○乾隆三十七年（壬辰）十二月甲申（1773.1.16）

谕军机大臣等："董天弼奏攻克大板昭、木丫寨等处情形。若于温福等未至布朗郭宗之前督兵攻破贼寨，自当优叙劳绩。乃温福等于初十日晚攻克布朗郭宗，十一日早攻克底木达，擒获泽旺，而董天弼所奏攻克大板昭等寨，则系十一、十二两日。此乃贼众闻知大兵已得布朗郭宗等处，势难复拒，因而畏惧逃窜，董天弼不过得其空寨。而折内尚铺张派兵剿击，欲居克获之功。总由沾染绿营恶习，务为粉饰，言之能无汗颜？朕于军营功过悉皆核实，岂为此等虚词所惑！惟所称诱贼出卡后，土兵堵截卡门，贼不能退回，惊惶被戮等语。此等土兵尚属出力，著温福等查明，量加奖赏。又据奏如意坝北地名喀尔萨尔，亦为通金川要口，且系我兵后路，现在分拨布置防范等语。此事甚有关系。昨温福等奏，令董天弼驻守布朗郭宗，已允所请。并谕令刘秉恬留住美诺，率同经理。著温福传谕董天弼务须实心妥办，勿再稍萌虚伪故习，以致贻误干咎。至温福等昨奏僧格桑由小路逃往金川，自应带兵尾追。但路甚险仄，仅容单身行走，兵行不便等语，未免稍存畏难之见。我兵此次进剿经由险径甚多，何独美卧沟难于前进？且僧格桑逃窜时，送其妻妾先行，并挟资财而去，则此路亦非人迹难通。所谓贼能往，我亦能往，温福等宁不知此言？若当攻克布朗郭宗之时即派兵往追，其时距僧格桑脱逃不过半日，或可追及。今未办及此，只可付之已往不咎。嗣后尤宜筹画得当，勿使坐失事机。"

（高宗朝卷九二三·页三一上～三二下）

○乾隆三十七年（壬辰）十二月丁亥（1773.1.19）

谕："前据阿桂等节次奏报攻克僧格宗等处，随营将佐中奋勉者甚多，曾降旨令阿桂查奏。今据奏，到云南参将郝壮猷前在甲尔木山梁及美都喇嘛寺俱督兵杀贼甚多，实为出力。又，甘肃临洮营都司神保于进攻甲尔木及攻捣池木、美诺等处，亦俱奋勇，请赏给花翎等语。郝壮猷、神保屡次领兵接仗，皆能奋勉，甚属可嘉。著俱赏戴花翎，以示鼓励。"

又谕曰："阿桂奏，前锋参领拉布东阿随营打仗，实属奋勇等语。拉布东阿著赏给多尔济巴图鲁名号。"

谕军机大臣等："前经降旨将各路将军、参赞及领队大臣等均为派定。

此旨于十二月十三日发往，计二十二、二十三等日可至军营。其时温福如尚未起程，自当遵照派定各路同往。若已带兵分进，或程途相距较远，更换未免费事，不妨即令舒常为丰升额参赞，海兰察、哈国兴为温福参赞。阿桂一路，即令明亮为参赞。其领队大臣等亦即照伊等所派分队带兵，毋庸复照前旨更换。至阿桂奏称安置降番一事，业据温福等奏，令董天弼、查礼查办。尚恐未能周到，现调五福来营，分段稽查弹压。所办亦是。前因此事关系紧要，于温福等未奏之先，特派刘秉恬在美诺、布朗郭宗一带经理抚缉。今已将刘秉恬补授四川总督，仍令其在美诺等处董办一切事务，并令就近督催粮运。将此传谕知之。"

又谕曰："文绶于交查阿尔泰款迹一节，敢于袒护欺饰，已降旨将伊革职，交富勒浑一并查审。其总督员缺，令刘秉恬补授，仍令在美诺、布朗郭宗一带经理安置降番事宜，并就近督催粮运。该处曾经温福等派有董天弼、查礼，又续派五福在彼分段稽查。伊等虽悉番情，而于军务紧要机宜未能明习。刘秉恬平日尚属晓事，近更觉其诸事留心，著董率该镇等实力妥办，副朕委任。刘秉恬既在小金川地方综理弹压，其总督任内常行事件，难以分心遥办，并有旨令富勒浑在省暂行署理，代办一切事务，并督催内地续运粮饷。俟大功告竣，刘秉恬回至成都，富勒浑再回湖广总督之任。该督务实心整理，毋得视为五日京兆，稍有疏懈。"

又谕："据温福等奏，泽旺一犯已派员押解赴京。其安都尔、虎儿、阿克立三犯俱解成都监禁。亦勒、昂拜、伦真三犯俱在军营羁禁候讯等语。安都尔、虎儿二犯俱系逆酋任用之人，前已谕令解京。其阿克立及亦勒等三犯，据奏亦关紧要，并谕令温福等即将亦勒等解送成都。著传谕富勒浑选办妥干员弁，将安都尔、虎儿、阿克立、亦勒、昂拜、伦真六犯分别管押解京。仍饬委员沿途小心防范，毋致疏虞。计此时泽旺亦甫在成都起程，若能一同起解，更为妥便。将此并谕富勒浑、刘秉恬知之。"

又奏："小金川演化禅师印系康熙五年所给，现从泽旺处收取送京。又于布朗郭宗寨内查出铜印三：一镌岩州长官司印，洪武十一年造；一镌杨塘安抚司印，永乐四年造；一镌别思寨安抚司印，宣德十年造。检查四川通志，并无此三土司之名。据土人称，小金川地方原系五土司之地，被小金川吞并。别思寨一印，即系土舍安都尔先世之物。其余四土司，年远无从稽考。"报闻。

（高宗朝卷九二三·页三五下～四三下）

○乾隆三十七年（壬辰）十二月戊子（1773.1.20）

谕："现今川省军务需员办理，文绶在川已逾半载，诸事稍为熟习。如讯无别情，即将伊留于军营，自备资斧，效力赎罪。如催趱各路粮运及安置降番等事，派令承办。倘再不实力奋勉，该督等即据实严参，加倍治罪。"

参赞大臣副都统舒常奏："本月初三日早，见有贼番五六百人分为三队，从东涧密林前来滋扰，臣即督同镇将分路压攻。贼见官兵勇猛，仍由树林中窜回负险。次日又有贼番潜从西涧林中分队而来，臣同马虎等率兵放枪迎击，毙贼十余人，余俱奔窜。此两次弁兵间有阵亡、受伤。"

谕军机大臣等："前此舒常一路不过牵缀贼势，所派兵力原觉稍单。今分路进兵，绰斯甲布一带即为进攻勒乌围正路。昨丰升额已奏带绿营兵四千、土兵二千前往攻剿，自能得力。但金川贼番较小金川更为狡黠，而潜劫营寨，截掠粮道，尤其长技。著传谕三路官兵安营设卡之处预为加意严防。设或贼众潜来劫掠，即奋勇歼戮，自不敢轻视官军。而后路粮道军台并各派干练大员往来巡护，方为妥善。至舒常所奏截杀贼众官兵及粮台兵丁内有带伤及阵亡者，并著查明报知丰升额，咨部赏恤。"

又谕曰："文绶奏亲赴美诺筹办粮运安插番众一折。所见已迟。文绶委任总督，一切粮运乃其专责，而各土司番境皆伊所管地方。今小金川全境俱已平定，其间应办之事颇多，文绶既见及此，何不于阿桂攻破僧格宗时即前往相度筹办？直俟接到温福等札调查礼之信，始奏请前往，已属濡迟。前已降旨令刘秉恬驻扎美诺督办粮运及安抚降番诸务。如文绶业已抵美诺，即著刘秉恬传旨讯问文绶，伊既知分内应办之事，何不早为具奏，前往讯取切实确供奏闻？"

又谕曰："舒常奏，据各营带兵将领等先后禀报，楚兵李林、宋维刚、吴得贵、冀尚义，陕兵陈义德因砍伐柴薪，致迷路径失去等语。已照所奏，将该管各员交部议处矣。兵丁等在营遇有樵汲之事，偶值雪厚箐深，致迷路径，固属情理所有。恐其中或有畏避军营差务，假托迷路，私自潜逃窜匿本籍，均未可定，不可不严行根究。除另谕署川督富勒浑沿途加意查拿外，著传谕陈辉祖、巴延三即查明各兵营分住址，严饬所属文武员弁，在于各本籍上紧访缉，一经弋获，即速讯取确供，即行正法。仍一面具奏，并知照军营，俾众兵共知警惕。"

（高宗朝卷九二三·页四三下～四七下）

索诺木党恶助逆，清军决计进剿金川，三杂谷、梭磨、绰斯甲布、布拉克底诸土司派兵协剿

○乾隆三十七年（壬辰）四月壬申（1772.5.9）

谕军机大臣等："桂林奏，续又攻得格乌、巴桑、那隆三处，现在觅间进攻僧格宗。所办甚好。此时兵气益扬，惟盼擒渠扫穴，速得捷音。至另折奏报革布什咱之地全行收复，办理颇为迅速，惜所筹未能妥合。前遣陈定国往绰斯甲布调令发兵占据甲尔垄坝，该酋业已发兵。今既尽得革布什咱之地，正当乘胜进剿金川，攻其无备。乃宋元俊饬令绰斯甲布番兵暂驻界上，听候调遣。失此极好机会，甚为可惜。盖宋元俊见革布什咱全行收复，其意已足，遂不复计及金川，尚不免狃于绿营习气。使宋元俊即乘官兵新胜之锐径捣金川，据彼噶拉依诸险，其功绩为何如？朕赏功之典又当何如？惜乎所办仅止于此。此次全行收复革布什咱，本应予以优叙，因此一失，功过只可相抵矣。又，折内称该地当人心初定，自应于要隘之处驻守官兵，以资防范等语。桂林所见亦误。革布什咱之地久为金川侵占，今经官兵收复，节次歼其防守番众甚多，又杀其头人三名，索诺木岂有不知？况闻索诺木已将帮助小金川之贼兵撤回，必系知官兵复其侵地，惧而自防。尤当乘其未备之时，出其不意，先发制人。今宋元俊办理既错，桂林即应就近申饬，不当听其坐守观望。桂林在军营节次所办事务悉能妥合，惟此一节则不免于失算。至索诺木从前敢于占据革布什咱，已与僧格桑占据沃克什之罪无异，且又潜发贼兵帮助小金川，更属党恶不法。即使僧格桑就擒，金川之事亦难歇手。与其待彼匿凶拒命再为擒剿，何如及此时预办之为省力乎？朕非必欲穷兵黩武，但就现在情事而论，大兵既撤之后，岂能保索诺木之日久不出滋事？是此贼不除，终为番地之患，不可不

筹一劳永逸之策，以靖边圉。今既有可乘之势，昨又传谕文绶备调兵三千名，兵力不为不厚，岂可稍事因循，仍贻后患耶？温福、桂林惟当竭力相机妥办，勿止图擒获僧格桑便思完事。"

又谕曰："温福等奏，进攻美美卡，虽贼人恃其地险碉坚，亦当用计攻取，于事庶为有益。朕向虑此路兵少，今兵一万二千有余，亦属不少。温福等但能一心前进，自易奏功。再，据投出沃克什番人供称，桂林已夺取墨垄沟，又将革布什咱收复，是僧格桑处得信甚为迅速，索诺木亦必彼此相通。我兵正宜乘其未备，速将僧格桑擒获，即进兵缚取索诺木，始为有益。否则僧格桑逃入金川，索诺木预为准备，嗣后不无费手。即如从前追捕阿睦尔撒纳时，我兵已逼近贼营，而阿睦尔撒纳即于遣人禀话之际乘间远扬。此等逆酋，惟在乘机速办。而数千里以外，朕虽降旨训示，仓猝之间原无定象。朕旨即到，其中亦未免稍有不合之处。但当熟察情形，相机筹画，以仡成功。"

又谕曰："温福奏进剿金川各路情形，著于应进兵时酌量妥办。至前谕以僧格桑逃往金川，索诺木若不擒献，即一面向索，一面进攻。今观两酋党恶情形极为深固，索诺木断不肯将僧格桑献出。若攻破美诺，逆酋逃入金川，即统兵尾随追捕，不必复向索取，徒致辗转稽延。兵贵神速，惟在温福等随时相机办理，朕不能于六七千里外一一代为筹画也。"

（高宗朝卷九〇六·页一一上～一四下）

○ **乾隆三十七年（壬辰）四月丙子**（1772.5.13）

又谕（军机大臣等）曰："僧格桑罪大恶极，必当立擒寸磔，固不待言。前以僧格桑若即就擒，或逃往金川，索诺木即经擒献，并且退地输诚立誓，尚可恕其已往。此朕迁就完事之见。今思两酋狼狈为奸，罪实相等。僧格桑占据沃克什之地，索诺木亦占据革布什咱之地，同一侵扰邻疆。僧格桑敢于抗拒王师，索诺木亦竟敢帮兵暗助。其梗化并无分别，不宜独从原宥。且革布什咱侵地既全收复，尤难歇手。是以昨谕温福、桂林于平定小金川后，即分路进剿金川。即使僧格桑逃往该处，亦不必更向索取。惟有统兵直入，乘其不备，并擒索诺木，方可完事。总之，两酋党恶抗命，实为边境之害，若除僧格桑，而不并除索诺木，则根株不净，久必复滋事端。前闻索诺木有'欲并吞各土司,杀至维州桥'之语。是竟敢图侵内地,尤为可恶。今剪灭小金川,虽暂遏其鸱张之势,而狼性难驯,不能保其不萌故智。纵使索诺木慑我兵威,亲诣军门请罪,于革布什咱已复之地立誓不敢再侵,亦不足信。朕非必欲穷兵黩武,但既已用兵,不得不为长久之计。现在调集各省精锐,又派有练习带兵之大臣,乘胜深入,最为迅便。因此多费帑金,亦所不惜。若稍涉游移,难保不贻后悔。万一大兵既撤,贼酋复敢窥伺边境,甚或侵我绿营,尚复成何事体!其势不得不更烦师旅,则另起炉灶,尤为非策。温福等当视进剿金川一事为目前切要之务,实心筹画,妥速办理。所谓兵贵先声,其机宜尤不可稍忽。"

（高宗朝卷九〇六·页一九下～二一上）

○乾隆三十七年（壬辰）四月庚辰（1772.5.17）

又谕（军机大臣等）曰:"温福等奏南、北两山打仗情形及索诺木、泽旺使人禀话,伊等酌量晓谕等语。看来阿桂处杀贼甚多,所办甚属奋勉。温福虽亦攻剿,未能痛歼贼番。此必伊处略觉费手,然亦当设法前进,以冀成功。至伊等晓谕索诺木来使,令将僧格桑献出,已属错误,且又赏给缎匹,其误尤甚。索诺木未助恶之前,以是语晓谕尚可。今同恶相济已属显然,又何可佯为不知,与之言语乎?再,逆酋所使之人未必实为索诺木所使,或僧格桑使其冒称索诺木,均未可定。倘实系僧格桑所使,伊岂肯即行遵谕?即使索诺木遵檄缚献,则索诺木转为有功之人,将来金川之事办乎不办?此等贼匪狡诈百出,断不可信。今虽力竭计穷,吁求免死,岂能保其永远不复反乎?总之,事已至此,务将索诺木一并擒获,两金川地方全行平定,方可永除边患。再,索诺木、泽旺闻知色布腾巴勒珠尔、丰升额一至军营即使人来,贼中因何得信甚速?或试探消息,或实来请安,均未可定。温福必当留心,不可堕其狡计。再,索诺木禀内有'掌管佛教'之语,看来此等番人狡而信佛,色布腾巴勒珠尔本系蒙古,若因贼匪崇尚佛教略为姑息,是即为其愚弄。朕令伊等前往,原为灭贼安边,并非令其将就完结,岂可徒为草率之局乎?"

（高宗朝卷九〇六·页三五上～三六上）

○乾隆三十七年（壬辰）四月壬午（1772.5.19）

又谕（军机大臣等）曰："索诺木与僧格桑狼狈为奸，罪无可逭。且就番地全局而论，金川实有不得不办之势。温福等乃欲索诺木擒献僧格桑，无论逆酋断未必从，设果遵令献出，岂转以索诺木为有功，释而不问乎？但既已传播此语，或僧格桑穷蹙逃往而索诺木竟行执送军营，只宜随机设法将索诺木一并诱擒，庶可完事，所谓兵不厌诈也。至于讲和之说，尤属非是。从前僧格桑攻围沃克什，经阿尔泰等谕令退兵，业已遵受教约，不久复侵其地。今势穷力竭仍为此请，实非情理，断不宜再受其愚，岂逆酋尚冀如阿尔泰等前此之将就完事，复逞其并吞抗拒之故智乎？且索诺木何物幺麽，公然以调处土司自任。借如所言，几视索诺木为诸番领袖，不益纵其鸱张自恣乎！总之，僧格桑固不可不速擒，而索诺木亦不可不并剿。察温福等之意，似以擒获僧格桑军务即可告藏，而于进剿金川一事畏难犹豫。甚属非是。此时温福等惟当即抵美诺，速擒逆酋。若僧格桑业已就获，即移胜兵分路进剿金川。万一僧格桑兔脱，遁至金川，正可统兵深入，收一举两得之利，何所用其游移却顾乎！即以善后驻兵而论，若索诺木不能并除，则番地驻守官兵断难久安无事。逆酋一见大兵撤后，复思出而侵扰，非特不成事体，且我大费兵力剿定之小金川诸处转资逆酋之蚕食，谋事者顾当如是乎？再，番地驻兵多不过三四千名，若索诺木已除，则三四千名控驭已属有余。设金川不能一并剿平，则兵数非多不可。驻兵自有限制，而防守亦不值多縻军饷。现在征剿金川，以期一劳永逸，即多费数十万或百余万金皆所不惜，若办理不善，每年因驻兵过多添费，则断无其理。温福等不可不深体熟筹，其有应密办者，不可稍有泄露。"

又谕曰："温福等奏到晓谕索诺木来人，令将僧格桑擒献，又赏给缎匹令回。朕已将所办错误之处严行申饬矣。番子素性狡诈，断不可信。今若惟顾目前塞责，数年之后贼匪必又冒犯，彼时另行进兵可乎？即如十三年剿办金川，今索诺木又如此逞凶助恶，即其明证，伊等又可信乎？此时索诺木即遵谕将僧格桑献出，亦当将伊一并办理。不然则后来如何措置？温福等惟以小金川驻兵之事希图塞责了事，必谓僧格桑已难剿灭，将来进讨金川必至更多费手。色布腾巴勒珠尔、丰升额同至彼处，所见山险路窄，攻取稍难，又见温福等有不愿之意，是以亦露塞责了事之心。伊等均系叩请出兵，岂可如此随声附和乎？今后须当留意，务为永远之计。僧格桑、索诺木内苟其兔脱一人，亦不可谓之完事。务在同心协力，相机擒获，永靖边疆，不可稍存姑息。"

（高宗朝卷九〇七·页四下～七下）

○乾隆三十七年（壬辰）四月癸未（1772.5.20）

谕军机大臣等："现在温福等分路进剿，克期可抵美诺，僧格桑势必窜入金川。索诺木既与同恶相济，亦断不肯将逆酋擒献。若至大兵乘胜深入，进逼贼巢，索诺木势窘力竭，始思献出凶竖，为穷蹙乞怜之计，即非诚心畏服，切不可稍存姑息。且索诺木狡悍不驯，若不及早剪除，终贻后患。现在收复革布什咱，戕其头目，贼酋必不甘心。又，昨据温福奏，沃克什脱出番民供词，有'闻绰斯甲布夺了两个牛厂'之语。绰斯甲布因桂林差陈定国前往，谕令助势堵截，仗我兵威，故敢夺取金川地界。索诺木焉肯干休？将来大兵既撤，必至受其荼毒。又如革布什咱土司之被戕，其势仍须查办，不能不复烦师旅。与其日后另费经营，何如目下一劳永逸之为愈乎？是办理金川一节，断不宜更涉游移。但番地冬间冰雪凝积，军行不免稍艰，惟夏秋进兵较为便易。著传谕温福、桂林及早熟筹，上紧妥办。再，前温福等奏，译出索诺木原禀内有'翁王''武王'之语，此必贼酋等探知色布腾巴勒珠尔、丰升额近奉派往军营，一系王爵，一系公爵，妄揣二人位在温福之上，必系派往督办军事，故以'翁王''武王'为称。或贼番诡诈，欲借此以行其反间，致温福与色布腾巴勒珠尔等不和，因嫌生懈，冀缓我师。此于军务甚有关系。色布腾巴勒珠尔心极诚悫，但性喜奉承。丰升额亦知奋勉，而不甚晓事。恐因贼酋巧辞尊敬，不觉侈然自大，妄逞己见。而温福又或略存形迹，以致掣肘误公，所系匪浅。当知温福以大学士兼副将军，系朕特简其总办军务，色布腾巴勒珠尔等系参赞大臣。军营事宜自以将军为政，参赞位在将军之下，惟当统兵督剿，于行军机要不容稍有挽越。色布腾巴勒珠尔等不可不自检束，稍滋疑衅。至温福受朕委任，当以国事为重，一切和衷共济，方为不负恩遇。即色布腾巴勒珠尔等稍有不能和协之处，温福惟当一秉公忠，实心集事，不可少存私见，致相抵牾。总之，军务责在将军，有功自以温福居先，有过亦当温福是问。将此明白训谕，俾其各知遵勉。"

（高宗朝卷九〇七·页九下～一二上）

○乾隆三十七年（壬辰）四月庚寅（1772.5.27）

又谕（军机大臣等）曰："温福奏将来进剿金川时，桂林设法招诱索诺木兄弟到营，执而擒之。一则慑以兵力，一则诱以宽词，自不得不如此筹办。前谕宋元俊统兵出其不意进据噶拉依之险，原属制胜要策。但宋元俊既未能乘势直进，而桂林又令仍回僧格桑协剿，亦可听之而已。近日小金川守隘之贼及与大兵打仗者多系金川帮助，是索诺木竟敢显然党逆抗拒，甚为可恶。此时若不剪除，则番地驻兵必不安妥，将来小金川、沃克什诸境究必为其所占。是我所费力剿定者，轻以授之逆酋，转遂其蚕食之愿，实为非计。温福等断不宜复涉游移。朕非不知办此稍难，然实有不能中止之势。现在贵州、陕、甘续调之六千兵计日将到军营，并谕文绶再备三千，听温福等调用。设以为兵尚不敷，即奏明再为添调。或数月未能办竣，即略需时日亦所不计。至两次所拨军需六百万两，原系宽为储备，即为动用稍多，亦所不惜，而其事则必不可不办。温福、桂林若能保索诺木日后不复滋事，或别有善策可以永弭后患，不妨据实保奏。朕惟冀边圉之永靖，并非必欲穷兵也。再，温福奏小金川投诚番人沙尔嘉勒供词有'金川帮助领兵头人名阿克舒'之语，而前次金川投诚番人彤锡亦供有帮守阿喀木雅金川头人达什策枉及南路调来之头人噶什咱阿诺尔。此即金川助恶拒命之明据，自当传檄索诺木，指名令其执献。既可折逆酋并未帮兵之诡说，而声罪致讨更觉有词，亦现在之必应办及者。"

（高宗朝卷九〇七·页三二下～三四上）

○乾隆三十七年（壬辰）五月辛亥（1772.6.17）

又谕（军机大臣等）曰："温福等奏称，逆酋僧格桑或复求索诺木代为遣人投禀，自当不令进营，乘便加以檄谕，严切斥责等语。所见非是。索诺木敢于助兵抗拒，屡与我兵接仗，金川之贼居多，是两酋罪恶相同，而索诺木尤为可恶，不值复为传檄诘责。且索诺木敢于顽梗跳梁，此时自不便招之使来。若差有赍禀之人，自当速为擒拿究治，岂可不令进营，听其自返而转烦文告折办？温福所奏实于事理未协。若索诺木复逞其诡狡，将南路未出官兵送回，并差人且禀到营，即当一并拘留。将所差贼目严加刑讯，或即于军营正法，或锁械解京审办。前此所降谕旨甚明，温福等即当遵照办理。"

（高宗朝卷九〇九·页六下～七下）

○乾隆三十七年（壬辰）五月甲寅（1772.6.20）

谕军机大臣等："索诺木顽梗难驯，留之必贻后患。且与僧格桑狼狈为奸，助兵拒战，尤为罪魁。是乘便剿除，实有难于歇手之势。阿桂在西路军营，练习机宜；阿尔泰现署四川总督，军务边防皆其专责。福隆安日在朕前，习闻朕计及久长之谕旨，并深知朕万不得已之隐衷。著与阿尔泰、阿桂通盘筹画，将办理金川一事悉心妥议密奏。"

（高宗朝卷九〇九·页一〇上～下）

○乾隆三十七年（壬辰）五月戊午（1772.6.24）

谕军机大臣等："据文绶奏，奉到拨兵预备之旨，已于陕省挑选兵二千名，甘省挑选兵三千名，并选派副将佛逊、六十六统领，一切先期妥协备办，俟川省咨到，即行起程。所办甚好。著传谕温福、阿桂彼此熟商，约计何路需兵若干，一面速咨文绶，催令遄程进发，一面奏闻。至现在南路所攻之僧格宗，西路所攻之美美卡等处，乃贼番必争之险，且有金川帮兵在彼悉力守拒，恐急切难以攻破。而地险径仄，虽多集精兵，无可施展。若徒坐守玩日，实属非计。朕意似当另觅金川捷径，分兵往攻，或可乘其无备，夺取一二要害，预为进兵地步，于事当甚有益，即不然，亦可掣贼番之势。索诺木闻官兵进攻，必将帮助小金川之兵撤回自卫。我兵得伺其罅隙，相机进剿，自可易于得手。日前阿尔泰奏述宋元俊之言，有驾驭绰斯甲布、三杂谷发兵进攻金川，使尽撤帮兵，方可剿灭小金川，已遣李天佑等分头前往调遣等语。是宋元俊等亦曾筹画及此。昨据桂林等奏，三杂谷土司情愿发兵效力。其地与曾头沟一带相近，已传谕温福等，如酌量可行，即檄哈国兴、董天弼带领陕甘兵前往。至绰斯甲布在金川之西，从前所列分路进攻金川单内，绰斯甲布原系一路。若选拨兵练数千，令宋元俊统领，并派能领兵之侍卫章京数员同往绰斯甲布，令其助兵，作为向导前进，自当得力。温福、阿桂于宋元俊带兵起程后，即当彼此照会，声息时通。仍各留心侦探，若见贼番露有撤退形迹，两路各宜迅速进攻，毋稍延缓。小金川贼众不谙战阵，若无金川相助，失所倚恃，则其势弱胆虚，易于溃破。此乃最要机会。温福、阿桂务当实力妥筹，互相照应，以期及早集事。"

（高宗朝卷九〇九·页一四上～一六上）

○ 乾隆三十七年（壬辰）五月壬戌（1772.6.28）

谕军机大臣等："昨温福等奏近日西路攻剿情形，似觉稍有起色。至南路自前番失挫之后，大约须俟阿桂到彼，方可望其振作有为再筹进剿。看来僧格桑虽顽劣不法，究无能为，其所恃者，不过金川贼众相助。至索诺木诡诈百出，尤非僧格桑可比。即如前日送李朝林回营所递禀词称'宁禄等为小金川所得，因向僧格桑取回，领在噶拉依安顿'之语殊不足信。昨据温福奏拿获小金川贼番阿塔尔供称'南路有金川兵帮助打仗，拿过几员官'之语。是此事实系金川所为，更无疑义。此必索诺木欲留此数人作质，希冀换回所拘熬茶之喇嘛，并思透过小金川，复以取回留养，见其恭顺，预为将来官兵临境送还内地之人乞降完事地步。其情尤为可恶。著传谕温福等，当知索诺木狡黠顽梗之罪，万无可逭。我兵进攻时，即使逆酋穷蹙来投，并将宁禄等送还，亦断不可为其所惑，稍存姑息。"

（高宗朝卷九〇九·页二二上～二三上）

○ 乾隆三十七年（壬辰）六月乙丑（1772.7.1）

又谕（军机大臣等）："据阿桂奏三杂谷暨绰斯甲布皆愿出兵助剿金川，现在查明筹办等语。所见甚是。前已有旨，令由曾头沟一路督率三杂谷土兵直取底木达、布朗郭宗，擒拿泽旺及逆酋之妻，以断小金川后路。并谕令宋元俊同侍卫等统兵赴绰斯甲布，率领该土司兵练直剿金川，以掣贼酋之势。阿桂尚未接奉前旨，而所奏适与朕合。但曾头沟一路，因调哈国兴赴川，令其顺道带兵，并令董天弼同办。今思哈国兴自滇入川尚需时日，现在三杂谷既愿出兵效力，机宜不容刻缓。著专派董天弼，往彼统兵。董天弼于番地情形熟悉，且自去岁革职以来，在军营尚知改悔奋勉，昨已加恩赏补副将。今现出有和邦额重庆镇总兵员缺，即著董天弼补授。温福可传谕董天弼，益当实心感奋，克期集事，以赎前愆而励后效。至宋元俊前往绰斯甲布之处，阿桂到军营后，即与福隆安、阿尔泰会同商酌，拣派侍卫章京，并酌选兵丁若干，令其迅速带领驰往妥办。庶几出其不意，成功尤速。"

又谕曰："温福等奏，三杂谷土司情愿出兵，拟选派镇将驰往，即由曾头沟一路督率土兵攻剿。与朕前此所降谕旨相合。且据现获贼番僧格供称：'曾头沟之人先在美美卡防守，今又调到雅尔桑山梁。'是曾头沟现在空虚，尤为极好机会。其带兵之人，前已迅调哈国兴赴川，同董天弼办理。因思哈国兴自滇起程，长途不免稍需时日，董天弼于番地番情最为熟悉，带兵自更得力，因加恩将伊补授总兵，令其由曾头沟督率三杂谷土兵进剿。董天弼接奉恩旨，自必倍加感激勇往。至所需陕甘兵三千名，前据文绶奏，甘省营兵于五月初七日起程；勒尔谨奏到，陕省营兵于五月十六日起程。现已谕催带兵之总兵李云标，遄程前赴西路军营，听候派用。著温福行知董天弼，于何处暂驻，候陕甘兵到，带同进剿，即一面檄知李云标，令其迅赴指定处所，随同董天弼前往，勿致参差迟误。至董天弼，既令带兵，其资哩至卧龙关一带卡巡及催督粮运军台均关紧要，现在难得干练之员，看来维州协副将五福在川亦久，似可委其代办。若温福所知有胜于五福者，即行派办亦可。至丰升额平日实心勇往，朕所深知，因其尚欠阅历，临事未能明练，是以不欲其独当一面。今此次攻取东玛，调度合宜，即令分路统兵，可以胜任。且有马彪等在彼协助，丰升额不必回至温福大营。至哈国兴到川，亦须令其同董天弼共取底木达、布朗郭宗，毋庸再为更调。"

（高宗朝卷九一〇·页二上～四下）

○乾隆三十七年（壬辰）六月戊子（1772.7.24）

又谕（军机大臣等）曰："哈国兴现令自滇驰赴西路军营，所有西安提督员缺，即著哈国兴补绶。其节次调赴川省之陕甘兵丁，令其就近管辖。"

（高宗朝卷九一一·页二一上～下）

○乾隆三十七年（壬辰）七月癸卯（1772.8.8）

又谕（军机大臣等）："现在进剿小金川后必须并剿金川，屡降谕旨甚明。但向于进剿金川一节，恐其闻风预防，未经宣露。因思索诺木与僧格桑党恶，敢于助兵抗拒，谅必早作准备。且其恶迹已彰，莫若明斥其罪，使知鬼蜮伎俩不能潜匿，抉其微，庶足以褫其魄。并使番众知索诺木罪大恶极，为覆载所难容，不值舍死助逆，自罹诛戮。或可令番心离散，剪其党羽，自属先声制胜之道。竟当传檄金川云'尔金川昔年郎卡恃远跳梁，致烦天讨。及王师压境，破在旦夕，郎卡悔罪投诚，蒙大皇帝格外矜全，允其降服。郎卡感恩畏法，恭顺如初，二十余年恪奉土职，故番众尚得安享太平。乃自郎卡没后，索诺木辄敢逞其狷悍之性，不遵父训，不感国恩，阴与僧格桑狼狈为奸，侵扰邻境土司。僧格桑违背总督教约，甚至抗拒天兵，罪在不赦。初以索诺木或稍有人心，速将僧格桑擒献，尚可自赎其罪。继闻尔金川有帮兵之事，旋据索诺木具禀云，因伊姊在彼，遣人往护。及大兵屡次攻剿小金川贼寨，凡属险隘皆尔金川贼番拒守迎敌，并节经俘擒丑类，俱供尔索诺木派有头人丹巴沃咱尔等带领贼众在小金川代其分路抗拒。是狼子肺肝，已经毕见，岂尚得以护姊为词！其罪实与僧格桑相等。今本将军等调集各省精兵，每路数万，携带大炮，分道进攻，摧坚易如拉朽，胜兵深入，玉石俱焚。尔索诺木若能幡然悔过，即将帮助小金川之贼尽行撤回，并将逆酋僧格桑立时擒缚军门，本将军等代为奏闻，大皇帝或念尔父郎卡昔年效顺之诚，加恩赦尔一死。若仍执迷不悟，则是尔索诺木恶贯已满，自取灭亡。及至大兵临境，命悬呼吸，始行摇尾乞怜，断不复为轻宥。昔尔父郎卡尚可云无知初犯，特予矜全。今尔索诺木怙终稔恶，法在必诛，岂能复思效尔父郎卡之故智乎？至尔金川番众本属良民，久安作息。自索诺木肆恶以来，尔等为其驱遣，代小金川死守穷碉，捐弃室家，身撄锋镝，已属非计。向或不知索诺木逆恶，甘心为尔土司出力。今将索诺木罪迹宣布，尔等知索诺木不遵父训即为不孝，不感国恩即为不忠，抗拒天朝即为叛逆。似此不忠不孝叛逆凶竖，与禽兽何异？尔等良善番众，何必为禽兽致力取死？虽至愚必不出此。尔番众等，如能明于顺逆之道及早投降，仍令尔等安居善地，原可饱暖乐业。倘或不知审择，甘助逆渠，即属逆党。将来大兵一至，有诛无赦，悔之晚矣。其索诺木兄弟，若有能体尔父郎卡之志，思保世业者，速将索诺木擒献，即令承袭土司，全其一脉。设或袒助凶酋，则有逆党缘坐例在，悉皆骈戮。虽已出家充当喇嘛，亦不能赦。天理王法，顺逆显然。祸福惟视尔等自取。特此明切传檄'云云。照此译成番字，誊写多张，于两路军营分头宣布。或选土兵持往，或择俘获无用之人赍回宣示，是亦解散众心之一法。温福等仍按应行攻进之路，俟众兵调齐，分道并剿。不可因有此谕，稍存坐待之见。"

（高宗朝卷九一二·页一六上～一九上）

○ 乾隆三十七年（壬辰）七月癸丑（1772.8.18）

谕军机大臣等："温福等奏，梭磨土妇情愿派兵一千助剿金川，随札刘秉恬催督粮糌，令董天弼上紧进攻。筹办甚是。又，现在绰斯甲布、绰窝各土司具禀纷纷，恳请帮兵出力。此属最好机会。若不趁此殄灭两酋，将来各土司畏其吞噬，必转而归附金川，则逆酋鸱张益甚。此系万难中止之事，至前此所询火药一项，原恐其透漏贼境，不可不严加防范。若官兵破贼攻碉，全赖以此制胜，自当随宜施放，过为撙节，靳不轻用，奚异于因噎废食乎？其议将续调之陕西兵令往西路，在西路固可稍添兵力，但南路现须派兵由绰斯甲布一路进攻，若陕兵减去，南路恐又不敷。著传谕温福、阿桂等就两路实在情形通盘筹画。仍饬令带兵各员就近取道遄行。"

（高宗朝卷九一三·页八下～九下）

○ 乾隆三十七年（壬辰）八月庚辰（1772.9.14）

谕军机大臣等："南路已得之甲尔木山梁，忽因风雪撤回；西路当上紧攻碉时，大炮又复炸裂。此次军务每当机会可乘，辄有阻滞。此时自更当奋力剿除，不可稍存观望。试思僧格桑、索诺木以内地土司敢于狼狈为奸，抗拒天兵，其罪均在不赦。此而不明正其罪，是王法有所不行，国家又将何以驾驭各土司，使之畏威怀德？因思金川归顺迄今未及二十年，即已负固跳梁如此，彼时若能剪灭根株，岂不永除后患？是前此之姑容已堪鉴戒。况索诺木情罪更与莎罗奔、郎卡不同，从前金川未渐王化，侵扰附近土司，并未敢与官兵显抗，悔罪乞降，原可贷其一死。索诺木乃给受印信之土司，敢于狷獗若此，是剿灭之举诚不可稍有游移。现在两路官兵距美诺俱不甚远，小金川一隅自可克期蒇事。至金川贼众不过恃其险远，兼可迫胁附近土司为之守御。今绰斯甲布、党坝、三杂谷各处皆为我用，其势既孤；又帮助小金川贼众，经官兵歼戮不下数千，力量更为单薄。若厚集兵力分道进攻，贼番疲于支拒，不能复顾农耕，彼竭我盈，势将自溃。当今帑藏充盈，即多费数千万金，何虑不完此局。且各土司踊跃出力，正欲借我兵威以除大患。若不拯其荼毒，俾得共享安恬，更非朕轸恤番夷之意。转恐各土司首鼠两端，中多顾忌，必致用力不坚，于军务关系匪浅。著传谕温福、阿桂、丰升额善为驾驭，以收其效。"

（高宗朝卷九一五·页四下～六上）

○乾隆三十七年（壬辰）八月己丑（1772.9.23）

参赞大臣署四川提督阿桂奏："据绰斯甲布土司禀称，金川派兵图占党坝官寨，党坝土妇和尔郭求援，已发兵往助。臣以党坝附近曾头沟，当即行知董天弼前往驻防，并咨明温福就近督办。惟是金川为小金川死力拒守，名为帮助，实已并吞。今当分兵先攻金川，庶可坚各土司归顺之心。且使贼番撤回自卫，则小金川失恃，深入不难。是绰斯甲布一路官兵实难姑待，臣令宋元俊克日起程。而宋元俊现请添兵，应俟粮运稍充，续调兵到，酌量拨往。"

谕军机大臣等："绰斯甲布一闻党坝告急发兵往助，实属恭顺，著阿桂酌加奖赏，以示鼓励。计贼番到党坝地方，较董天弼进兵之期尚早一日，贼近我远，诚恐缓不及事，未知董天弼办理若何。至宋元俊带兵往绰斯甲布，既可得其驾驭之力，兼可控扼金川，相机袭击。该镇现请添兵，自应酌量派给，以厚兵力，今已飞谕滇、楚等兵驰赴南路。阿桂将应派绰斯甲布之兵，先檄知带兵人员即由打箭炉径往。"

（高宗朝卷九一五·页一六下～一七下）

○乾隆三十七年（壬辰）九月甲午（1772.9.28）

谕军机大臣等："前阿桂奏官兵自甲尔木山梁退回，俟有续调兵到即行前进占据之语。续据云南、湖广督、抚奏闻官兵入川日期，阿桂处应有带兵大员禀报，何以今日折内并未奏到？又，阿桂另折奏称：'绰斯甲布一路进兵更难稍缓，但宋元俊染患时疫，未能迅速进兵。'阿桂宜将应派之兵，派员先行带往，并谕宋元俊在后继进，方属妥协。设或宋元俊病难速痊，又尚须另筹接代之人，不可因循姑待，坐失事机。且据金川脱出屯兵供词，索诺木将所有贼众尽派助小金川，支御西、南两路，则境内自必空虚。此时若由绰斯甲布乘间直入，或将索诺木剿擒，全局竟可不劳而定，自是极好机会。惜乎进兵稍迟，不能先发制人耳！至绰斯甲布之兵，由革布什咱挑拨前往。革布什咱甫经收服，其地为章谷后路，所有派驻之兵不宜过于抽拨。今现调之昭通及湖广兵六千名早入川境，阿桂酌调数千，选员带赴绰斯甲布，较之专调革布什咱之兵更为得力。阿桂当就现在情形通盘筹酌，务出万全。"

（高宗朝卷九一六·页五上～六下）

○乾隆三十七年（壬辰）九月乙未（1772.9.29）

谕军机大臣等："前因金川贼酋悉力抵御西、南两路，料其境内空虚，曾令阿桂派兵由绰斯甲布一路为捣虚之计。今据温福奏，讯沃克什脱出番人供词，索诺木惟恐绰斯甲布土司引导官兵进剿，并惧该土司自行发兵攻打等语，则绰斯甲布一路实为有隙可乘。著传谕阿桂，速拨兵四五千，选派勇干将领带往，并驾驭绰斯甲布土司作为向导，出其不意乘间进攻，实为事半功倍。阿桂务须努力为之。"

（高宗朝卷九一六·页七下～八上）

○乾隆三十七年（壬辰）十月甲子（1772.10.28）

又谕（军机大臣等）曰："温福等奏撤回兜乌之兵，并力攻路顶宗一折。殊未明晰。前此派兵往攻兜乌，据称近可抵路顶宗西之喀木色尔，远可至美诺贼巢。是兜乌路径似绕出路顶宗之旁，可收夹击之益，何以马彪、额森特等纡途前往，半月有余仍隔在路顶宗正面贼碉之外？且云离营甚近，则前此所谓绕道分进又属为何？兜乌贼卡既多，官兵自难径进，何以原派之五千兵仅撤回一千？其所留四千兵又欲从何路分进？况带兵之马彪、额森特均撤回路顶宗正路，则现留兜乌之兵又交何人带领？著温福等逐一声叙复奏。至金川送出之外委臧儒供称，探问通事，有现在劝僧格桑出降之语。甚不足信。逆酋诡诈百出，岂肯轻至营门？或力已窘蹙，自知罪大难宥，觅一年貌相仿之贼番假作僧格桑到营，希图混饰完局。又或妄冀如从前金川受降之例，诱我将军等出营，贼得逞其伎俩，则甚有关系，不可不防。设僧格桑果有乞降之事，如随营之沃克什旧土司等，即可令其识认，自能确切辨别，不致为其所愚。纵使逆酋实系亲身至营，只当设法诱擒，温福等断不可出营相见，即将备等亦不宜轻率派往。此等情节并著谕令阿桂知之。再，索诺木所投哈国兴禀帖，尚欲貌托恭顺，阴逞奸狡，不宜仅付之不答，竟当作哈国兴之意给与回檄，谕以索诺木与僧格桑狼狈为奸，拒守要隘，抗犯官兵，迹已显著，何得佯为恭谨冀图朦惑？况墨垒沟未出官兵甚多，岂容以一外委臧儒遂谓送还官人妄思矜宥？大兵声罪致讨，必须先擒僧格桑，次擒索诺木，以申国宪而靖边庭。僧格桑即逃至金川，自可克日剿擒，无借索诺木之献出。且索诺木即为法所必诛，又何能代人施此诡谲！本提督奉命随征，惟知奋勇杀贼，力缚凶渠，断不能为贼诳言所惑云云。照此写成番字，或于营中择一无用土兵送往，或多录数纸，系于箭头射至贼营。俾贼酋知狡恶罪状，不能掩饰。其送回之外委臧儒，并著解京讯问。"

（高宗朝卷九一八·页五上～七上）

○乾隆三十七年（壬辰）十月乙丑（1772.10.29）

又谕（军机大臣等）："昨谕温福作哈国兴之意檄示金川，尚有须严切饬诘之处。如索诺木每称系恭顺土司，不敢违犯天朝，并称派兵往小金川，系护视伊姊，并非敢党助僧格桑等语。索诺木如果为护视伊姊派兵前往，止应在美诺及布朗郭宗、底木达等处，何以小金川各要隘皆有金川贼番助守且公然与官兵抗拒？又，昨据臧儒供称，四月间薛琮等在甲尔木山梁驻兵，下山扑碉，因后路被金川兵截断，退回山梁。金川敢于派兵截我兵后路，非叛逆而何？以上情节，著增入檄稿内，一并写成番字发去。再，阅臧儒供词，薛琮之失事固由后无援兵，但其时粮已不继，坚碉在前，岂仓猝可以攻破？则其前进实难。至后路虽被贼兵阻截，势属猝至，未必遽筑碉卡阻隔，若奋勇攻开后路，退回较易。此等紧要关键，带兵将领不可不知。在主将派人领兵，自不便教以退怯，但知难而退亦兵法所有。设实遇进退两难之时，与其冒昧轻进挫失师徒，毋宁击破后路全军以退。其间审度轻重，惟在将军、参赞等善为指示耳。将此并谕阿桂知之。"

（高宗朝卷九一八·页八下～一〇上）

○乾隆三十七年（壬辰）十月戊辰（1772.11.1）

又谕（军机大臣等）曰："阿桂奏，索诺木具禀，令抢去绿营兵林奇赟送到营。索诺木负恩党逆，抗拒王师，罪大恶极，实不可不并力剪除。今绰斯甲布一路虽云牵缀贼势，若能相机直入，擒获索诺木，则小金川必更易于剿灭。现在派往绰斯甲布之兵已有六千余名，军粮又可源源接济，阿桂即应催督李天佑驾驭该土司迅速进兵。至阿桂奏绰斯甲布番民将霍尔章谷运送军粮乌拉抢去一节，虽据称晓谕绰斯甲布土司全数追出，但该土司既恭顺随征，不应听所属番人妄为不法，亦当使其稍知儆惧。从来抚驭边夷总宜德威并用，若专事姑息，必致为其所轻。阿桂尚属晓事，不可不知此意。又据奏布拉克底头目赴禀，金川贼酋欲将所留汉官送出求降，乘便抢掠等语。今臧儒虽已送出，宁禄尚留贼寨。若贼酋果将宁禄送出，或出其不意发兵剿击，多杀贼人，亦可令贼酋丧胆。"

（高宗朝卷九一八·页一五下～一六下）

○乾隆三十七年（壬辰）十一月丁未（1772.12.10）

副都统舒常奏："金川逆酋将被留兵丁杨会先放回投递书禀。据供，在西路南山水卡进攻被掠，金川头目告称：'官兵攻我，未识大皇帝知与不知。如必欲攻我，我不得不防备。'又闻贼寨中有内地兵丁八九十人。至所见守达尔图山梁之头目、通事，即在西路被掠时所见之二人等语。军营无识番字者，已将逆酋原禀驰交阿桂处译奏，并将杨会先送达乌备讯。再，现在定期进兵，山险碉坚，必须用炮轰击，屡经札催铜斤炮匠，尚无音信。"

谕军机大臣等："舒常奏到杨会先供词，系在西路南山水卡进攻，其因何为贼所掠？何以未据温福等奏？及至所称贼匪各寨拘留八九十人，此等兵丁何由为贼所得？且营兵有数可稽，如系带兵将领，未经呈报，即著查明参劾。或各营禀报而温福等以为无关紧要，不即奏闻，亦著据实复奏。又据供所见守达尔图山梁之头目、通事，即在西路被掠时所见之二人等语。此必贼匪因我兵由绰斯甲布一路进攻，遂将助逆头目撤回防守。是西路各寨，金川贼众渐少，温福等益当乘隙直入，自更易于得手。至西路助逆头目既经撤回，南路一带亦必潜行抽撤。况温福等现在进攻明郭宗，距美诺甚近，则南路官兵尤当乘机奋击，使贼番不能兼顾，自可克期捣穴擒渠。再，金川逆酋禀词译出情节与杨会先供词是否相符，并此外有无吃紧关键，阿桂即应知会舒常，一面奏闻。"

（高宗朝卷九二一·页二下～四上）

○乾隆三十七年（壬辰）十一月戊申（1772.12.11）

又谕（军机大臣等）曰："阿桂此次所获活口，据供有金川头目六人，带兵千余，在南路守御。即从前温福等所获活口供称，西路亦系金川头目助守，而董天弼所奏木丫山梁一带亦然。索诺木抗颜助逆，尚欲托为恭顺，自谓并无干犯。昨据舒常奏'金川头目有官兵攻我，未识大皇帝知与不知。如必欲攻我，我不得不防备'之语。实为狂悖可恶。温福等于进剿金川，竟当明白宣谕：'尔索诺木本一土司，辄敢党助僧格桑，抗拒王师，罪已不赦。况尔父郎卡蒙恩曲宥，尔复肆行悖逆，即属再犯，其罪更在僧格桑之上。且尔自言派往小金川之贼系尔姊陪嫁之人，今小金川各处经官兵杀获者，金川贼众居多，岂皆随尔姊陪嫁者乎？在尔只因僧格桑以地许给，遂利其所有，希图吞占，名为相助，实欲自取，此又必当亟加天讨者。本将军等奉大皇帝之命领兵征剿，一切皆禀受机宜，期于殄平凶逆，净扫蛮氛。尔既为内地土司，当知中国法度，岂有不奉谕旨而调兵征讨之理？何得托辞故问大皇帝知与不知乎！尔自以地险可守，私幸无虞。如小金川碉卡未尝不险，拒守未尝不坚，天兵所临，势如破竹。尔金川即竭力支持，不过苟延岁月，安得如许力量久与天朝抗乎？至僧格桑窜入金川，此时即将逆酋执缚，尔索诺木一同亲赴军门叩头请罪，尚可谅尔诚悃，代为奏闻，或冀邀恩贷汝一死。若复借诡词取巧，至危急时将僧格桑献出求免，断断不能。至尔金川百姓，因贼酋派助他人，死伤甚众。尔等何苦舍死更为贼酋抗守？若早知改悔，实意归诚，即将索诺木兄弟缚献请命，不但重加赏赉，必且仍旧安置本地，长享太平。倘迷而不悟，直至攻破金川，剿洗无余，悔无及矣。'我军进攻金川时，照此檄谕沿路传示，自可破贼胆而涣其势。将此传谕温福、阿桂等知之。"

（高宗朝卷九二一·页八上～一〇上）

〇乾隆三十七年（壬辰）十二月癸酉（1773.1.5）

谕："现在据阿桂奏报，官兵已攻克僧格宗，可以直捣美诺。而温福一路亦直抵明郭宗，逼近贼巢，路仅十余里。西、南两路音信已通，自此合兵会剿，小金川之局岁内即可告蒇。至金川索诺木助恶主谋，罪更浮于僧格桑，即应移师并剿，歼此渠魁，庶杜边夷后患，理势继难中止，屡降谕旨甚明。此时兵力糇粮一切储备，师行声势更大。应分三路进发，用壮军威。而西路所带副将军一印，尚于军营体制未符，温福著即授为定边将军。阿桂、丰升额俱著授为副将军。各行统辖弁兵，分路进剿。其温福一路，著舒常为参赞大臣。阿桂一路，著海兰察为参赞大臣。哈国兴虽系绿营汉员，但现系提督，于军营领兵征剿之事曾经练习，且原在乾清门侍卫上行走，与满洲大臣无异，所有丰升额一路，即著哈国兴为参赞大臣。一俟平定小金川之后，即相机分道进剿金川，以期迅奏肤功，蛮氛永靖。其将军及副将军印信，著派侍郎副都统福康安驰驿赍送前往，即留军营为领队大臣。"

副都统舒常奏："绰斯甲布土司工噶诺尔布禀称，金川索诺木遣其头人来云，自知有罪，愿将甲尔垄坝退出等语。金川如果能退出甲尔垄坝，于进剿大省兵力。但由工噶诺尔布转请，焉知非试探大兵是否实有剿灭金川之意？臣驾驭绰斯甲布，谕知投降一事断不能允，必为各土司斩除日后祸根，以坚其助剿之志。再，据觉木交粮员禀称，二十三日夜，有贼番数百人抢掠粮石。官兵放枪抵御，贼番不敢向前，适值途有驮粮乌拉，为贼抢去牛只，经官兵夺回，并放枪伤贼数名。"

谕军机大臣等："索诺木党逆助兵一载有余，现在尚敢劫掠在途粮石、牛只，情甚可恶。现在各处官军均已调齐，所拨军饷已一千四百余万。当此帑藏充盈，即再费一二千万，为一劳永逸之计，朕总无所靳惜。盖此事实有不容中止之势。虽其地多山负险，均可计取力胜。……若持志稍有未坚，遽图歇手，贼首狡恶难移，必致复烦军旅，非但不成事体，而目前之费与现得之功皆为虚掷，亦属非计。温福等必能深体朕意，不应复俟丁宁谆谕也。再，索诺木现请退还甲尔垄坝，据绰斯甲布土司之意，欲将计就计，诓其退出，即发兵看守。其说不妨姑为允从。但恐绰斯甲布尚未知官兵进剿金川不灭不止，或以余孽未净，此后仍受其毒为虑。索诺木或又造为唇亡齿寒之说，以金川若被官兵攻破，必将剪及各土司，冀相煽惑。舒常应以大皇帝征剿两金川，原因其侵扰邻封逞凶蚕食，欲为尔等剪除后害，长享太平之福，反复开导，令该土司诚心信服，庶不受逆酋簧鼓，益可坚其效用之心。今工噶诺尔布尚属恭顺，因赏给名号、缎匹，以示奖励。并发谕旨一道，兼用清字、蒙古字、西番字三体书写，俾知中朝治普同文，倍深感畏。至将来攻取金川，若应从绰斯甲布一路进兵，则必须阿桂前往，于随机制胜之道自更周妥。顷已有旨，于各路将军、副将军及参赞大臣均为派定。其领队大臣、领队侍卫，亦为分派，另降谕旨。或将来止须两路，则丰升额、哈国兴等仍随温福军营，以备临时分兵之用。所有定边将军印及定边右副将军清字印，已派福康安赍往。温福于接受将军印后，即将现用之右副将军清篆印移交阿桂。其发去之右副将军清字印交丰升额收领。若不分三路，丰升额之印无庸行用。福康安已授为领队大臣，其带往之章京兵丁，并交温福等酌量派拨。"

又谕曰："绰斯甲布土司工噶诺尔布，此次进兵以来，诚心奋勉，毫无瞻顾，甚可嘉尚。著加恩赏给缎六匹，仍给'尊追归丹'名号，以示奖励。天朝用兵讨贼，捣穴擒酋，理无中止。今僧格桑、索诺木扰害各土司，其罪甚重。若一日不灭，各土司一日不安。此番剿贼，正使各土司永远安生。著将此意晓谕工噶诺尔布，俾知感戴，竭力一心，以期扫殄，永受天朝有加无已之恩。"

又谕曰："温福一路，派福兴、常保住、巴朗、额森特、阿尔苏纳为领队大臣，德尔森保、赓音素、普尔普、巴雅尔为领队侍卫；阿桂一路，派兴兆、奎林、齐哩克齐、明亮、华山、书景阿、音吉图为领队大臣，三宝、蒙固勒、和隆武、乌尔图纳逊为领队侍卫；丰升额一路，派董天弼、福康安、百灵阿、永平、伊常阿、德赫布为领队大臣，彰霭、阿尔都、明仁为领队侍卫。其余提、镇、侍卫、章京等，著温福等公议分领。若止分两路进兵，其丰升额队内人员，著归温福一路行走。"

（高宗朝卷九二二·页二八上～三三上）

○乾隆三十七年（壬辰）十二月丁亥（1773.1.19）

定边将军大学士温福、定边右副将军尚书公丰升额奏："金川贼巢惟噶拉依及勒乌围为心腹之地，其由功噶尔拉至喀尔萨尔系捣噶拉依正路，臣温福由此进剿，其自僧格宗、纳围、纳扎木至当噶尔拉亦系进攻噶拉依要路，臣阿桂由此进剿。至舒常现由绰斯甲布进兵，其俄坡地方系径攻勒乌围近路，前此仅有土练兵八千名，今酌拨汉、土兵四千，臣丰升额带领，由章谷、吉地前赴绰斯甲布，与舒常合力攻剿。"

得旨："嘉奖。"

（高宗朝卷九二三·页四二下～四三上）

○乾隆三十八年（癸巳）正月癸巳（1773.1.25）

定边将军大学士温福奏："金川党恶助凶，必当申讨。臣与阿桂、丰升额筹议，臣由喀尔萨尔进兵，阿桂由当噶尔拉进兵，均攻噶拉依，直捣腹心。丰升额由绰斯甲布进兵，会同舒常径攻勒乌围，制其要害。现在商议陆续进发。"报闻。

又奏："丰升额由章谷、吉地等处往绰斯甲布，于臣西路兵内先拨贵州及固原兵一千名，并董天弼处先到之甘肃兵一千数百名，交丰升额于十二月十八日带领起程。嗣有续到甘肃兵一千名，亦令侍卫等带领赶上。其三杂谷土兵一千五百余名，由党坝便道先赴绰斯甲布等候。至从前大兵未抵美诺及底木达之时，小金川之南北境俱防贼番抄截，今各寨落收服，东、南、北三面已非应防之后路，惟美诺系粮运总汇，酌议留兵。又，曾头沟、堪卓沟、木丫山、大板昭一带路通金川，且僧格桑原从底木达之美卧沟逃往，恐贼酋见此空虚，从小路潜来滋事，是以拨兵二千交董天弼分驻要隘，并令其留驻布朗郭宗、底木达等处防范后路。至功噶尔拉系金川与小金川交界，其山与巴朗拉相似，而较为高峻，地气亦属阴寒。臣审度事机，刻难延缓，业于十二月二十二等日统兵启行，于簇拉角克沟之南、帛噶尔角克碉之北觅路径赴牛厂前进，较之回赴美诺，再趋功噶尔拉，更为便捷。"

得旨："所办俱妥。伫俟捷音。"

（高宗朝卷九二四·页一〇下～一二上）

○乾隆三十八年（癸巳）正月甲午（1773.1.26）

参赞大臣副都统舒常奏："十二月二十日土司工噶诺尔布来营，据称索诺木畏惧，于本月十七日将甲尔垄坝地方绰斯甲布旧碉三座、金川新碉三座暨附近甲尔垄坝之思根等处新旧碉五座一并退还，现已派头目土兵据守等语。臣即面谕以汝能实心出力，督率土兵助攻，将来受恩正多，随酌给奖赏。"

谕军机大臣等："舒常奏索诺木将甲尔垄坝退出，所办甚合机宜。看来逆酋此举，自系闻大兵已破小金川，即日移兵分路进剿，而绰斯甲布一路现有官兵督率土兵进攻，其意妄以为退还甲尔垄坝，可图目前完事。且俟大兵撤后，复出而侵占。丰升额、舒常即当明谕工噶诺尔布，以此次进剿实为众土司剪除后患，不灭不休。益坚其效顺之心，不复存顾畏之念，方为妥善。惟是金川番贼较之小金川狡谋更深，其于窃劫营盘、抄截后路尤为长技，前已详悉传谕温福等加意预防。营中守御宜严，途次巡查宜慎，使贼众技无所施。或贼冒死而来，即当乘机尽歼，大示惩创，庶不敢复为轻视。且官兵渐次深入，后路尤关紧要，一切饷道军台并须实力守护。贼众潜伺我后，万一稍有疏虞，成何事体！此一节所关甚大，温福等各路均当留心规画，调度得宜。勉之，慎之。"

（高宗朝卷九二四·页一三下～一五上）

○乾隆三十八年（癸巳）正月乙未（1773.1.27）

谕军机大臣等："马全前已调补甘肃提督。……今马全来京陛见，已令其驰驿赴川，即以甘肃提督作为领队大臣，管理甘肃官兵，随营进剿。"

定边右副将军内大臣阿桂奏："十二月二十一日，据音吉图、汪腾龙等报称，十七日酉刻见山下树林内火起，贼番纷纷溃散，当即统兵过河，分路进攻。山口左右贼番俱望风奔逸，共计占得大碉栅六座、木栅二十三座、石卡六处，歼贼五名。二十二日又报攻得正地沟口碉栅。普吉保带兵即赴甲尔垄坝，行至中途，有绰斯甲布头人安布差人迎禀，已得甲尔垄坝，其地有碉六座，现经绰斯甲布土兵占据，称'工噶诺尔布派我带兵千名来此，贼番见我势众，即便散去。又离此六七十里之协雅地方有碉三座，我头人生根亦已攻克'等语。臣思革布什咱一路原与绰斯甲布官兵共缀金川贼势，今既攻得正地沟口、甲尔垄坝，即已控扼金川要隘，各处防兵均可量为裁撤。此内德尔格忒等处马上番兵，素不长于步行，越险进剿不能得力，应撤归游牧。惟查巴旺、布拉克底之马奈、马尔邦亦系乾隆十二、三年进兵之路，该处路通金川，应拨兵千名驻守。其余官兵可酌分当噶尔拉、绰斯甲布两路。俟议定具奏。"

又奏："查别斯满地方共有五寨，其二寨先经抚定，此外三寨有两金川贼人监守，未敢遽投。嗣臣即令已投之番民前往招抚，与监守贼番接仗，其未投之番民从中接应，杀死监守贼番。据称'我等见杂谷百姓自改作屯练，土司不敢欺凌。今只求改作屯练，不愿分给各土司'等语。其所请实出真情，臣等现已准行。"

又奏："土弁雍中尔结、色勒奔蒙恩赏戴花翎。但查土舍布拉克底甫经给与空顶花翎，而土弁亦即蒙赏，恐番人等易生满足之心，是以未给。察其此后出力如何，再为请旨。"

谕军机大臣等："阿桂奏攻得正地、甲尔垄坝一带，可以控扼金川要隘。留兵防守亦为要务，阿桂业已洞悉形势，自能妥办。又，另折奏别斯满五寨降番改作屯练。既出伊等情愿，事属可行，余仍遵照节次所降密旨筹办。又，另折奏土弁不宜即赏花翎。所见亦是，应如所议办理。但其中有尚须斟酌者，如温福一路出力土弁内并无戴翎之人，即可照此奏，留俟伊等奋勉立功再加奖励，设温福军营已有赏翎之人，恐不免相形生懈，则又不当靳此恩施。著阿桂即札询温福，画一办理。"

阿桂又会同参赞大臣尚书公丰升额奏："奉谕旨以绰斯甲布一路进兵，须臣阿桂前往，臣丰升额于各处番情均属初办。在工噶诺尔布固为逆酋亲戚，至如索诺木之母、之妻皆系布拉克底土舍安多尔之姊、之女，现在金川，其安多尔又娶索诺木之姑，现在布拉克底，均系世为婚姻。臣丰升额即带领当噶尔拉一路官兵，亦须驾驭巴旺、布拉克底之人，始得其力，彼中情形尚未深悉。况小金川既灭，今又分道进攻金川，臣丰升额现统汉、土官兵督剿，则金川之不灭不休，工噶诺尔布谅亦可揣而知。现在舒常在绰斯甲布两月有余，于该处事宜渐已熟悉，今若令臣丰升额督率此路官兵，令舒常参赞军务，可期得力。况臣等原定三路中之功噶尔拉、当噶尔拉两路，皆为进捣噶拉依之兵。绰斯甲布一路为进捣勒乌围之兵者，原以噶拉依一带地势更险，攻剿多费兵力。至绰斯甲布一路，则一得达尔图、日旁山梁，向前贼境皆势居下游，稍易攻取。三路中不论何处得手，则他路均可得力。臣等已拨定官兵，日内即当起程。若再行会商更调，恐于进剿稍稽。"

得旨："所奏俱是。伫俟奋勉成功，以待酬庸茂典。"

（高宗朝卷九二四·页一六下～二一上）

○ 乾隆三十八年（癸巳）正月戊戌（1773.1.30）

定边将军大学士温福奏："十二月二十六日带兵抵功噶尔拉山下之牛厂地方。见牛厂之前、功噶尔拉之下，贼番立有大卡五座，当派兵四千，分为两队，臣复督兵随后接应，乘夜雪攻扑。贼遂逃赴功噶尔拉碉卡之内并力拒守。查功噶尔拉峰峦剑立，与巴朗拉、路顶宗相似。惟中有丫口，如一线羊肠，而碉卡据险排立，仰攻非易。且连日严寒，积雪深至四五尺，官兵现已占住半山，自应先用大炮轰摧，再以兵力攻扑，方能得手。现飞调所存美诺、明郭宗等处炮位。再，官兵自抵布朗郭宗，裹粮本属无多，至今食用殆尽，已飞咨鄂宝筹办。俟炮到粮敷，即相机前进。"

谕军机大臣等："温福奏攻剿功噶尔拉情形一折，所办俱合机宜。此等险隘处所，贼众必于最要之地并力拒守。官兵进攻时，自当示以不测，指东击西，使贼人难于照顾，或可易于得手。"

（高宗朝卷九二四·页二三下～二四下）

○ 乾隆三十八年（癸巳）正月己亥（1773.1.31）

谕军机大臣等："曾头沟一路，向来董天弼由此进兵。今小金川全境虽已荡平，而此一带实为官兵后路，万一逆酋潜令贼众由党坝逸出抄截我后，或于粮运、军台略有疏误，成何事体？再，昨据温福讯取赍禀贼众供词，内有僧格桑由美卧沟逃往金川后，将此路隘口用树木拦断等语。此甚可疑。虽贼酋惧官兵进剿，堵塞路径，使我无从蹑迹，但此等要隘之处，我进较难，贼出甚易，安知非贼酋诡计，借拦阻追兵为名，俟官兵一过，仍由美卧沟口而出，复占据布朗郭宗、底木达等处？所关不小。温福等匆匆进兵，于此紧要关键未能筹度万全，朕偶念及，心中甚为不怿。刘秉恬已授为总督，现驻美诺办理一切军务，而董天弼现亦署理四川提督，且曾由曾头沟一带进兵，地利已为熟悉，今又驻布朗郭宗等处经理降番诸事，所有防范机宜，乃伊二人专责。著传谕刘秉恬、董天弼将美卧沟及曾头沟两路酌量形势，选派干练备弁带兵驻守，以防贼众逸出滋事。其有类此要隘之处，并须详细筹度，一体妥办。但现存美诺一带兵数无多，尚恐不敷拨派，川省各营尚有可调之兵，即著刘秉恬等悉心筹议。若现今防范甚严，可以毋庸调兵则可；若稍有不放心处，不防将应添防兵若干，一面檄调，一面奏闻，以期万妥。其各路粮台、军站，并遵照前旨派委妥员往来加意巡查，勿稍疏懈。温福等各路亦当留心防察。总期于事有益，不可惜费。将此由六百里加紧，一并传谕知之。"

寻会奏："查美诺沟系通金川之路，布朗郭宗北百八十里即曾头沟地界，中间有马耳当、大板昭、喀尔撒等处，西南又有赤力脚沟百余里，均与金川路径相通。核计将军温福所留之兵，除分派各处外，底木达驻兵一百三十余名，布朗郭宗驻兵六十名，自应即时添调。至党坝为绰斯甲布军粮必由之地，该处与金川接壤，更宜派兵护卫。请添调兵一千六百名，以一千由美诺汇总，分拨布朗郭宗等处，以六百径赴党坝防护饷道。"

得旨："嘉奖。"

（高宗朝卷九二四·页二四下～二七上）

○乾隆三十八年（癸巳）正月庚子（1773.2.1）

定边右副将军内大臣阿桂奏："臣自抵僧格宗后，即派令土弁土兵等往探。看得自纳木觉尔宗沟口上山，约行四十余里，即系纳围、纳扎木。自此向北上山，约三十余里，大岭一道远与功噶尔拉相联，即系当噶尔拉，为金川界址。向年积雪甚深，兹冬日晴煦，阳坡不过数寸。惟山势极峻，又坚碉十四座排立两峰丫口间，守御甚密。一得此岭，则金川各处皆出其下，但岭下险坡有林箐二十里，冰雪颇大。再进即金川之克舟九寨等处，地稍宽敞。查僧格宗河东、河西地方及汗牛十四寨虽均投顺，究系新经抚定，而此一带通金川之路又多，且僧格宗、纳木觉尔宗系粮运总汇，已派大员经理，留兵防范。臣带领汉、土兵一万二千余人前进。"报闻。

又奏："近令巴旺、布拉克底番人往探得索诺木居住噶拉依，其兄喇嘛莎罗奔等皆在勒乌围。僧格桑携妻妾至彼，随行尚有二、三百人，同住勒乌围官寨。莎罗奔传集众头人商议，时有山丹绰尔嘉勒，系郎卡手下年老头人，言：'天朝来剿小金川，尔等帮同抗拒。今又收留僧格桑，必不肯饶。此时速行送出，庶几免罪。'其余众头人言：'僧格桑本属一家，来此投生，如何可以送出？'莎罗奔从众留住等语。查从前郎卡欲以索诺木承袭土司，大头人中有言不应立者，郎卡置之于死。今索诺木虽为土司，头人未必悦服。以情势揆之，金川必终归殄灭。"

得旨："今固不敢为满足之言，若赖上天慈恩速成此事，实千古未有之绩也。勉之，以待酬勋厚典。"

（高宗朝卷九二四·页二七上～二八下）

○乾隆三十八年（癸巳）正月丁未（1773.2.8）

谕军机大臣等："丰升额等奏，丹津扎布愿督率土兵出力，可否赏给土都司职衔。著照所请行。仍视其果否感恩报效，据实具奏。朕从前欲于征剿之各土司地方设营驻兵，以为控制。其中如沃克什土司为人柔软，恐不能自顾，而革布什咱土司为金川所害，管束无人。是以筹令俟平定两金川后，即此二处亦不复令其管理。今思沃克什、革布什咱为两金川贼众所侵，本属无罪，非若索诺木、僧格桑之党恶拒命断难宽宥者可比。且沃克什土司尚知竭力固守，不肯服顺小金川，而革布什咱番人于去岁官兵收复时诚心内应，歼戮金川监守之贼，今复恳请自效，其恭顺均属实情。若并其地撤回官办，于理尚未允协。将来添驻绿营时，此两处仍当令土司等自行管辖。至昨温福所称，贼番碉卡多有山峦遮避，止露碉尖，系专就一面而言，其旁岂无僻径可以攀援而上？务须留心侦访，相机妥办，毋专恃炮力为守株之见。"

（高宗朝卷九二五·页五下）

○乾隆三十八年（癸巳）正月辛亥（1773.2.12）

谕："据阿桂参奏，漏报逃兵之永宁协副将王承勋、参将富金保等，于脱逃征兵已获之鲍化贵及未获之张彪、刘仲喜、蔡天禄、林朝贵等犯遗漏掩饰，实为玩忽不堪。请将王承勋、富金保均革职留任等因一折。所办殊属宽纵。王承勋系总司档案之人，乃于逃兵刘仲喜、鲍化贵既遗漏未报，而蔡天禄、林朝贵二犯均经富金保咨报，王承勋转令其自行申报，冀图诿卸。其咎非寻常遗漏失察可比。王承勋著革职作为兵丁，令其自备资斧，留于军营效力赎罪。富金保于逃兵刘仲喜等三犯虽经移明，而张彪一名遗漏未报，亦未便宽贷。富金保著革职留任，所有一切养廉分例概不准支领，以示惩儆。至总兵英泰有统辖川兵之责，咎亦难辞，并著交部严加议处。"

（高宗朝卷九二五·页八上～九上）

○乾隆三十八年（癸巳）正月癸丑（1773.2.14）

定边将军大学士温福奏："功噶尔拉丫口贼碉雪深路险，必须分路进攻。正月初九夜，普尔普、额森特带兵直抵丫口，贼碉坚固未能攻克。维时乌什哈达、德尔森保等左右两翼亦至山梁，将贼番分防之卡全行夺获，随即分拿卡栅，以逼贼碉。又将运到之四将军炮位尽力轰击，并连夜移头敌大营于新卡总汇要路，以防乘间冲劫。"

谕军机大臣等："温福奏进攻功噶尔拉丫口情形，所办俱合机宜。惟大军日渐深入，所过后路最关紧要。虽温福现已留心防范，但止及新卡总汇之处。其于官军经过后路与贼境相通，应防其由僻径抄截者，尚未筹办。著传谕温福，择其最要之处，酌量派兵严密防守，使贼番无由潜逸滋事，方为妥协。至温福调度得宜，派往各路之领队各员俱能不避冰雪，夺得贼碉，均属可嘉。著各赏给荷包，以示奖励。仍俟攻得功噶尔拉后，另行交部议叙。再，官军声势甚大，贼酋断不能久为支拒。昨进攻小金川时，原计及僧格桑当时势窘迫必窜金川，今果不出所料。将来各路会合，捣其巢穴，索诺木计无所之，亦惟有窜逸外出。而附近各土司现俱效顺天朝，逆酋决不敢轻往自投罗网。就地图而计，索诺木必由党坝一路突出，逃往郭罗克，以冀稍延残喘。党坝土司力弱，恐不能堵截。自应派大员一人，带兵二三千名在彼驻防。董天弼、五福才力孰优？著温福于此二人中酌量派往，然后奏闻。并饬带兵往驻之员，只可云声援备调之兵，不必言其所以，以免漏泄，转得逸于所备之外。"

又谕："攻打贼碉首借大炮之力，早能铸得一日，可早一日成功。如所需铜料运到者，约计足敷一位之用，即当上紧赶铸。并著刘秉恬严饬办运各官，将铸炮铜斤料物加紧速运，以利进攻。"

（高宗朝卷九二五·页一一上～一三上）

○ 乾隆三十八年（癸巳）正月甲寅（1773.2.15）

谕军机大臣等："昨温福奏，索诺木差人递到番字禀帖，于僧格桑逃往金川之说全不提及，转自夸其兵力强于各土司，冥顽无知，已极可恶。甚至请内地大臣或差官员往彼议事，冀欲羁存为质，公然以敌国自居，尤属狂悖不法。而禀内称其父郎卡为纳木喀济雅勒布，妄谈悖逆，更为覆载所不容。查纳木喀济雅勒布，即西番语之天汗。其意以为番语非中国所能通，自矜得意。岂知我国家中外一统，西北辟地二万余里，累译皆通，而西藏喇嘛久隶天朝，凡西番字语，内地素所通晓。此等鬼蜮伎俩其将谁欺？况郎卡么麽杂种，仅若蝼蚁。前此大兵进剿，扫穴无难，朕念其归命投诚，宥其大罪，仍赏给土司，郎卡尚不得拟于天朝臣仆之例，何得以天汗为称？至索诺木童年凶悖，禽兽不如，乃于禀内不称父名，妄加名号，又自称莎罗奔掌印土司，而隐匿其名。种种违悖天理，不过自取灭亡。将军等即将朕此意缮给回文，严切问罪，即微末兵弁亦不可遣令前往，堕其术中。各路官兵更宜迅速攻剿，以靖边氛。再，党坝地界与丰升额军营相近，尤当加意防范，以备逆酋窜出，即时擒缚。并严谕郭罗克毋得藏匿，致速罪戾。"

（高宗朝卷九二五·页一四上～一五上）

○ 乾隆三十八年（癸巳）正月乙卯（1773.2.16）

谕："据丰升额等奏，攻剿达尔图贼寨，总兵马虎、参将西凌阿等奋勇杀贼，受伤阵亡等语。马虎自调赴军营以来甚属奋勉。此次攻打贼卡，身先士卒，陷阵捐躯，殊堪悯恻！著加恩照王玉廷、李全之例交部议恤。

其同时阵亡之参将西凌阿及把总外委各员，并著该部查明，一并议恤。"

谕军机大臣等："达尔图山梁既系金川要隘，贼番死守，未能一举而克。其附近之日旁贼碉亦四面木卡深沟，不能越过，自不宜专在此一路注意急攻。因思甲尔垄坝经索诺木退还，现系绰斯甲布派兵驻守。正地至噶拉依约计三站，路亦稍平，原系温福等前奏拟备进兵之路。今音吉图所带之兵既撤至丰升额军营，甲尔垄坝一路，虽有绰斯甲布土兵，不过为自卫之计，贼于此路守御必虚。莫若分兵，令舒常同音吉图等带往，乘其不备，设法袭击，或可易于得手。至丰升额仍统兵于达尔图攻剿，牵缀贼势，使其不疑。若舒常等至彼，一有进取之势，贼必撤兵抵拒，则达尔图之贼必渐单弱。丰升额密侦机宜，乘间攻剿，自属事半功倍。至此次进兵，丰升额等未免过锐，且令总兵大员冲冒锋镝，临阵捐躯，非惟可惜，亦于名声有碍。副将军、参赞膺朕委任，自不可稍存畏怯之见，朕亦深望伊等之实心勇往。但见可知难为行军先务，不可不慎。丰升额、舒常俱以世臣受恩任用，其奋勉自倍常情。至于临敌之时尚宜略加持重，派遣将领亦当稍为斟酌，于事应更有益。再，据奏炮击贼碉既已毁其上半，何不将炮台筑令向下，摧其下半碉根及横连卡寨？设或贼因避炮匿入濠沟，其枪石势难向上施放，我兵可径至沟边，鸟枪、火弹自上而下更易为力。彼时贼众势不能存，必又逃出沟外，我兵隔沟密放枪炮，歼殪必多，贼复何能遮挡？此乃一定之理，丰升额等何以见不及此？著传谕丰升额、舒常妥协筹办。至舒常带往甲尔垄坝应需兵练若干，丰升额等于现有之兵酌量派拨，仍即奏闻。并将可否如是分路进剿迅速具奏，毋但以遵旨为是，勉强设施也。"

又谕曰："襄阳镇总兵马虎阵亡，所遗员缺，著温福等于军营出力副将内拣选一员，奏请升补。其副将员缺，并参将西凌阿阵亡各员缺，俱著一体拣选奋勇立功之员递行奏补，以示鼓励。"

（高宗朝卷九二五·页一五上～一七下）

○ 乾隆三十八年（癸巳）正月己未（1773.2.20）

定边右副将军升任尚书阿桂、领队大臣副都统衔明亮奏："当噶尔拉山高路峭，艰于仰攻。臣等令各领队及镇将等，将营卡日逐上移，距贼碉已不过二三里。所铸食十六斤子之大炮，已于十八日造成，其三、四号炮位亦俱运到，逼近贼碉，轰摧得力。现定于二十一、二日间分兵三路，一面直前进攻，抢立炮栅，以资防护，一面潜师越沟，攻夺靠西一带山梁，务期得手。当此进兵伊始，非即破碉据地不足以寒贼胆。"

又奏："革布什咱各隘防兵应量为裁撤。该处现存川、黔、陕、甘官兵三千八百余名，各处土兵亦三千八百余名。查德尔格忒马上番兵一千八百余名，登山越险本非所长，应撤归游牧。并应撤川兵一千五百余名，移驻马奈、马尔邦，以分贼势。撤黔兵四百余名，归入当噶尔拉大营，以便调用。所余陕甘兵一千一百余名，本系常泰带领来川，应令赴绰斯甲布常泰军营并为一队。且丰升额一路逼近金川，得有此项官兵，亦足以供分拨。"

谕军机大臣等："阿桂等奏，进兵伊始，非即破碉夺地示以惩创，不足以寒其胆。所见甚是。官兵剿贼，遇应攻击之时，固不宜过于持重稍示怯弱，然初次进攻接仗，若不审度合宜，奋击得利，大挫其锋，不能振我军威，使贼望而生畏。今大炮既已铸得，定于二十一、二分兵进攻，自可克期制胜，伫听捷音。又，阿桂另折奏，革布什咱一路汉、土官兵除酌留驻守隘口外，其各处土兵分别调撤。昨因丰升额等所攻达尔图、日旁一路贼碉猝难进取，因思甲尔垄坝至正地一带亦系温福原定各路进兵之路，且称其地稍平，欲令舒常同音吉图等带兵由此前往。已传谕丰升额等熟审情形是否可行，就近妥酌办理，并著传谕温福、阿桂一并详议。其现拟裁撤之革布什咱一路土兵应否添拨舒常等备用，并著阿桂筹核妥办。"

（高宗朝卷九二五·页二一上～二三上）

○乾隆三十八年（癸巳）二月庚申（1773.2.21）

谕军机大臣等："朕阅阿桂前奏，知索诺木年幼昏愚，俱系伊兄弟喇嘛莎罗奔等据其印信号纸各思逞强攘夺。而头人内又有党恶创谋之徒为之主持，以致助凶拒命，存留首逆僧格桑，种种获罪。是索诺木情尚可原，即该处番民原未必尽皆莎罗奔等羽翼，特被劫胁驱迫，遂不自主，亦殊堪矜悯。著传谕温福等缮写檄文，晓谕索诺木。令其擒献首逆僧格桑并为逆之兄弟、头人等，率众归诚，自求多福，毋徒受人牵制，自取灭亡。"

（高宗朝卷九二六·页二下～三下）

○乾隆三十八年（癸巳）二月癸亥（1773.2.24）

谕军机大臣等："昨偶阅平定金川方略，内载副将张兴在马邦失陷一条，称贼有石炮法，安设木架，以机发石伤人，所及不过百步，而木架一著枪炮即倒，乃官兵并不施放枪炮击毁木架，任其安设，以致失利等语。石块体质沉重，本难及远，即以机发石，亦止二三十步，断无能及百步之理，况贼番木架可用枪炮轰摧，尤属易制。其所云可及百步者，必系当日绿营怯涊之习，张大其词耳。第金川贼番既有此用机发石之法，我兵现在进剿不可不知。倘见贼番设有木架，即当相度远近，用枪炮随即击毁，其机石自无所施。断不可因贼番有此伎俩，稍生畏怯，然亦不可不设法防范。著传谕温福等知之。"

（高宗朝卷九二六·页九下～一〇下）

○乾隆三十八年（癸巳）二月乙丑（1773.2.26）

谕曰："丰升额等进攻之路，从前不过牵缀贼势。今此路既须一并攻剿，似所有兵力亦觉稍单。其应作何设法抽拨之处，并著温福、阿桂、刘秉恬通盘筹画妥协，一面办理，一面奏闻。"

寻刘秉恬奏："当噶尔拉一路除分拨革布什咱、布拉克底及各处要隘外，惟美诺、布朗郭宗、党坝等处添驻官兵。原拟派调川兵二千，嗣因存营兵数无多，酌减四百。今绰斯甲布需兵孔亟，应即将备调之四百拨往。"

得旨："嘉奖。"

定边右副将军尚书公丰升额、参赞大臣副都统舒常奏："据驻扎觉木交粮员王嘉猷禀称，行至泥峙冈途中，树林内突出十余人，经官兵击退。惟护粮兵王礼一名阵亡等语。臣等严饬各隘口加谨防范，倘有贼人，当尽力歼戮，不致疏虞。"

谕军机大臣等："丰升额等奏巡检王嘉猷遇贼一折，因思昨岁舒常亦曾奏及。十二月初三、初四、初九、十一等日并有贼在林涧中潜匿，图窃牛马、粮台，实属不成事体。西、南两路官兵经过之后，并无此等情事，独此路屡有贼众潜出滋扰，谅必由绰斯甲布而来。其事甚有关系，不可不留心防范，亦不可稍露端倪，为番众窥测。至后路严密防查，实为第一要义。虽丰升额等现派副将董果在彼专司，但此等巡防要务，恐绿营循分供职之员尚不足恃。刘秉恬现驻美诺，经理粮运军台，伊系现任总督，呼应甚灵，无须鄂宝协助。著鄂宝即速前往绰斯甲布军营后路，带兵驻守，并催趱粮运。设有此等贼匪潜出，即督官兵痛加歼戮，俾其知所畏惧，庶丰升额等于进攻达尔图一带贼寨，得以乘胜深入，无后顾之虞，方不致时廑朕念。至丰升额等进攻之路从前不过牵缀贼势，今此路既须一并攻剿，所有兵力似觉稍单，其应作何抽拨之处，并著传谕温福、阿桂、刘秉恬通盘筹画，妥协办理奏闻。"

（高宗朝卷九二六·页一二下～一五下）

○乾隆三十八年（癸巳）二月己巳（1773.3.2）

定边将军大学士温福奏："据功噶尔拉守卡游击王滇将金川投出番人敦巴一名押送到营，臣亲行研讯，供系金川革退头人，情愿投降，指引官兵攻打，并求赏给白旗招降等语。查敦巴怀忿来投，亦属情事所有。惟招降一节，当此攻剿伊始，逆酋恃险抗拒，未受创惩，若遽行招降，反为贼人轻视。臣现令敦巴随营效力，俟攻破险要，兵威大振时，再请旨酌办。"

谕军机大臣等："剿抚兼施固兵家制胜之一法，而用之贵审其时。若当贼众穷蹙时，借以迎机而导，即可散其党羽，慰其徯望，事理顺而成功自易。若贼未受创生畏，惟当一意进攻，不宜稍涉迁就。倘无端招诱，徒为贼所窃笑。即贼诡称款附，且恐堕其术中，不可不加审慎。今温福既坚持定见，不肯轻率招降，而阿桂亦明习军务，胸有成算，即丰升额向随在滇中亦曾阅历，而各路参赞、领队大臣等并多勇干得力之人，分道进剿自能迅奏肤功，共荷酬勋茂典。惟愿伊等益加奋励，早副朕怀。"

（高宗朝卷九二六·页二三上～二四下）

○乾隆三十八年（癸巳）二月甲戌（1773.3.7）

定边右副将军尚书阿桂、领队大臣副都统衔明亮奏："纳扎木靠西山梁前经官兵占据，现又令伍岱等设法拿卡，再行进逼，以便攻击。二月初二日子刻，伍岱等带兵三百，乘贼不觉夺据碉前山梁。现已拿卡二座、卡墙一道，距贼甚近。俟将新铸之炮运至梁上，望东平打，既为得力。而德赫布等所带之兵又顺山梁自南而北向上合力轰摧，贼碉自难支守。一得此碉，即可审察情形，绕截贼后。又据巴旺、布拉克底土司等禀称，有纳尔布普寺喇嘛齐楚木永仲带领徒弟并小金川番民男妇十五人，来至该土司地方。臣当即令押送至营，亲加讯问。该喇嘛等供称，前因僧格桑带往念经，遂被留住，曾劝僧格桑投诚不听。大兵攻破美诺，僧格桑押令同往金川，行至勒乌围见莎罗奔，始允放回。在噶拉依沿途，见有金川抢去番人饥饿不堪，因系向来认识，是以带出等语。查番人素信喇嘛，听其自去，自系情理所有。该喇嘛本系明正人，即交该土司收管。至带来番众，交五福酌量安插，留心防范。"

谕军机大臣等："阿桂等奏连日筑卡进逼情形，所办尚好。至另折所奏，将脱出之小金川喇嘛安插明正土司一事，所办未为妥协。此等喇嘛既与僧格桑素为接洽，难保其不探听内地之事，与贼潜通消息，断不宜仍留番境。著传谕阿桂等，即将喇嘛齐楚木永仲及其徒扎什车尔真、伊什隆真三人押送来京，以备讯问。"

（高宗朝卷九二六·页三五上～三六下）

○ 乾隆三十八年（癸巳）二月乙亥（1773.3.8）

谕军机大臣等："阅所有各土司全图，以温福现攻之功噶尔拉山计之，喀尔萨尔在其北，其所拟分兵进攻之昔岭又在喀尔萨尔之北。似必须攻克功噶尔拉、喀尔萨尔两处，然后能至昔岭。温福既云觅道，断非仍就此路而行。近据刘秉恬奏称，闻温福派兵自功噶尔拉越山来至簇拉角克沟，由此进攻昔岭，并称簇拉角克沟口距布朗郭宗不过十余里等语。是温福所派分剿昔岭之兵仍须回至小金川地面，再由间道前往，自可绕过现攻险隘，以收腹背夹攻之益。但按图核计，殊难明晰。著温福将现在攻剿道路、山梁形势确定方向，详悉绘图具奏。再，阅图内金川四面皆土司地方环绕，且有官军分布夹攻。惟其北由党坝而出，即系郭罗克界。前曾屡次计及逆酋当穷蹙之时必由党坝逸出，藏匿郭罗克，故令董天弼驻守防截，并谕温福妥酌办理。此时尚未据复奏。著再传谕董天弼，此事专责成于彼。若两逆酋由此路潜逃，董天弼能立时擒获，自当录其功绩。倘漫不经心，任其兔脱，则罪无可逭。或兵尚不敷，不妨据实陈奏，再为添派，免使日后以力弱借口。"

（高宗朝卷九二七·页四下～五下）

○乾隆三十八年（癸巳）二月辛巳（1773.3.14）

又谕："前因计及逆酋当窘蹙之时必由党坝抢掠逃往郭罗克，曾谕董天弼带兵防截。嗣温福奏请令五福前往，彼时因董天弼于番地较为练习，故令其仍遵前旨。今阿桂奏称董天弼从前办理番情意存姑息，不能压服各土司，是董天弼于党坝驻防之事实非所宜。至五福，朕虽未能深知其人，既据温福、阿桂等奏，其明白勇往，年力正壮，自可望其得力。已如阿桂所请行，著再传谕五福，奉到此旨即速起程，务须实力奋勉，加意防范，并善为驾驭该处番众，勿令惊疑。"

（兵部）又奏："定边右副将军尚书阿桂奏称：'四川建昌镇总兵英泰于兵丁鲍化贵等脱逃之案，不能查饬缉拿，应照例降三级调用。英泰系革职留任之员，无级可降，应行革任。'查总兵大员，请照例停其开缺，仍留军营效力。"从之。

（高宗朝卷九二七·页一三下～一五上）

○乾隆三十八年（癸巳）二月壬午（1773.3.15）

谕："川省军务现在尚未告竣，一切应办事宜，均须派文武各员经理。近来虽有于引见时酌量发往之员，为数亦属无多。自应再派文武各十数员前往，以供差委。著军机大臣会同吏、兵二部，于文员中之候补、候选知府以下、知县以上及武员中之应用参、游、都、守等官，公同拣选，带领引见，即行发往。"

定边将军大学士温福、参赞大臣都统海兰察奏："功噶尔拉贼碉，墙坚冻滑，贼番自恃负隅，若拘定进攻，实为非计。查昔岭一路，从前由喀尔萨尔前往，计程三站，若从额森特所经固木布尔山进抵木果木，止须一日。臣温福现由此路赴彼，亲为察看。额森特驻兵昔岭之下，离贼寨甚近，已运大炮二尊轰击。由木果木山梁回看功噶尔拉丫口，反在背后。丫口以下有巴都、智固、德尔拉三卡，过此方抵喀尔萨尔，均可指数。木果木前山腿俱经官兵占据，由尽北一股而下，即系昔岭山脚。其中一股可至色尔里寨，南一股即功噶尔拉贼番后路。噶拉依虽隔山沟，据番人指点方向，相去约不过四五十里。臣等悉心商酌，功噶尔拉派李煦、常保住带兵三千防守，仍似大兵在彼时昼夜攒击。木果木北面山梁派德尔森保、多隆武带兵一千二百防驻。簇拉角克一带派张大经带兵五百防驻，以期迅捣贼巢，不致株守无益。"

又奏："兵丁脱逃罪难宽宥。自大兵进剿以来，川省逃兵多至八十余名，新募者居其大半。缘前岁招募时，均系无业贫民投充之故。臣据各营具报，立即严饬各台站并内地州、县速缉务获。应请敕下督臣，令各路关津隘口派文武员弁稽查。疏纵者，严参治罪；获多者，量加鼓励。"

谕军机大臣等："功噶尔拉路险碉坚，既难立时攻克，自不宜在彼株守，若能设法将昔岭贼碉攻破，可径至噶拉依，自较为便捷。今温福留兵在功噶尔拉以缀贼势，而自领兵至木果木，会合海兰察并力攻剿，自属胜算。但据称，其地与噶拉依尚隔山沟，坡坎甚大，而番子等指点方向，大约不过四五十里等语。所指固属近便，第番性诡狡叵测，其言未必尽出诚心，不可轻信。温福等若攻得昔岭，自应即捣噶拉依。其进兵之路，必须侦探明确方可深入，慎勿为番众所愚。至温福进兵后路，虽派李煦等带兵分守，但其经由之路似在小金川之境居多。而簇拉角克形势尤关紧要，恐总兵张大经防驻尚不足济事。著刘秉恬于帛噶尔角克、簇拉角克等处军营适中最要之地，将美诺现有兵内带领五百名前往驻守，则声势更大，既可资联络应援之益，而后路之防范亦更得力。又另奏严缉逃兵一折，著交与刘秉恬严密办理。至各关隘派员查缉，均须明干能事之人，恐川省人员尚不敷派委。现派军机大臣会同吏、兵二部拣选知府以下、知县以上及参、游、都、守等官文武各十数员，发往川省，以备差委。伊等未到之前，著刘秉恬就现有人员内酌量调派，仍将作何防缉之处附折具奏。"

寻刘秉恬奏："查帛噶尔角克在美诺、布朗郭宗之间，距将军温福大营六七十里，无庸派兵策应。惟簇拉角克正当后路，形势紧要，自系适中之地，臣即当带兵驻守。并咨明将军温福，如有应需之处，就近调用。至美诺距簇拉角克一百七八十里，实为木果木、当噶尔拉两路军需等项总汇之区，遇有紧要事务，于该处调度接济，呼应始灵。臣未便因带兵巡防，将美诺应办事件致有偏废，仍当权其缓急，妥为经理。至兵丁脱逃进口以后，或潜踪本籍，或寄迹他乡，应令各地方官严密访缉。所有军营西路、南路及口外各关隘，嗣后凡有军营遣回及贸易之人，俱应给与照票，查验放行，并严饬各卡隘实力查拿。"

得旨："诸凡妥协，可嘉之至。"

（高宗朝卷九二七·页一五上～二〇下）

○乾隆三十八年（癸巳）二月癸未（1773.3.16）

谕军机大臣等："昨温福奏，功噶尔拉贼碉难以立时攻破，因带兵至木果木山梁，会同海兰察等攻剿昔岭，而留派德尔森保、多隆武、李煦、常保住等各带兵分驻等语。温福相度机宜，故尔分兵另剿。朕按图察看，我兵业已深入，后路各处均关紧要。贼匪本属狡诈，不敢明为接仗，或乘间由大兵之后前来偷袭，亦不可知。殊为廑念。德尔森保、多隆武既派令防守木果木之北面山梁，此一带即伊等专责。倘贼弃碉突出，杀之甚易，著传谕德尔森保等时刻留心瞭望，毋稍忽略，致干咎戾。其功噶尔拉碉卡，久经温福进攻，自不可忽然中止，致贼酋知我分兵。但仰攻较难，而贼众伺隙压下颇易，且窃劫营寨是其长技，尤不可不防。李煦及常保住在彼照常轰击，不过牵缀贼势，原非借其果能攻克。但驻兵三千尽足以资防守，倘有疏虞，则李煦等之获罪不小。著传谕伊等，务须实力奋勉，勿自贻误。昨已谕令刘秉恬带兵五百，于帛噶尔角克、簇拉角克等处驻守。此两处距木果木后山梁不远，而功噶尔拉地方，刘秉恬又曾亲至其地，照应均为便易。著刘秉恬于带兵移驻之便，先往木果木后山梁及功噶尔拉两处察看情形，与德尔森保、李煦等详悉讲论。如有应办事宜，面为商定，妥协调度。仍即据实复奏，以慰廑念。总之，不责伊等以攻剿，而责伊等以守御，毋致温福等有后顾之虑，是即伊等之功。勉之，慎之。"

寻刘秉恬等奏："查木果木后山梁在温福军营之北，翻过山梁沟内即德尔森保等驻扎之地。该处东北直接金川之勒物沟，设卡五处。其附近隘口，安卡二十二处，分布巡防。至贼人所据丫口，在功噶尔拉军营之顶，我兵于山腰设有石卡，每日用炮轰击。复于左右紧要处所，排列卡隘二十九处。防范严密，不致贼人有掩袭之事。"

得旨："览奏俱悉。"

（高宗朝卷九二七·页二〇下～二二下）

○乾隆三十八年（癸巳）二月甲申（1773.3.17）

定边右副将军尚书公丰升额、参赞大臣副都统舒常奏："连日赶铸大炮，施放甚为得力，忽于旁午时炸裂。今铸成食二十斤子大炮一位，与去冬所铸食十六斤子之炮接续轰击。乘此士气奋扬，分道前进。派侍卫富尔赛、巴三泰等由达尔图大碉正面进攻，侍卫彰霭、佛伦泰等由大碉之东西进攻，侍卫乌尔图纳逊、提督马彪等带兵接应。十二日黎明，一齐拥上。贼番见势甚急，有由碉卡沟濠内逃出者，俱被官兵击毙，当令佛伦泰等带兵五六百名向西横进，作取径欲上之势。贼番骤有二三百人从达尔图山梁前来，向西抗御，复经击毙三十余人。此次汉、土弁兵间有伤亡，其三杂谷土兵尤为出力。"

又奏："现令舒常分兵潜往日旁，会合音吉图等击其不备。臣丰升额仍设法攻取。"

谕军机大臣等："丰升额等奏击碉杀贼情形，甚属奋勉。惜杀贼尚少，不能解恨。至所称大炮炸裂一节，前日阿桂军营亦然，此必赶铸太急所致。炮固为军营急需，然必如法成造，方可经久。若过于催趱，火候人工未到，虽取便一时，不能适用。及至损裂另铸，转稽时日。各军营皆不可不知。至炮既炸裂，我放炮、守炮之兵自不能保无伤损。该二处炮裂时曾否伤人？并著阿桂、丰升额等查明，据实具奏。又，另折奏，拟令舒常带兵前往日旁，击其不备，丰升额仍由达尔图一带设法进攻。所筹甚好。丰升额、舒常各宜努力制胜，伫听捷音。"

（高宗朝卷九二七·页二三下～二五上）

○乾隆三十八年（癸巳）二月乙酉（1773.3.18）

谕军机大臣等："虎儿等供，攻克昔岭碉座，分路而下，右手即可抵勒乌围，中间只隔数寨，并非险要，其左手可抵噶拉依。中间虽有色尔里地方，然在此架炮，便可直打噶拉依，此路进兵最便等语。是温福现在进攻之昔岭甚为扼要，易于得手。未知近日情形若何，盼望捷音甚切。但此一路与贼境相通之处颇多，恐贼匪潜出，大有关系。昨已传谕李煦、德尔森保两处加意防范，并谕令刘秉恬带兵适中驻守，与伊等妥筹调度。温福等亦当一体留意，将此传谕知之。"

（高宗朝卷九二七·页二六上～下）

○乾隆三十八年（癸巳）二月己丑（1773.3.22）

谕："据刘秉恬奏，宁远府知府盛英、叙永厅同知林儦皆阿尔泰案内代买物件应行解任之员。查盛英老成历练，熟谙夷情，现在委办宜喜军营、绰斯甲布一路军粮，均资料理。林儦为人循谨，办事勤慎，自调赴西路军营，颇著勤劳。该员等一经罢任，呼应不灵，办事转多掣肘。可否仰恳天恩，于结案时准其革职留任等语。属员听从上司代买物件，尚不得谓之大过。盛英、林儦既系军营得力人员，正资其奋勉出力，伊二人所有阿尔泰案内应得处分竟可毋庸置议。盛英、林儦俱著仍留原任，在军营办事，以励后效。"

又谕："据刘秉恬奏，将军温福现在取道进攻昔岭，迅速移营，但道路初开，恐粮运稍有稽迟，即日驰赴木果木大营，由功噶尔拉一带地方沿途查办，将道路设法开修，台站妥为安设，并催趱在途米石速赴军营接济等语。所办甚好。昨因温福业已进兵，谕令刘秉恬于军营适中之地带兵防驻，并令先往木果木及功噶尔拉两处察看情形。今尚未接奉前旨，一闻温福移营之信，即迅速前往，与朕所降谕旨适合，可嘉之至。刘秉恬向在军机处行走有年，久经历练而又不肯稍存畏难之见，不辞劳瘁，动合机宜，深得大臣实心体国之道。实能副朕委任，深用嘉慰。似此勤劳军务，即与统兵督战无异，刘秉恬著交部照军功议叙，以示优奖。"

又谕（军机大臣等）："番地二月多雪，地气使然，无足为异。今已交三月，节候日就暄和，此后雪当渐少，存者亦当渐次消融，自不致久有阻滞，且温福等现在设法进攻。贼番见雪大路险，料官兵难于轻进，因而防范稍疏，或可乘隙得手，亦未可定，转不必过于焦急。再，赓音素回京，面加询问，据称每次进攻，土练屯兵甚为出力，具见伊等诚心效顺。温福等遇有此等实力奋勉之屯练人众，各宜加以怜惜，常为奖励，益坚其奉公勇往之忱。至阿桂一路是否亦多大雪？官兵进取若何？甚为廑念。丰升额一路分兵进剿，亦未知即能得利与否，并著迅速具奏。"

（高宗朝卷九二七·页三〇上～三二下）

○乾隆三十八年（癸巳）三月辛卯（1773.3.24）

定边右副将军尚书阿桂、领队大臣副都统衔明亮奏："督率官兵用炮轰击当噶尔拉贼碉。纳扎木一路，令德赫布等将营盘、炮台向前设立施放，距贼碉不过一箭有余。现复造得大炮三位，分头摧击，使贼不知从何处进攻。目今贼碉渐已颓毁，惟山高雪大云雾迷漫，兵力实难施展。俟天气稍晴进攻。"

谕军机大臣等："阿桂等奏用炮轰击贼碉，已渐颓毁，因连日雪雾，稍俟晴霁进剿等语。因思雪雾迷漫之际，我既不能时见贼碉，则官兵踪迹贼亦不能窥伺。若乘此时派兵潜往，攻其无备，或因而得手，亦未可知。前此西师恢复瓦尔齐时，曾因雾得胜。温福、阿桂皆所深知，自可仿用其法。但番境坡陡径仄，兼之近日雪深冰冻，与西陲之地可以驰击者不同，则又当各就形势妥办，不宜冒险轻进。将此传谕温福等，与彼询商。伊等务悉心斟酌，以期万全，勿因朕有此旨，稍事勉强迁就也。"

（高宗朝卷九二八·页三下～四下）

○乾隆三十八年（癸巳）三月癸巳（1773.3.26）

谕军机大臣等："丰升额等奏，乘风雪迷漫攻得贼番水泉二处。所办颇合机宜。此贼竟敢接应支拒，甚属可恶。自须急用炮力轰摧，以便乘势攻取。不知近日曾续铸得大炮否？丰升额等于努力奋往之时仍宜留心慎重，期于万全制胜。"

（高宗朝卷九二八·页五上～下）

○乾隆三十八年（癸巳）三月丙申（1773.3.29）

谕："据阿桂等奏，于二月二十五日夜，分兵四路攻取贼碉。三宝、绥库等在纳围西边山腿一路督领官兵，拔开木栏，跃过深壕，推倒石墙，并将北面碉根刨挖毁拆，砍杀贼众五十七人、头人克窝一名，遂将自西而东之第五碉占住。其东面各碉贼人前来接应抵拒者，又被官兵枪箭杀死四十余名。纳围、纳扎木两路亦击死贼人二三十名，并抢获军械等物。所有贼碉联络之势现已中断，仍设法绕截分攻等语。均属奋勇可嘉。而攻碉杀贼，则三宝、绥库等尤为勇敢。三宝、绥库等著交部从优议叙。阿桂、明亮调度有方，其余各将领亦俱奋勇出力，均著交部议叙。并著阿桂将在事将领弁兵等实在出色应加鼓励者，查明奏闻，交部分别查办。"

（高宗朝卷九二八·页七上～八上）

○乾隆三十八年（癸巳）三月丁酉（1773.3.30）

谕（军机大臣等）曰："温福等奏，于二月二十五日，分兵五路攻取昔岭贼碉。内额森特、巴雅尔率领官兵进攻第九、第十两碉，将火弹抛入贼碉，乘贼惊溃，官兵一拥向前，杀贼四十余名，余俱被火烧毙。又海兰察与额森特、乌什哈达、普尔普、马全、阿尔素纳复合力连攻数碉，贼退避碉内，因借撤回之势引贼出碉，回身杀死一二百人，并获口粮、铅药等物。现已夺住九、十两碉，仍乘胜攻剿等语。此次官兵不避枪石，破碉杀贼，均属可嘉。其中海兰察、额森特、巴雅尔、乌什哈达、普尔普、马全、阿尔素纳尤为奋勇出力，著交部从优议叙。温福董率有方，其余将领亦俱奋勇，均著交部议叙。其官兵内有实在出色应加优奖者，并著温福查明，分别咨部查办，以示鼓励。"

谕军机大臣等："温福进剿情形甚属得势。惟阅进到图内其第九、第十两碉，虽已攻破，尚难据守，而七、八两碉又坚大，不能即克。或可从官兵所有卡子处添设营卡，斜连向上与九、十两碉旧址相接，以隔断贼势；或将五、六两碉设法攻取，即从官兵所有卡子处添卡直上，以断贼往来之路，其余各碉自难存住。就图而论，自当如此办法。今将图内用纸标记，可询商温福，若该处情形能照此筹办，自为便捷。如事不可行，亦不必因朕此旨，稍为勉强。至由昔岭往噶拉依之路俱有横墙拦阻，其墙不过贼番借以联络挡蔽，与所筑碉卡不同，用炮轰摧自当即时颓圮。官兵就其破处乘势直进，彼横墙复何足恃？又阅旧有全图内，布拉克底之北有地名曾达，可通噶拉依。其地已在河东，且图内路径似觉稍平，何不从此路进取？该处与阿桂军营相近，已将原图内此一节绘出，寄交阿桂筹办。"

又谕："前以党坝地方紧要，曾谕董天弼往彼防驻。嗣经阿桂奏董天弼前随阿尔泰办事，意存姑息，于党坝驻防非宜。故复谕温福等，即令五福前往防守。今据温福奏到，接奉前旨，已严饬董天弼即赴党坝，并调五福赴布朗郭宗。此时即毋庸复调五福前赴党坝。总之，党坝、布朗郭宗两处巡防事宜均属紧要，转不必拘泥前旨，彼此往返更调，徒致稽延。温福、阿桂正在进兵之时，无暇办及此等事务。著传谕刘秉恬，就此二员内现在何人已赴党坝，即令所留之人在布朗郭宗一带经理抚辑弹压诸事。"

又谕："前因丰升额由绰斯甲布一路进剿，恐原有兵力稍单，是以谕令温福等酌量抽拨，调往协剿。今据刘秉恬奏称，前调川兵四百名已经拨往应用。又，温福请将派驻美诺之五百名兵拨赴党坝，嗣刘秉恬即以在省调拨之兵如数派往。共计约有千名，绰斯甲布添此兵力，自足以资防剿。是阿桂昨请添调黔兵之处，更可无庸再办。"

（高宗朝卷九二八·页一〇上～一三下）

○乾隆三十八年（癸巳）三月壬寅（1773.4.4）

定边右副将军尚书公丰升额、参赞大臣副都统舒常奏："达尔图山顶系金川紧要门户，距勒乌围贼巢路近而直。臣等密令巴图鲁侍卫及将弁等分路埋伏，相机袭取。二月二十八日黎明大雾，忽有贼番五六百人，分为三股潜图劫掠贮炮营盘。当经侍卫佛伦泰等带兵压击，复经派往左手理伏诱敌之兵冲截搅杀，立歼贼番五六十人。其右手派往之巴图鲁章京官达色等率兵合剿，贼番不敢抵拒，躲向碉根，施放枪炮。臣亦将大炮向贼丛中轰击，又毙数十人。臣舒常攻取日旁，筹画前进。惟铸炮铜斤尚未到营，已饬知赶运。又据领兵将弁等禀报，营内取柴汲水兵丁失去六名，业将该营千、把总斥革责处。因思贼番屡放夹坝掠害官兵，我兵即于贼番出没之处埋伏搜杀。当已杀贼数十人，兵丁亦酌予奖赏，以示鼓励。"

谕军机大臣等："丰升额等奏，设法进攻达尔图。看来金川贼番于防拒诸事，较之小金川尤有算计。每图潜行劫掠，甚为可恶。今我兵均能预先知觉，妥为防范，便可无虞。现在丰升额等或昼或夜随机攻剿，所办俱好，亦只可如此。至所需铸炮铜斤关系紧要，已谕刘秉恬上紧趱运，并令富勒浑速筹接济。丰升额等于铜斤物料解到时即赶铸大炮轰击，克期集事。至达尔图山梁拒守既坚，自系其险要门户，想日旁一带亦然。丰升额、舒常现在分路进攻，不拘何路先克，即可乘胜迅入。但合计丰升额、舒常两路之兵俱不甚多，专事分攻，尚恐不能得力。今或于日旁地方酌量留兵少许，以缓贼势，而密撤日旁之兵，潜往达尔图并力攻打，以出贼番不意，或即能得手，亦未可定。著传谕丰升额等，善为筹酌。至丰升额等奏贼番屡放夹坝，亦令官兵潜伏杀贼等语。所见甚是，此亦将计就计之法。即温福、阿桂两路均当仿此办理。"

（高宗朝卷九二八·页二〇下～二二下）

○乾隆三十八年（癸巳）三月甲辰（1773.4.6）

定边将军大学士温福、参赞大臣都统海兰察奏："臣等分路进攻昔岭，自二月二十七日以后大雪数日，高处积至二三尺不等，难以仰攻，昼夜用炮轰击。贼番知大兵会攻昔岭，蚁聚死守，功噶尔拉一路自必空虚。当派乌什哈达、曹顺等带兵千名，往会李煦、常保住等，分兵三路协同袭击。旋于初二日寅刻进发，曹顺及赏戴花翎司骟托尔托保带领瓦寺、沃克什土兵七八名越众先登，逼近贼番第一卡，杀死十数人。时中路官兵已至卡根，有贼数百人前来接应，被官兵歼毙甚多。其从右边前进之兵已到山峰，杀毙碉内之贼亦复不少。现催铸炮物料，一俟解到，即行赶铸大炮，乘势进攻。"

谕军机大臣等："温福等奏，分派官兵猝攻功噶尔拉山口，都司曹顺及赏戴花翎司骟托尔托保奋勇杀贼，实为可嘉。著各赏缎二匹，土兵七八名各赏银两，即从彼处支给。"

又谕曰："温福奏，现在军营积雪，高阜处尚二三尺。似此冰雪凝寒，自难急于著力。官兵遇有杀贼攻碉之事，原当勇往向前，若于冻滑中冒险而行，转属无益而有损。且温福等现在带兵之人俱非懦怯不前者，断不虑其托故迁延。倘冒昧轻举，致士卒稍有挫碍，实觉不值。而将军及诸大员尤不宜履险径行，所关甚巨。今已时届春深，日就和暖，雪既少而冻亦渐消。约计闰月以后，人力即易于施展。温福等惟当蓄锐待时，以期制胜，又何必急急于此日耶？至贼众所恃惟知踞险，此外更无他技。今各路进剿，务在捣其巢穴，谅贼番必不能久抗。即或未能灭此朝食，亦不过时日稍延。温福等当深体朕意，更无庸虑及军中用度之不足也。至需用大炮一事，若美诺所存可以运往，固属甚便；倘或路险不能，亦勿勉强。顷已谕令温福、刘秉恬会商妥办。如竟商有可运之法，则沿途当派得力将领带兵防护，切不可仅委文员率夫搬运。刘秉恬于此一节尤宜加意，毋稍疏虞。至于炮之炸裂，究系火候功夫不到。盖铜料必须镕炼净纯，不使稍存砂眼，方能匀整得用。即铸造时，每位多费数日炼铜之功，虽缓而可以经久，胜于急就之另烦冶铸多矣。"

（高宗朝卷九二八·页二三下～二五下）

○乾隆三十八年（癸巳）三月丁未（1773.4.9）

定边右副将军尚书公丰升额、参赞大臣副都统舒常奏："攻扑达尔图大碉，官兵奋勇进至半坡，贼人放枪掷石，侍卫佛伦泰等首先冲至，砍断木栏，蓝翎侍卫富尔赛等即掷火弹，将护碉短墙攻破，贼番惊窜，俱被官兵击毙。随进攻前面大碉，雪深冰滑，难以措手。贼番在濠中抗拒，自午至酉杀贼约八九十名，弁兵等亦间有伤损。臣舒常攻取日旁。派令侍卫普吉保等带兵直抵濠边，濠堑甚深，用蜈蚣梯垂下，不能到底。因令官兵将所备柴捆排立，以御枪炮。用喷筒火弹，伤毙沟中贼番。碉卡内枪石紧密，复派参将马应诏带兵从北涧箐林中潜往夹攻，毙贼三四十名。"

谕军机大臣等："丰升额等派兵攻剿，虽未能破其碉卡，各员内如佛伦泰等俱能鼓勇争先，击杀贼众，亦属奋勉。俟将贼碉攻得，再行议叙。其官弁兵丁内之受伤、阵亡者，俱著查明咨部，照例赏恤。至于冰雪冻滑，官兵难以径进，亦只可如此相机酌办。现今已届春深，天气日渐和暖，大约闰（三）月以后，雪霁冰融，自更易于用力。总之，三路之兵不拘何路得手，其余各路贼众势将自溃，便可迅奏肤功。著传谕温福等，各宜努力筹办，贮听捷音。"

（高宗朝卷九二九·页七下～九上）

○乾隆三十八年（癸巳）三月己未（1773.4.21）

定边将军大学士温福、参赞大臣都统海兰察奏："昔岭第五碉形势高耸，若能攻得，则北面四碉、南面三碉皆易得手。臣海兰察连日带兵拿卡五座。造一炮台，与贼第五碉相离不及一箭，运上三、四号炮位向碉轰击，贼碉大半破坏。十七日亥刻，官兵奋力鏖战，痛加歼戮。十八日黎明，遇雪少休，午间又复前进，逼挖碉根，复因雨雪不止，结卡歇息。再，前奉谕旨，据阿桂所讯贼番伊什供词，内有听得功噶尔拉一路打不进来，如今要退走昔岭等语。查此次进剿昔岭，原因乾隆十三年由布朗郭宗进兵纡远，是以改从功噶尔拉丫口北边开路而行，一过山梁即金川贼境。在木果木山顶察看形势，功噶尔拉丫口已在背后六七十里。若攻过昔岭，不特可至喀尔萨尔，并可径攻噶拉依。臣现已越过功噶尔拉，设法进取，并未敢将官兵撤退绕行。所有木果木一带地图，臣前经屡次绘进，自蒙圣鉴。"

谕军机大臣等："温福等奏攻剿贼番第五碉情形，将领弁兵等出力奋勉，均属可嘉。第因冰滑雪深，未能迅即得手。原不必过于焦急，渐即春深候暖，可望雪霁冰消，自更易于集事。温福惟当相机妥办，伫听捷音。至另折复奏移营木果木一事，温福初至功噶尔拉，原期并力进攻，嗣以该处径窄碉坚，急难施力，因留李煦等在彼牵缀贼势，自由间道绕至木果木，与海兰察合攻昔岭。奏到时，朕方嘉温福办理之得当，深为嘉悦。至阿桂前奏金川贼番供词，毫无关碍温福之语。朕之传谕询问，亦以贼番既知温福等在彼撤兵，必心生疏懈，转可为出奇制胜之策，并未疑及温福之退怯不前。且温福自功噶尔拉移营木果木，已由间道绕进六七十里，即使仍退由美诺等处再赴昔岭，亦不为过。朕实未因此稍存嗔责，温福又何必过于疑惧多心若此乎？大臣委任军旅为国宣劳，朕时加体恤。苟非实有大过，无不格外矜全。即平时有嫌之人思欲逞私倾陷，其伎俩焉能在朕前尝试？朕亦岂肯容其设计中伤？温福在军机处甚久，宁不知朕办事光明正大，而为此断断置辩乎？况将军等奉命剿逆，所办同系一事，原不宜稍分畛域。今正当紧急进攻之时，温福以大学士膺将军之任，尤当有休休之度，岂可以此等事芥蒂于中乎？将此传谕温福、阿桂，务当共体朕意，努力办公，毋存私怨。"

（高宗朝卷九二九·页二四上～二六下）

○乾隆三十八年（癸巳）闰三月辛酉（1773.4.23）

谕军机大臣等："丰升额等乘夜进剿，调度颇为合宜，在事之将领弁兵亦俱能奋勉出力。乃为风雪所阻，实觉可惜。向后渐暖，伫望捷音。至贼番敢于屡次滋扰，甚属可恶。且军营后路运送军粮、火药，关系紧要，尤不可不严加防范。今鄂宝将驻守各员分定界限，会哨巡查，固足以杜推诱而专责成。但此等贼匪以抢掠为常事，若不重示惩创，不能使之畏惧。贼众既能于林箐中放夹坝，官兵何不可潜伏杀贼多歼数人？庶几深知儆畏，不敢轻出，方为妥善。丰升额现在带兵进剿，不能分心兼顾，著将此事专交鄂宝，令其酌量多派官兵，实力妥办。"

（高宗朝卷九三〇·页一下～二下）

○乾隆三十八年（癸巳）闰三月壬戌（1773.4.24）

定边右副将军尚书阿桂、领队大臣副都统衔明亮奏："当噶尔拉山梁前于所克第五碉设立营卡，横断贼碉，尚未扼其要害。若将靠西山梁第一双碉之东第二碉攻得，则纳扎木三、四两碉更易攻取。再将紧接纳围之第八碉占据，六、七两碉左右皆是营卡，贼势更孤。当拨官兵于二十一日夜间陆续分进，潜至各碉崖礅之下，贼番立栅防守，官兵枪箭齐发，拔栅过濠，攀援直上，贼番纷纷溃逃，被官兵追杀并堕入崖下雪中者约一百余人。其进攻第八碉及攻靠西山梁第二碉之官兵亦竭力奋攻，未能遽克，因日午冰融，暂行撤回。已将所得碉卡拆毁，派兵拿卡，与前所得第五碉联络驻守。其迤东、迤西各碉，即可相机进攻。"

谕军机大臣等："阿桂等奏攻得山梁第四碉一折。在事之将领弁兵等奋勇可嘉，著阿桂等查明存记档案，俟山梁碉卡全行攻得，再交部议叙。其阵亡之汉、土兵练及受伤之官弁兵丁，并著阿桂等确查咨部，照例恤赏。至第四、第五两碉连次攻得，已隔断贼势，令其首尾不能照应。就此情形，即由攻克碉卡之处乘胜深入，固无不可，但山梁未净，贼碉尚余六座，若不一并攻克，则后路未能肃清，或为贼所阻截，转属不成事体。阿桂务须设法全数扫除，使官兵得以遄进无滞，尤为妥善。向后天气渐暖，冰雪日融，自更易于得手。三路中有一路攻进，其他贼势自然溃解。将来大勋克建，虽劳绩维均，而先得首功者自必更膺茂赏。著传谕阿桂等勉力为之。"

（高宗朝卷九三〇·页五上～六下）

○乾隆三十八年（癸巳）闰三月庚午（1773.5.2）

谕军机大臣等："阿桂等奏严拒贼人投禀一事，所见甚是。金川贼番屡次喊求投禀，不过欲借以窥探军营消息。若其计得售，即因以缓此一路之兵，便可撤出贼番，另为别路抵御之用，断不可堕其术中。倘贼番以送出僧格桑为辞，尤不可听。逆酋如果稍知畏服，从前即不应为小金川帮兵抗拒，即僧格桑投窜至彼，亦当立时擒献，不应复为容留。今见事势穷蹙，始欲借此以求幸免，其情罪实难轻宥。现在官兵各路进攻，惟有并力扫荡贼巢，擒缚两逆竖，以申国法而靖诸番，更无别有游移之见。如此严切饬谕，令土目等高声传告，庶足使逆酋丧胆，不敢复生希冀。而助剿之土司、兵练等知官兵务在必灭金川，各无后虑，并坚其踊跃用命之心。即将士等知此次用兵有进无退，亦可励其勇往图功之念。若金川竟将僧格桑送至军营，则前此屡降谕旨甚明，即可遵照妥办。至所云两路将军俱已具禀，若果有其事，温福等早应入告。其为诡说，已属显然。盖贼番借彼两路为词，以图耸听。其于彼两路谅亦用此伎俩，温福练习已久，自不为其所惑。惟丰升额初经任用，阅历未深，恐临时尚无定见，可将此详悉谕知。再，阿桂等奏贼番屡次偷劫土兵营卡，俱经击退追杀。此等土兵出力者，著阿桂传旨酌赏。贼番偷击营寨，乃其常技，且知伺隙潜踪，接踵再至。是贼番颇谙兵机，其顽悖实为可恨。惟当随地随时严加防范，不可丝毫疏懈。若筹画略有未周，所关非小。"

（高宗朝卷九三〇・页二〇上～二一下）

○乾隆三十八年（癸巳）闰三月壬申（1773.5.4）

定边右副将军尚书公丰升额、参赞大臣副都统舒常奏："臣等连日察看，贼众虽觉增添，防守亦密，而放来枪炮子内间有内裹石块外用铅包者，其铅丸缺乏可知。随饬知经管火器将弁，将大小枪炮子俱用生铁铸造，使其不能毁作。大炮现已铸成，一二日间即可轰摧碉卡，一举克获。"

谕军机大臣等："丰升额等奏连日察看贼情一折，不谓伊等竟能用心及此，甚属可嘉。今大炮已经铸成，天气亦渐和暖，自更易于得力。丰升额等益当奋勉成功，用膺懋赏。看来贼匪抗拒已久，其铅丸等项自必日渐缺乏。此路贼情如此，其昔岭、当噶尔拉两路亦大略可知。温福、阿桂并当留心体察，妥为筹办，及时乘间攻克，迅速扫穴擒渠，以待酬庸渥典。至鄂宝奏觉木交贼番滋扰，此事甚有关系。其地既距贼碉甚近，贼番屡出窥伺,自系贼中要隘。万一探得我兵单弱,纠集突来,截我后路,致卓斯甲布一路军营、饷道、台站略有梗阻,尚复成何事体?鄂宝何竟不能计及于此,仅以镇静坐守塞责乎?据称觉木交山前即系贼境,左右有沟二道俱通金川,此次夹坝即自鄂班山口而出,是此两沟卡隘,贼必在彼屯聚。若能趁贼番碉卡未多之时,乘其不备,带兵夺取,既可进逼贼境,以断其在后滋扰之路,或并可由彼相机进取,为得寸则寸之计,以此张我官军应援声势,于全局亦甚有益。但此等机宜非鄂宝所能办及,朕又难以遥为揣度,因以深切廑怀。其地距阿桂军营较近,著阿桂就该处情形速即悉心筹画,应作何妥办之处,一面调度,一面奏闻。至觉木交设兵三百十余名,其各处防守又有兵一千一百余名,是该处防兵原不为不多,而分之则未免见少。若能减无益之分防,归并有用之地,自可资其实济。但觉木交地方尚未办妥,恐其间路径纷歧,防兵又未便遽撤,更不得不急为布置,使无罅漏。或兵力尚觉不敷,不妨稍为添拨。因思成都省城距鄂宝办事之处尚不甚远,调兵亦易。所有驻防满洲兵前已调赴军营一千,尚余一千名,在省亦无必需之处,或于此内酌调若干名前赴觉木交,较为捷便。"

(高宗朝卷九三〇·页二三下~二六下)

○乾隆三十八年(癸巳)闰三月甲戌(1773.5.6)

谕军机大臣等:"金川贼众乘隙前来,侵我所拿卡座,而碉卡内之贼仍然用力抵拒,看来能战而又能守,实属可恨,必应痛加剿灭。今将军等深知彼处情形,相机办理,而官兵又奋勉勇往,从此天时渐暖,冰消雪化,自可伫听捷音。"

又谕:"阅温福进到地图,东、北两面俱系官兵营卡,声势甚大。其东南隅,即系功噶尔拉丫口,而总兵张大经所驻之处,相近丫口背后贼碉。其头道卡子距丫口背后似觉直捷,因用朱笔标记其处。若派练习将领带兵由彼径至丫口背后,定期令李煦等仍由前面进攻,照应夹击,使贼番两面受敌,力不能支,必将自溃,似乎事半功倍。又,乌什哈达等攻得木城碉卡处,据称现在仍向压攻,其间仅隔贼番两木城及碉卡三座,若能迅速克获,即与现有官兵营卡相连。亦于其处用朱笔画道圈记,必须上紧攻取。此一路若能攻得,则官兵渐逼向西,局势更展,与额森特现驻之一带卡栅气脉联络，可成犄角之势，自此以东皆成内地。其牛天界、二达色两路所安之卡，均可无庸再设。即将此路防守各兵减撤，并攻昔岭，似更得力。但此仅就图指示，其实在形势若何，是否可以如此办理，朕亦难于悬定。著传谕温福即将指记之处，悉心斟酌可行与否，一面办理，一面奏闻。"

（高宗朝卷九三〇·页二九上～三〇上）

○乾隆三十八年（癸巳）闰三月丁丑（1773.5.9）

四川总督刘秉恬奏："据总兵张大经禀称，初二日有副都统乌什哈达等，带兵一千五百名驻扎簇拉角克西口，令于各卡挑兵三百，拟于初三日五鼓进攻达扎克角等语。查将军温福既派兵由此路进攻，自应多备官兵接应，当令游击保宁挑兵二百名前往。初五日探知乌什哈达等已于初三日进兵，抢获贼人碉卡数座，我兵即在彼修理石卡、木城以防抄截。"

得旨："嘉奖。"

（高宗朝卷九三一·页四上～下）

○乾隆三十八年（癸巳）闰三月己卯（1773.5.11）

谕军机大臣等："丰升额等奏进攻日旁，又据阿桂等奏分攻纳围、纳扎木杀贼各情形。此两路将领弁兵俱甚奋勇出力，俟攻得险要，一并交部议叙。其两路官兵内有阵亡及受伤者，并著查明，照例咨部赏恤。又，丰升额奏新铸之炮同日忽俱炸裂。皆由铜质不净之故，已传谕刘秉恬等妥办矣。军营所需大炮，甚为紧要，铜斤一到，即行赶铸应用，自不肯多延时日。但铸炮期于经久，而购办铜斤原难必其十分纯净。若镕炼不到，屡次炸裂，不能应手，则又莫如略宽其期，精炼妥铸，以资永远利用，俗语所谓担迟不担错也。此后铸造炮位，应令工匠等细加试验。如实系足色净铜，即行入炉成造；若其中带有铅沙及将裂炮另铸者，务宜淘炼极净再为熔铸。毋止图速成，不计工候，又致另烦炉冶，转多周折稽延。再，丰升额奏炮位轮流轰击，各放十余炮即俱炸裂，而阿桂亦称大炮轰击过多，又经裂损。是炮之屡炸，未必非施放太急，不复察其冷热得宜所致。即如鸟枪，连放数次后枪筒即热，须待稍冷续放，方为妥利。炮体较枪身数百倍之大，热更久而冷更难。若急于装药，不令消停，以火力逼热铜，难保其不燥烈旁出，此亦自然之理，各路军营用炮时，皆不可不加审慎。再，丰升额另折奏，金川投出之番人噶达尔结一名，言词似觉明白，尚堪驱策等语。此则未妥。番性奸诡叵测，其外貌明白者，其心必更狡黠，今令随营效力，难信其果专意输诚。即云军营机要非彼所能窥测，亦不虑其侦探泄漏，但此等番人与绰斯甲布土练等原属同类，岂能防其不暗中蛊惑离散众心？况留于军营既不能借其招致他番，或军行进退间轻信其言，转致误堕术中，所关不小。丰升额等于军营阅历未深，尚未能体贴及此，留之无益而有损。著即将噶达尔结押解成都，交富勒浑严加看管安置，毋致疏脱。又，阿桂奏，脱出小金川番人嘉噶尔布木供称，闻得索诺木差人问其姊与僧格桑能离与否，其姊言在小金川时与僧格桑原未同住，索诺木就将僧格桑与其妾并头人七图安都尔等同送到勒乌沟内克思果木小寨居住等语。观此则金川逆酋欲俟将来送出僧格桑，以图解免之计，其迹已经显露。若送来时，断不可稍涉游移，屡次所降谕旨甚明，温福等各路均应遵照妥办。至金川贼番较之小金川更能打仗，实为可恨。不特其大头目当歼戮无遗，即小头人亦皆不可轻赦。纵或穷蹙来归，不应如小金川降人复令管辖番众。盖进剿小金川时，其来降头目略予加恩者尚欲借为诱致金川番目之用。今平定金川，其余诸番自皆帖服，更无所用其别示招徕，断不可令遗孽尚留，复致滋蔓。惟各处番人之未为贼酋出力者，尚可使之仍安耕作。温福等皆当预操成算，以归妥善。至阿桂初九日进攻尚遇雪雾，彼时未交夏令，番地山寒，亦无足怪。今已立夏，天气渐暖，冰雪日就消融，自更易于得手，伫听捷音。"

（高宗朝卷九三一·页五上～八上）

○乾隆三十八年（癸巳）闰三月壬午（1773.5.14）

谕军机大臣等："温福等奏进攻道路情形，与朕前次所降谕旨用朱笔标记处适相符合。今官兵既两处联络，直逼西、南，其东、北两面皆成内地，所有原设卡兵自应抽并攻剿，则官兵声势愈大，自更易于得力。至喀尔萨尔一路，虽向南进攻，相距不远，但其处亦系贼番要隘，恐攻取又需时日。若进剿色尔里寨，既可绕过昔岭，且前据虎儿供，在色尔里即可用炮平打噶拉依。是此路更为直捷。但进兵之后，喀尔萨尔及昔岭两处之贼或能来截我后路，不可不留心防范。至沟内林深箐密，若仅砍树而行，难期迅利，或乘天晴日暖之候，用干柴、硝焰纵火焚烧，则通道既速，贼亦必不能伏匿，较之兵力剿洗更为事半功倍。但须顺风施行，方能有益。惟此时正是夏令，树木茂密，非若冬间枯燥者可比，火攻是否相宜，朕亦难于悬定。著传谕询问温福，令其就该处情形妥协筹酌，一面办理，一面奏闻。"

又谕曰："温福奏军营箭枝缺乏，向富勒浑咨取。朕思彼处工匠断不及京城，著将武备院收贮之箭挑选六千枝，派春宁等分起送往。并传谕温福、阿桂、丰升额等，除将行取成都箭枝赏给兵丁外，此项由京解往箭枝，于各队内择其勇干能杀贼者酌行给与，不得滥给，以致枉费。"

又谕："著派御前侍卫副都统春宁、乾清门侍卫辅国将军景熘、三等侍卫特成额各带箭二千枝，驰驿分往三路军营赏给兵丁。特成额著往丰升额军营，春宁往温福军营，景熘往阿桂军营。春宁等到彼留住一日，即速回京，以便询问彼处情形。"

（高宗朝卷九三一·页一二上～一三下）

○ 乾隆三十八年（癸巳）四月己丑（1773.5.21）

谕："据阿桂等奏，军营兵丁余忠患病，派新兵白乐尧送回吉地调养。该兵将路票挖补，改写送出炉城字样。行至吉地，经驻扎该处之参将吴锦江看出挖补情形，并不根究，听其回至成都。经参将图桑阿查知，将白乐尧差弁押赴军营，复又乘间逃脱，现在通行严缉。请旨将吴锦江革职，留于军营效力等语。兵丁奉差舞弊，情罪最重。该参将吴锦江既经察出路票挖改情弊，自应即将白乐尧严审重惩，乃并不立时拘究，仍听其自行前往，实属膜视轻纵。吴锦江著革职，留于军营，自备资斧，效力赎罪。至白乐尧因军营派送病兵，胆敢将路票挖改，及至成都后，经查出押回，又复中途逃脱，甚为可恶。著富勒浑等速饬严行踊缉务获，即于拿获之处讯明正法，以昭炯戒。"

又谕（军机大臣等）曰："阿桂等奏称，现攻纳围之第六碉与纳扎木之第三碉，先令我兵于第一及第七碉正面向前接拿卡栅，仍拟觅间于山梁东西分扑，使贼人无从揣度。自是正办。温福等奏称，乌什哈达等带兵由达扎克角沟压下，攻克得斯东寨，贼番皆逃避对面木城。乌什哈达等所带仅二千人，兵力尚不甚足，温福等或虚作攻昔岭之势，而撤精兵为乌什哈达等进剿之用，于事更为有益。又喀尔萨尔贼碉亦须仰攻，恐未能克期制胜。前奏达扎克角山沟南通喀尔萨尔，由西可至色尔里，中间林深箐密，温福拟令兵丁砍伐树株而行，曾降旨询商，令其酌用火攻之法。若果得有路径直逼色尔里，则我兵声势愈大，且距噶拉依不远，昔岭将不攻自溃，实为事半功倍。又据称，十八日因遇风雪暂时撤兵，阿桂亦称连日雪雾，彼时尚系闰月中旬，今已交四月，夏令渐深，自当日就暄暖，各路军营当乘时努力为之。再，阿桂奏，讯据革布什咱脱出番人沙克置布木供称，勒乌围牛、马、羊、猪瘟死，人亦多病。今噶拉依人畜亦俱害瘟。此实群逆罪恶贯盈，自取灭亡之兆。又据温福所讯脱出小金川番人萨布嘉供词，称金川待僧格桑光景平常。并闻百姓私议，言僧格桑是金川祸根，不如早早献出。可见索诺木等诸逆犯久已蓄心，俟窘迫时献出僧格桑为解免之地。屡次所降谕旨甚明，将军等自各胸有定见，勿因此稍有延缓，使群逆得以久稽显戮。"

定边将军大学士温福、四川总督刘秉恬奏："闰三月初五日提督李煦、副都统常保住禀称，本月初四日夜，有贼从东北山梁潜来扑卡，弁兵有被伤者。东北山梁距金川甚远，断非金川贼匪，或系小金川、沃克什等处换班穷番前来偷窃等语。查该处逼近功噶尔拉丫口，明系金川贼众。该提督等失于防范，诡词捏饰，谨据实参奏。"

谕军机大臣等："李煦、常保住派驻功噶尔拉防守，实其专责，乃既疏懈于前，复敢捏报于后，实出情理之外。将李煦、常保住革职，即于军营枷号示众，并令温福传谕德尔森保等加意慎防，毋蹈覆辙。至刘秉恬现驻簇拉角克，为军营紧要后路，所有分派防守隘口各员，并当饬其留心防范，毋稍玩忽干咎。"

（高宗朝卷九三二·页一下～九上）

○乾隆三十八年（癸巳）四月丁酉（1773.5.29）

定边将军大学士温福、参赞大臣都统海兰察奏："臣等由达扎克角山梁夺获得斯东贼寨，随攻对面高峰木栅，因连日雨雪，未能攻克。二十五日亥时，于雪雾中乘贼不备分兵进攻，额森特等直抵碉根，杀贼二十余名，夺卡拆碉，富兴等抵木栅近处。贼在高处放枪抛石，又限于泥泞，随行撤回。贼来冲截，我兵迎战，杀贼四十余名，余皆败窜。"

谕军机大臣等："温福等此次剿杀贼番，官兵皆各奋勉。但杀贼究少，今天时已热，雪渐消化，若相机尽力，自必夺取要隘深入。此际彼处情形若何？著即作速奏闻。"

又谕曰："温福奏近日攻剿情形，又将原图签说复奏。据称朱笔所标道路，从此抄截功噶尔拉丫口之后，实为直捷。从前曾派土兵悬绳而下等语。是朕现在所指之处温福早经筹及，甚属可嘉。至另签所称攻打木栅，其地最为隘要，自当上紧攻打，以期乘间深入。又于山冈粘签，称此处有小路斜通萨木喀，亦系抄截功噶尔拉之后。但深沟密菁，必将沟内贼寨剿洗方可进攻等语。就图中所列形势而论，官兵既经攻占之山与萨木喀贼寨仅隔一峰，似不甚远。今称沟内贼寨尚多，则此沟必在两山中间，难于画出。温福惟当相机筹画，努力妥速为之。又，同日阿桂等奏称，二十日夜，官兵乘大雨将八处石卡攻获。复于二十三等日乘夜潜至碉卡，尽力攻击。又，德赫布等奋击潜出碉卡之贼，立毙十余人各等语。连次派出之将领弁兵攻碉杀贼，均属奋勉，但尚未得实在险要，难以交部议叙。即温福一路官兵亦然。均著查明存档，俟将来一并交部录叙。"

（高宗朝卷九三二·页二〇下～二二上）

○ 乾隆三十八年（癸巳）四月戊戌（1773.5.30）

又谕（军机大臣等）："昨以丰升额一路兵力稍单，因传谕图思德令将原备之兵选派二千，迅速起程前往。今思添调黔兵原为协助进剿之势，若黔兵到时，丰升额业已攻克日旁等处，进攻勒乌围，自当令调到之兵随其继进。若日旁尚未攻克，或温福、阿桂两处不拘何路攻得要隘带兵深入，即当令此二千黔兵由彼接续而进。若两路俱已攻得，则将黔兵各分一千相随续进，以壮声势，尤足令贼番丧胆，而于后路声援亦更为得力。朕偶念及此事，特为详晰谕知。温福等于黔兵到时，查何路急需续进，即飞檄贵州带兵之员，令其遄程驰往，以资实用。"

（高宗朝卷九三二·页二四下～二五上）

○乾隆三十八年（癸巳）四月壬寅（1773.6.3）

定边右副将军尚书公丰升额、参赞大臣副都统舒常奏："近查得珠孜寨对面有路盘旋而上，即派领队大臣永平等带兵从此处仰攻，与日旁西大营东西夹击。并令达尔图军营同时并举，以牵贼势。"

谕军机大臣等："丰升额等奏称现在筹画分路进兵，合攻要隘。如此悉心筹办，伫望捷音。近来各路进攻俱为冰雪所阻，问之章嘉呼图克图，云彼处四月十一日以后，即不复有雪。兹已交四月半，自当日就暄和，兵力更易施展。温福等惟当知金川不灭不休，断无中止之势，努力图功，以成懋绩。"

（高宗朝卷九三二·页三三上～下）

○乾隆三十八年（癸巳）四月丙午（1773.6.7）

又谕（军机大臣等）曰："丰升额等奏分兵攻打日旁，虽亦歼戮贼番，尚不足使贼众畏惧。至贼既能分头来扑，我兵何不能预为分头防截？看来官兵等未能得进，不免稍懈。丰升额当设法鼓舞于激励之中，兼寓慰劳之意，使众皆感激奋勉，以期于事有济，不必徒事催迫也。至日旁一路为进攻勒乌围要隘，自宜上紧攻打，即或未能速进，而有兵力牵缀，亦足分贼番之势，使之疲于奔命。丰升额等惟当相机妥办，不可稍有退懈。"

（高宗朝卷九三三·页七下～八上）

○乾隆三十八年（癸巳）四月庚戌（1773.6.11）

谕军机大臣等："温福等奏官兵攻取木城时，有小金川番兵二名先登上栅，甚属可嘉。如此，何以官兵反不能上登？此二兵究竟如何？或登城为贼所害，或并无妨碍出来，折内并未声明，朕深为轸念，著查明复奏。"

又谕曰："温福等仰攻昔岭，现既无隙可乘，即分兵夹击亦属无益，且兵数既分，不免单弱，自当并力攻剿木栅，则声势既盛，攻取自易为力。况木栅占在山坡，地势尚属平坦，一取木栅，即可直扑喀尔萨尔。虽贼番坚守昔岭，亦不足虑。或众贼见我攻得木栅，由昔岭出而袭我，正可乘其蜂拥而来，预先派兵掩击，截其归路。著传谕温福详酌妥办。"

又谕曰："温福复奏屯兵在军营实属得用，自当逾格拔擢。若仅予奖赏加衔，尚不足示鼓励。屯兵既籍隶流官，即与绿营相仿，嗣后各路将军等攻剿卡碉，屯兵中如有实在出众者，即以绿营千、把、外委缺拔补一二人，使其倍加感奋，于军务更为有益。至所称军营运粮之事，乃总督专责，著交刘秉恬、富勒浑留心查察。如有在营收买余米之人，即随时严加惩治以儆其余，勿使稍滋奸弊。如或视为具文，致商人等不知畏惧，别经查出，惟刘秉恬、富勒浑是问。"

（高宗朝卷九三三·页一五上～一六上）

○ 乾隆三十八年（癸巳）四月丁巳（1773.6.18）

又谕（军机大臣等）："前因李煦有捏报军情之事，现需查讯，已降旨将伊革职，并派博清额前往会同该督审讯。其贵州提督员缺，谕令温福等于随营出力之总兵内拣员升用。今据温福奏，川北镇总兵牛天畀带兵打仗不辞劳瘁，承办军营事务亦属谙练。且现有贵州征兵，不可无大员统辖，恳即以牛天畀暂署贵州提督事务等语。牛天畀著升署贵州提督，所有在营黔兵，即令统领管辖。其贵州提督印务，仍著拜凌阿照旧署理。"

谕军机大臣等："温福等奏称贼众数来侵袭，累次接战，俱仅杀贼十余。贼番既出深丛，往来猖獗，我兵何不奋勇洗杀？即使狭险难进，绿营兵于此有所弗能，现有索伦、厄鲁特及土练等兵，温福等何不用之？著传谕温福、阿桂等，务各相机筹办，以期痛剿。"

（高宗朝卷九三三·页三〇上～三一上）

○ 乾隆三十八年（癸巳）五月甲子（1773.6.25）

谕："据丰升额等参奏，都司张凤翥于患病留养兵丁不知去向，因循不报，有心推诿。参将郎撘升既接留养之兵，不即将该兵无踪缘由具报，仅通知董果。而董果又因非专领之员，仅面谕该都司查报，亦不即行转禀。均属错谬，请分别交部严加议处等语。董果、郎撘升、张凤翥俱著交部分别严加议处。"

谕军机大臣等："温福等奏称攻取昔岭情形及夺获达札克角水泉。所有受伤之头等侍卫巴雅尔，著赏给副都统衔；蓝翎侍卫岱森保，著授为三等侍卫。再，贼众恃其碉卡坚固，敢与我军抵拒，实为可恨。但山势既险又遇雨雾，我兵既不能前进，而贼番又匿于碉卡之内，虽枪炮击轰，徒费铅药，不如虚为进取之势，且令我兵稍为休息。遇有机会，突然进剿，方于事机有益。"

（高宗朝卷九三四·页八上～下）

○ 乾隆三十八年（癸巳）五月丁卯（1773.6.28）

又谕曰："阿桂奏近日天气已晴，官兵自更易于用力。温福、丰升额两路谅亦相同。进攻若何？深为廑念。又，阿桂奏复征剿金川一事现在既有必不可不办之势，又无不能办之形。所见甚是。帝王固以仁育为量，若当不得已而用兵，则义正即所以成仁，岂可专务煦妪，流为姑息！至现在府库充盈，前后所拨军需至二千四百万两，而库贮尚有七千余万。此时惟进剿金川，为众番除害，以奠边隅，即多费军需亦所不惜。温福等当深体朕意，俾众将士及各土司咸得闻知，共相奋勉，迅奏肤功，以膺懋赏。"

（高宗朝卷九三四·页九下～一〇下）

○ 乾隆三十八年（癸巳）五月己巳（1773.6.30）

谕："据丰升额等奏称，此次攻取日旁碉卡，二等侍卫明仁腮中枪伤等语。明仁勇往攻战，身受枪伤，甚属奋勉可悯。明仁著施恩授为头等侍卫。"

谕军机大臣等："军营各路节次所奏情形，俱有贼番藏匿沟内放枪之语。贼番果藏沟内，则枪向上放，不能得准伤人，此乃一定之理。若贼欲认准施放，则其头面必露，我兵即可用枪箭击射，何至竟付之无可如何？再，贼在沟内，官兵若平面迎击，则自上而下势固难及，设于沟濠两头顺沟轰击，贼复何由遮掩？何以各路军营俱未闻如此办及？著传谕温福等知之。"

（高宗朝卷九三四·页一三上～下）

○ 乾隆三十八年（癸巳）五月乙亥（1773.7.6）

又谕（军机大臣等）曰："丰升额、舒常奏称现在相机攻取。亦只可如此办理。前经传谕，调拨黔兵二千，原因丰升额等一路兵少，是以添派。今思此路似难急进,即多兵恐亦无益。著丰升额于黔兵到营后即行奏闻。再,春宁今日到热河,询及军营形势。据奏,温福所立营处,相距贼碉不远,栅内炮子竟可打到等语。甚属非宜。将军膺专阃重寄,关系甚大。即身先士卒,不过亲履行间指挥策应,不当与前茅一律先驱为冲锋陷阵之事。至于不避矢石,冒险直前,在弁兵等自当鼓其勇锐之气,然亦应权其利害,即领队尚不可令轻有损伤,况将军乎!温福一路如此,恐他路亦然。温福、阿桂、丰升额等,凡一切进攻事宜留心加慎,须于奋勇一往之中,仍存慎重万全之意。"

（高宗朝卷九三五·页六上~下）

○ 乾隆三十八年（癸巳）五月丙子（1773.7.7）

定边右副将军尚书阿桂、领队大臣副都统衔明亮奏:"查西山梁第三碉山阴下有山腿一道,贼番据此地架栅筑卡,一路直接山梁大碉,互为应援,系贼要地。初二日分兵进攻,因雨大撤兵。初三日有贼百余下压,我兵分两翼夹击,连毙数人。初五日节届端午,乘贼不备进击,直逼碉根。侍卫科玛等带兵用刀斧砍断木栅,推墙拥入,立将头人砍死,余贼尽歼,生擒六,杀死四十三。遂乘势攻扑连接石卡,又杀贼二十余。忽林箐中有贼约三四百来援,俱被击退,窜入碉栅坚守,势难遽克,以次撤兵。随有二十余贼出碉,至濠边计图冲压,被我兵枪箭击毙一半。贵州把总张顺独自跃过濠沟,矛刺[刺]一贼,刀砍一贼,余俱遁入固守。此次阵亡者,虎枪营前锋官德一员;受伤者,蓝翎侍卫衮楚克、空蓝翎侍卫阿尔查、鄂勒哲依、贵州守备詹玉书、瑚图礼,共五员。"

定边右副将军尚书阿桂等奏:"遵查金川地方产硝甚多,产磺颇少。前年金川侵占革布什咱境内之默资沟,为出磺之地,贼人刨挖甚多,自有积存。至屯练土兵素习鸟枪,若遽令其不用鸟枪,不但番众生疑,即攻夺碉卡,难资得力。惟有严饬将弁防查,并禁默资沟地私挖,稍有透漏,严行治罪。"

谕军机大臣等:"前此因军营火药关系紧要,恐番众私相售卖,谕知各路将军,此后土兵毋庸给与鸟枪。今据阿桂奏,所见亦是。此事原当慎之于始,从前既已遍给,此刻自难复改。温福等各路均仍照旧办理,但须留心实力严查，不可泥于土兵爱惜铅药之一言，遂尔漫不经意，致令私售作奸。"

（高宗朝卷九三五·页七上～九上）

○乾隆三十八年（癸巳）五月戊寅（1773.7.9）

谕军机大臣等："各路军营随征土兵，虽亦常得其力，但究系番众，难于深信。伊等不过随官军一体出力，特以番人效力，因而逾格抚循。断不可稍露一切专仗土兵之意，使若辈骄矜，视官军为不足畏。况每次攻剿时，率众争先原不专借各土司兵练。将军分路派兵，须酌量配搭而用，勿使伊等自负其能。又不宜漏泄端倪，令涉疑猜，怠于勇往。此事甚有关系，不可不加意审慎。又，前经降旨将屯兵增给月饷，均知感激奋勉。伊等原系降番改隶，与两金川言语相通，何不于中择其晓事数人，谕将伊等受恩之处作为屯兵之意传播贼中？可以离散众心，俾无固守之志，或亦用间攻心之一策。著传谕温福等知之。"

（高宗朝卷九三五·页一四上～下）

○乾隆三十八年（癸巳）五月乙酉（1773.7.16）

又谕（军机大臣等）曰："阿桂等奏称，当噶尔拉一路，后路绵长。处处皆需防范。其说不免过当。后路固须留心防守，然亦宜择最要之处酌量安兵。况深岩密箐之中，贼番可通路径甚多，岂能随地密为分布？以金川壤地计之，周围不下三四百里，若欲悉派兵围守，必至如古人动辄用兵百余万及数十万而后足敷分派，有是理乎？再，近因办理《四库全书》，所阅《永乐大典》，见其中有宋陈规《守城录》一书，备载守御机宜，所言御捍炮石之法甚详。虽攻守不同，而御捍则一。但彼施之于城上，故可用大木，我兵步行捍蔽，自以轻便为宜。从前该省原有挡牌一项，或制造未能得法，今此书所载，以麻绳横编，如荆竹笆相似，颇得以柔御刚之法，或可酌仿为之。著将书载各条抄寄各路将军等阅看。将来攻至噶拉依及勒乌围两处，尤为贼巢要隘，其守拒必更加严，或可需用之处，不妨存此法，以便缓急。"

（高宗朝卷九三五·页二二上～二三上）

○乾隆三十八年（癸巳）六月辛卯（1773.7.22）

谕军机大臣等："温福等奏攻剿昔岭及达扎克角木栅，均有贼出寨邀截官兵。是贼竟敢公然打仗，实为可恨，必当剿洗净尽，不可稍有游移。至军需银两共拨二千九百万两，约计用至明年四五月，尽属宽余。设或以多费为可惜，中止撤兵，贼必并吞各土司联而为一，直闹至维州桥。其时岂能置之不问？是现在所用尽为虚掷，又须另起炉灶，所费必更不赀，而办理倍难，谋国者断不应出此。即或急切未能蒇事，但能扫荡擒歼为一劳永逸之计，即使再多费一千万两，朕亦不靳。温福、阿桂、丰升额等各宜深体朕意。"

又谕："现今三路官兵攻取贼众碉卡奋勉出力，自当将花翎、蓝翎分别奖赏，用昭鼓励。其从前赏给备用者料已无多，温福、阿桂、丰升额三路著各给花翎五枝、蓝翎十枝，以备赏赐。"

又谕曰："富勒浑奏，黔兵未起已于五月十八日到成都，令其赴明郭宗听候军营调拨等语。明郭宗至昔岭甚便，自应添拨往彼，俾得克期集事。再，富勒浑奏，前次拿获逃兵二十名，现已审明正法。今又续获五名等语。逃兵就获骈诛至二十余人，亦觉不忍。然因此稍为姑息，则兵丁不知儆畏，犯者愈众。刘秉恬、富勒浑仍须上紧严拿，勿谓朕意在好生，稍为宽懈也。"

（高宗朝卷九三六·页五上～六下）

○乾隆三十八年（癸巳）六月丙申（1773.7.27）

又谕（军机大臣等）："据丰升额等奏，梭磨头人格斗结屡次督催土兵前进，右膀得有枪伤等语。头人如此出力，甚属可嘉。著照例咨部议赏，并著赏戴蓝翎，以示鼓励。又据奏，绰斯甲布土司之子土舍绰尔甲木灿督率土兵，甚为出力。著赏给土都司衔，并赏戴花翎，令其倍加奋勉。"

定边右副将军尚书阿桂、领队大臣副都统衔明亮奏："当噶尔拉山梁正西地名深嘉布，系布拉克底地方，与金川接壤。拟派兵由此路绕出，向僧达一带攻打，使贼腹背受敌。请将新调之黔兵二千拨给当噶尔拉一路。"

谕军机大臣等："僧达一路，朕于春间检阅全图时，觉其地势稍平，且距噶拉依相近，曾经指询，自应乘此机会妥协筹办。至所调黔兵二千已全赴温福军营备用。今阿桂现办绕路进攻，即照所请准其调取应用。阿桂于黔兵到后，即应奋力剿击，乘胜深入。设或仍系相持，多延时日，则阿桂又当分拨一半，令速赴温福军营以供分剿之用。总之，所调黔兵惟期用之得当，于事有益。朕日望各路将军迅奏肤功，并无歧视。将军等亦当深体朕意，不得稍分畛域。"

又谕曰："阿桂奏，杂谷地方毗连党坝，总兵五福在彼驻扎。已谕该头人等以五镇如有派调土兵之处，即可听其调拨。所见亦是。土司等果属恭顺，派令攻夺碉卡，自皆听从出力，但既系官派，即不便不兼派内地兵丁，未免又分兵势。因思番性贪得而勇于私斗，若饵以攻而有利，当无不踊跃争先，将军等可妥协筹办。"

（高宗朝卷九三六·页一三下～一五上）

○ 乾隆三十八年（癸巳）六月丁酉（1773.7.28）

又谕（军机大臣等）："前因牛天畀升任贵州提督，所遗川北镇总兵员缺，传谕温福等在军营内拣选出力副将一员奏补。今据奏到，查有贵州定广协副将成德，每遇打仗勇往向前，屡著劳绩，请以升补四川川北镇总兵。所遗副将员缺，查有贵州丹江营参将握星泰，在玛尔迪克、功噶尔拉等处带兵，均能奋勉出力，请以升补副将。其参将员缺，又查有建武营游击沈宽，熟悉番情，打仗亦能奋勇，且系遇缺即用之员，应请即行补用等语。均著照所请，成德即升补四川川北镇总兵；握星泰即升补贵州定广协副将；其贵州丹江营参将员缺，即著沈宽补授，以示鼓励。"

又谕曰："温福等赶筑炮台，俯击碉根及沟中之贼，筹办甚是。阿桂、丰升额两处量其地势有可仿此办理者，亦当依法为之。又据奏，脱出小金川番人阿忠等供称，贼酋令喇嘛每日念经咒诅官兵。此所谓邪不胜正，惟当各持定见，不以幺麽外道为意，其术自无所施。官兵等若已闻之，将军等当以此明白切示；若无所闻，嗣后遇有此等供词，但密存之，勿令营中传说，致惑众听。"

又谕："昨据阿桂奏，当噶尔拉军营有可分路进攻之机，请将现调黔兵二千名前赴当噶尔拉军营应用，一面行知刘秉恬转饬黔省带兵将领驰赴等语。业已谕令将黔兵全数即行调赴阿桂军营矣。今思温福一路地势宽阔，亦尚需添助兵力。前据图思德奏，黔省备调之兵原系三千，尚余一千名未调。此项兵丁前既预备挑拨，一切应付事宜自俱料理妥备。著传谕图思德等即将原备调拨之一千兵派委带兵将备迅速起程，令其遄往温福军营备用，毋得稍有延缓。将此由六百里加紧传谕知之。"

又谕曰："刘秉恬奏，温福一路所占地势广阔，亦有急需兵力之势，请将黔省预备兵一千名一并调取。所奏甚是。已飞谕图思德，令将此项官兵迅饬起程，驰赴军营应用矣。军营消息，贼番每易探知。今闻我军需银两续拨宽余，各路官兵源源继进，更足令逆酋丧胆，番众离心。但古人用兵大率号称十万，以张军声，如添调一千，不妨号作五千，将军等当善为筹计行之。"

（高宗朝卷九三六·页一五下～二〇上）

○乾隆三十八年（癸巳）六月己亥（1773.7.30）

谕军机大臣等："丰升额、舒常所奏分剿达尔图及日旁贼碉，虽俱剿杀贼番，惜为数尚少，不足解恨。达尔图、日旁两处既系贼番要隘，亦只能攻打以牵贼势。如欲另为觅间袭攻，非但难得机会，且恐兵力愈分，于事转属无益。各路贼番现虽守拒甚坚，究属蕞尔之区力量有限。今官兵屡有增添，番贼自皆丧胆。即或略需时日，亦断无不能扫荡之理。温福等各宜勉力为之。"

（高宗朝卷九三六·页二二下～二三上）

○乾隆三十八年（癸巳）六月甲辰（1773.8.4）

又谕（军机大臣等）："据温福奏称昔岭、达扎克角二处攻碉杀贼情形。大臣、官员、兵丁俱各不避枪石，奋勇攻战，杀贼甚多。虽未得获碉卡，仍著记档，俟再攻获贼人地时一并议叙。此次打仗得伤、阵亡者，著温福查明造册咨部，照例议恤。"

又谕曰："温福、阿桂等奏，据粮员禀报贼番滋扰，并接刘秉恬札称，现将登春所有之兵前往接应等语。贼番既有抢占之事，不可不即夺回。今刘秉恬业已亲往该处，温福、阿桂又均拨兵派令大员带往协剿，其事谅无难办。海兰察一到自能上紧攻夺，倘海兰察攻打略稽时日，温福不妨留兵昔岭等处牵缀贼势，暂缓该处进攻，即亲身驰赴底木达，夺回碉寨，剿净贼番。温福等当就现在情形妥酌办理。再，原调之黔兵二千，现经刘秉恬调取，自应即令驰往。此兵一到，交与海兰察带领攻剿，事竣之后即归温福一路应用。又，昨续调之黔兵一千，亦令赴温福军营。是温福一路计已添兵三千，足壮声势。其阿桂奏调之云南兵二千径赴丰升额军营，湖广兵二千径赴阿桂军营。两路俱添有新兵，自更易于集事。所有沿途应付事宜，著富勒浑即速妥协经理，以利遄行。至董天弼屡经获罪，经朕弃瑕录用，今伊擅离专驻巡防之地回至美诺，冀耽安逸，其情实为可恶。董天弼即著革职拿问，派委妥员解京治罪。"

（高宗朝卷九三七·页四上～五上）

军糈挽运、银饷解拨、将弁调遣、台站设置、军报驿递等

○乾隆三十七年（壬辰）四月己巳（1772.5.6）

谕："前以调赴川省之满洲兵二百名、黔兵五千名、陕甘兵六千名远道跋涉，曾经加赏一月钱粮。今据李煦奏，续调之贵州兵三千名业自毕节起程赴川。并据文绶等奏报，续调之陕甘兵三千名亦经陆续起程。各该兵丁等起行迅速，甚属勇往可嘉。著一体加恩，于伊等到军营日各赏给一月钱粮，即在川省军需项下支发。"

（高宗朝卷九〇六·页九下～一〇上）

○乾隆三十七年（壬辰）四月乙亥（1772.5.12）

谕军机大臣等："在京居住之杨素本系金川人，自能知彼处地势。著赏给六品顶带，并赏戴蓝翎，派副前锋校德明额带往四川军营，交与温福，令为向导。其德明额即留军前差遣。"

（高宗朝卷九〇六·页一八上）

○乾隆三十七年（壬辰）四月庚辰（1772.5.17）

又谕（军机大臣等）曰："富明安奏前准桂林咨，拨解火药、铅子，业经起运在途，兹复准来咨，令将解川药铅沿途停止等语。桂林所办非

是。火药、铅丸为军营要需，多多益善。现在尚须并剿金川，更宜宽裕备用。且楚省既经陆续起解，岂宜令其中途停止？桂林近日办理军务诸凡妥协，此一节未免错误。著将此饬谕桂林。并令富明安查明前项药铅，如已运回各营，自可毋庸再解。倘系中途停止，尚未解回本营，仍著运交川省收用。"

（高宗朝卷九〇六·页三七下～三八上）

○乾隆三十七年（壬辰）四月壬午（1772.5.19）

兵部带领失察属员讳盗议以革职之原任浙江黄岩镇总兵孙廷璧引见。

得旨："孙廷璧著加恩发往四川军营以游击用。令其奋勉出力，以观后效。"

（高宗朝卷九〇七·页八下）

○乾隆三十七年（壬辰）四月壬辰（1772.5.29）

谕军机大臣等："前谕文绶于陕、甘各营内选派兵丁五千名，备川省调取。昨据该督复奏，已经预备齐全。复谕令该督俟温福等咨取时，即令起程遄往。今据温福奏到，现在两路进剿，需兵接济，已飞咨调赴等语。著传谕文绶即行妥协照料，迅速起程。至官兵攻剿小金川，克日捣穴擒渠，并须乘势进剿金川，自不可不厚集兵力。现在川省调到各处之兵及本省所有兵练已不为少，但分路派拨，自属多多益善。核计陕、甘二省兵额共有七万六千余名，为数尚多，自可再行酌备。著传谕文绶，于陕、甘两省各营内再选派勇锐兵丁五千名，将应带火药仗械等项一并妥办，并拣派带兵大员将弁等，照前预备。如再需添调，即令星速前赴军营备用。将此由六百里加紧发往，并谕温福、阿桂知之。"

（高宗朝卷九〇七·页三七下～三八下）

○乾隆三十七年（壬辰）四月甲午（1772.5.31）

湖广总督富明安复奏："查前此拨解川省药铅，虽经川省咨行停止后陆续运回各营，但军务所需自当筹备宽裕，以资接济。查湖北荆州、宜昌、宜都、施南等镇协营附近川省，运送甚便。臣已飞饬此数营内，共派拨火药二万斤、铅子二万斤，委员运赴四川巫山县交收转运。又咨明四川督臣桂林，如再需若干，即飞行咨移。俟到日，再于北、南两省内续拨解送。"

得旨："嘉奖。"

（高宗朝卷九〇七·页四九下～五〇上）

○乾隆三十七年（壬辰）五月辛丑（1772.6.7）

谕（军机大臣等）曰："尚书公福隆安差往四川，有查办事件。著即驰驿前往，所有随带司员明善、冯光熊并著驰驿。"

又谕曰："哈国兴在滇现无紧要事件，而此时官兵进讨小金川正需大员统率。著哈国兴驰驿前赴温福军营，毋稍濡迟。"

又谕曰："舒常、永平均授为领队大臣，前赴四川军营。舒常派赴西路，永平派赴南路。"

（高宗朝卷九〇八·页七上～八上）

○乾隆三十七年（壬辰）五月壬寅（1772.6.8）

又谕（军机大臣等）："川省两路进剿，军需关系紧要。前经两次拨解六百万两，此时支用自觉宽余。但将来厚集兵力分路深入，所有备用之项，当预为通盘筹画，以裕军储。著阿尔泰即将前项拨银除支用外，现存若干，酌量并剿金川一切需用约略若干，逐一核计，迅速奏闻。"

（高宗朝卷九〇八·页一四上）

○乾隆三十七年（壬辰）五月癸卯（1772.6.9）

谕军机大臣等："彰宝奏称将海兰察、鄂兰等分作两队回京。川省现在用兵，海兰察等曾历军营，从滇前往，自属近便。著鄂兰带领长生保、绥库、阿坦保、利保住赴南路军营，海兰察带领额勒登布、塞布腾、库伯赴西路军营。分道遄行，务期奋勉自效。"

（高宗朝卷九〇八·页一四下～一五上）

○乾隆三十七年（壬辰）五月戊午（1772.6.24）

谕军机大臣等："据文绶奏，奉到拨兵预备之旨，已于陕省挑选兵二千名，甘省挑选兵三千名，并选派副将佛逊、六十六统领，一切先期妥协备办，俟川省咨到，即行起程。所办甚好。著传谕温福、阿桂彼此熟商，约计何路需兵若干，一面速咨文绶，催令遄程进发，一面奏闻。……"

（高宗朝卷九〇九·页一四上～下）

○乾隆三十七年（壬辰）六月壬申（1772.7.8）

谕："昨岁进剿小金川以来，一切军行储偫俱支官帑，丝毫不累闾阎，而粮运转输不无稍资民力。今春曾降旨，将官兵经过之各州、县所有本年钱粮先行缓征，俟凯旋后分别等第加恩。今两路军营现在分兵进讨，务为捣穴擒渠之计。小民转运兵粮，颇为急公出力，若于军务告蒇后始行加恩，未免尚需时日，朕心深为轸念。著阿尔泰查照前此平定金川之例，即行查明酌定等第，具折奏闻，分别蠲免。其蠲剩缓征之项并予展限，俾编氓早沾实惠，副朕奖劳优恤至意。"

谕军机大臣等："宋元俊奏驾驭各土司，所见颇为合理。是以前据阿桂等奏绰斯甲布情愿出兵助力，即谕宋元俊带兵前往，督率绰斯甲布土兵进剿。其三杂谷愿出兵二千五百名，随剿底木达、布朗郭宗，亦谕令董天弼带兵往剿矣。但至今并无进兵实信，乃称请调湖南、湖北近山营分之兵，再于山西、甘肃兵内拨给数千，共得二万之数，分路进攻等语。未免过涉张皇。现在由绰斯甲布进攻，原系牵制金川之势，使其掣兵自卫，以便乘间攻取小金川。俟小金川平定后，再并力会剿金川，此时难以兼办也。且计节次调赴川省之兵，贵州已有八千，陕甘已一万七千，加以预备之五千，核计共及三万，合之本省绿营及土兵之数，不为不多。况番地跬步皆山，调往之兵跋涉不易。至于险隘处所，仄径单行，虽多兵亦无从施展。而所云七月内齐集军营之说，更恐远道不能如期全至。著传谕福隆安，会同阿尔泰、阿桂将该处情形通盘筹画，并问宋元俊详悉核计是否必须添兵接济，核实酌议，以期万妥。又，前此金川用兵，共调兵六万二千五百余名，计核销银七百十二万七千余两。现在军营约存军需银三百五十余万，自当敷用。如将来尚须添拨，亦即据实先行奏闻，以便筹办。"

又谕："前因湖广兵丁懦弱，是以川省进剿之兵未经派及。今据总兵宋元俊奏，请添调湖南、湖北近山兵丁，于七月内到营分路进剿。现谕福隆安会同阿尔泰、阿桂酌量定议，如果尚需添拨，一面奏闻，一面即行咨调。著传谕总督海明于湖北、湖南两省近山各营内，遴选勇锐兵丁五千，将应带火药、器械等项一并预备，并拣派带兵大员将弁等，听候川省咨到，迅速起程。此时海明如未到任，陈辉祖现署督篆，即令遵旨妥协办理。"

（高宗朝卷九一〇·页八下～一一上）

○乾隆三十七年（壬辰）六月己卯（1772.7.15）

定边右副将军大学士温福等奏："查征兵向例，皆有余丁，以供樵汲。黔兵向在滇省出征，照滇省例给与驮载，不带余丁。及至由滇赴川，所有军装、口粮等项，征兵不能兼顾，而川省军需局又未将应照何例查明酌办。臣等饬查未复。彼时因进兵紧急，酌议每兵百名给长夫四十名以济急需。嗣据军需局详称旧例并无随营长夫，绿营官兵每二名折给驮马鞍屉银八两六钱零，雇夫背运。臣等以既有折银之例，黔兵至成都时即应按例给发，俾其内地雇夫。今于大兵深入之后，令在番地雇用，其势难行。且陕甘兵既给驮载余丁，而黔兵独无，亦觉偏枯。又经饬局再议，据禀称黔兵既无余丁，应照黔省出师例，按余丁数目，每兵百名给长夫三十名。近据道员查礼禀称奉有桂林札，随营长夫究须全撤。是长夫一项忽给忽停，承办之员碍难办理。"

得旨："军机大臣等速议具奏。"

寻议："川省节次调到黔兵既未带有余丁，节经温福饬议，该局屡易其说，致军营无所适从，实为经理不善。但现在黔兵随营进剿，运送薪水事事需人，既给长夫，自不便撤。臣等酌议，该省军需局所议照黔省出师例，按余丁数目，每兵百名给长夫三十名之处，尚属平允，自应仍行给与。"从之。

（高宗朝卷九一〇·页二三上～二四上）

○乾隆三十七年（壬辰）六月乙酉（1772.7.21）

又谕（军机大臣等）曰："阿尔泰奏，川省火药旧存二十余万斤，今据军需局详称，所存无几。是川省自办军务以来，已用过火药二十余万斤。枪炮固为攻剿所必需，然施放亦有节制，何以用至如此之多？况官兵所有火药尚需各省拨解。金川蕞尔蛮陬，硝磺出产几何？彼亦常时放枪抵拒，所用谅亦不少，安得火药时时接济，殊不可解。或系兵练等将官给火药私自偷卖，均未可知。著温福、阿桂留心严察，无任丝毫透漏，致贻借寇兵而赍盗粮之弊。并查两路军营各用过火药若干斤，向来作何稽核，及两金川贼人所用火药得自何来，其多少情形若何，一并复奏。"

（高宗朝卷九一一·页一六上～下）

○乾隆三十七年（壬辰）六月丙戌（1772.7.22）

又谕曰："川省现在大兵分路进剿两金川，所有军营粮饷最关紧要，昨已特调文绶为四川总督，筹办粮运各事宜。但两路相隔稍远，必得各有大臣专司董率，而文绶兼总其成，方能妥速。南路现派阿尔泰在彼专管，其西路著派侍郎刘秉恬前往专办。刘秉恬人颇明白奋勉，此事尚所优为。著即驰驿速赴川省，不必前来行在请训。其仓场侍郎事务，虽有申保料理，著裘曰修暂行兼管，来往行走可也。"

（高宗朝卷九一一·页一七上～下）

○乾隆三十七年（壬辰）六月戊子（1772.7.24）

谕："金川用兵以来，已两次拨帑六百万两解川备用。今军务尚未告竣，军需用项自当宽为预备。著户部查明相近湖广省分足敷协拨款项，即酌拨银二百万两，派员解赴湖广。该省收到后，即派妥员转解四川备用。"

（高宗朝卷九一一·页二一上）

○乾隆三十七年（壬辰）六月己丑（1772.7.25）

谕军机大臣等："福隆安等奏筹办进剿情形，所见俱合机宜，至调派湖广、云南两省兵丁，恐该督等仅据咨文，尚不能迅速。今湖广应调官兵，已谕新任总督海明筹办。如其尚未到任，即令署督陈辉祖选派近山精锐者三千名，迅速令其起程。至云南昭通镇相近贵州，则在省调办尤为便易。彰宝现在永昌，即谕李湖就近在省城调派，亦令即速起程，同赴川省南路军营听候派用。至称绰斯甲布一路现在需兵，即于驻守革布什咱兵练内酌拨三四千人前往应用，移缓就急，更属合宜。惟宋元俊天良已丧，令其带兵进剿实不足信，且恐于事有碍。昨已传谕，如彼已经起程，即遵旨将拿问一节暂缓宣露，且视其至彼筹办若何，留心详察再定。又另折奏'贼寨中知内地差有贵重大臣到川'之语。福隆安甫至川省，贼番何由得信，殊不可解。闻西路军营亦然。是贼番于内地声息易于探听，而贼众之动静官兵转无由闻见，甚非所宜。此或随营土练等同系番夷，遇事辄向贼番传播，尤不可不加意严防。阿桂现在领兵诸宜慎重，嗣后筹办一应军务总须慎密，即将佐等亦不令与闻，庶不致于疏漏。"

（高宗朝卷九一一·页二四上～二五下）

○乾隆三十七年（壬辰）六月辛卯（1772.7.27）

谕曰："侍郎刘秉恬现在差往四川，办理西路军营粮运事务，著给与钦差大臣关防。刘秉恬现已起程，由山、陕一路赴川，该部即由驿赍交。"

（高宗朝卷九一一·页二六上）

○乾隆三十七年（壬辰）六月癸巳（1772.7.29）

谕曰："阿桂奏请将效力之人，多发数员。著照所请，将前锋章京拉布东阿，健锐营参领赓音太、副参领宁泰、扎吏，三等侍卫科玛、普吉保，副护军参领伊尔哈纳，火器营额外参领佛尔格纳、孟德，前锋校登色保发往四川南路军营，交与阿桂派给差使行走。"

谕军机大臣等："前因川省两路军营粮运紧要，传谕文绶，令其速赴新任董办。今阿桂奏，现在南路军营粮储短少，不可不急为妥办。文绶谅已起程在途，再传谕该督，不必俟莅任后始行筹办，以致缓不济急。一入川境，即将南路粮运应如何急办之处悉心熟计，速为转运。务使军储口粮源源接济，以资进剿。"

陕西巡抚勒尔谨奏："西安宝陕局现在[存]黑铅六万一千五百余斤。从前陕局制钱系高铜、白铅点锡，黑铅配用。嗣因高铜稀少，委员采买金钗低铜，以高七低三配铸。此项黑铅即无所用。若以之改造铅丸，于军务殊为有益。再，旧存火药动拨无存，虽各属尚有捐备火药，但阅久火性减退，必须加料修制始堪适用。现俱调解来省，分别试验。一面采办硝磺，赶紧制办，以备军需。"

得旨："嘉奖。"

又复奏："陕、甘二省节次调拨绿营兵一万七千，内陕省派调七千五百，应需俸赏、行装银十八万三千七百余两，业已全数给领。现在司库实存银一百九十七万九千余两，除应解甘省及未领兵饷、留支买粮等项，该银八十九万七千五百余两，尚存本年地丁及候拨公用银一百八万一千五百余两。如有动用，即在此数内支给，暂可毋庸筹拨。"报闻。

贵州巡抚觉罗图思德奏："先准前川督臣桂林咨取办解军硝二十万斤。随即据布政使蔡应彪详称，黔省向办营硝，每年止可采熬八九万斤。今川省一时取用二十万斤，恐难猝办，请先办十万斤解往。臣以事关军需，不便缺误，严饬该司广为赶办。嗣据详报，截至六月初六日已解川省十一万斤，现在各属尚有已办未解硝九万余斤，存贮候拨。所有川省咨取，除将存贮硝斤全行运解，即符前后二十万斤之数。仍饬令各属预为采熬，以备拨用。"

得旨："嘉奖。"

（高宗朝卷九一一·页二九下～三九上）

○乾隆三十七年（壬辰）七月甲午（1772.7.30）

又谕（军机大臣等）："川省本系产硝之区，何以自上年将旧存火药用完竟未续行配合？不但火药须他省协拨，并硝斤亦欲仰借邻封，是川省之办理火药与粮运同一懈忽。着传谕文绶，即速严饬运办配造，并饬沿边加紧盘诘，毋致透漏外出。"

（高宗朝卷九一二·页三下～四上）

○乾隆三十七年（壬辰）七月乙未（1772.7.31）

谕："川省办理军营粮务甚属紧要，西路已派侍郎刘秉恬专办。其南路运粮事宜原系阿尔泰专办，但伊年已衰老，办运恐未能妥速。着派侍郎鄂宝，即行驰驿前赴南路，会同阿尔泰督办，并给与钦差大臣关防。"

又谕："现在川省办理军营粮运紧要，已派侍郎刘秉恬、鄂宝驰往两路专办。而一切随办事宜，亦须司员助理。西路著派吕元亮、裕善、祥鼐，南路著派陈燮、逢年、特音布，俱著驰驿前往。"

（高宗朝卷九一二·页四上～下）

○乾隆三十七年（壬辰）七月戊戌（1772.8.3）

谕："前因川省进剿两金川军务尚未告竣，曾降旨令户部于相近湖广省分递拨银二百万两，解川接济。现在所调官兵陆续抵川，克期集事，军需用项自应宽为预备。著户部再于部库内拨银一百万两，即拣派妥员解往备用。该部遵谕速行。"

谕军机大臣等："军行粮饷不继，所关甚重。朕因此益增系念。阿桂向来遇事持重，此次进攻必实有可进之机，断不致冒险轻进。现已严饬阿尔泰上紧趱运军粮，以资接济。朕惟盼捷音速至耳。"

又谕曰："阿尔泰自上年赏给散秩大臣，令其专办粮务，伊久任川省总督，文武皆其旧属，不得委为呼应不灵，何办理半年余尚贻误若此？阿尔泰著严行申饬。今阿桂现由东山觅间进兵，粮食所关尤为紧要。阿尔泰务即上紧办运，以资接济。若有迟误，惟阿尔泰是问。现派鄂宝往南路同办粮运，阿尔泰倘稍存倚仗推诿之心，则自取罪戾矣。"

（高宗朝卷九一二·页七上～八上）

○乾隆三十七年（壬辰）七月己酉（1772.8.14）

协理粮饷散秩大臣阿尔泰奏："此次所调川黔兵未带余丁，因将长夫应用。但余丁一名月支盐菜银五钱，而长夫一名日给银八分，所费较多，现飞咨各省随带余丁。再，每兵百名给夫三十名，而部咨西路成例，马兵百名余丁二十五名，步兵百名余丁二十名，皆未及三十名之数。伏思多带余丁即可拔补兵额，应请以三十名为率。若长夫只供背负樵汲之用，嗣后调来之兵，其无余丁者，所给长夫应减十名。"

谕军机大臣等："现据阿尔泰酌议余丁、长夫事宜，以余丁可备充补，长夫只供樵汲，已飞咨各省续调官兵，俱令备带余丁。自应如此办理。又请每兵百名定给长夫二十名，固为慎重钱粮起见。但官兵现在随营出力，已议给与长夫三十名，今又忽复裁减，非所以体恤士众。著温福即就军营实在情形妥筹速奏。"

（高宗朝卷九一三·页三上～下）

○乾隆三十七年（壬辰）七月辛亥（1772.8.16）

四川布政使李本奏："前奉谕，军需火药饬臣上紧制造，并将筹办情形迅速复奏。查川省镇标协营额贮火药四十二万余斤，不宜尽动，以致贮备空虚。前曾酌拨二十万余斤解交军营外，五月底又分咨云贵、陕甘督、抚，各拨十万斤解川备用。至本省旧有产硝之江油、太平二厂及渝局、南川等处，严饬地方官采煎外，又开采石砫厅属之岩风、琵琶二硐，广元县属之麻湾、博子、侯家、赵家等硐，赶紧配药，陆续得四万三千余斤。现有本省买硝制造者，有外省解硝配合者，有奏咨邻省拨济火药先后运到者，足敷各路军营之用。"报闻。

（高宗朝卷九一三·页五上～六上）

○乾隆三十七年（壬辰）七月乙卯（1772.8.20）

谕："前因川省军营粮运紧要，特派侍郎刘秉恬前往西路，鄂宝前往南路，分头督办。今思南路径僻站长，山峦陡险，挽运较艰，尤当设法赶运。刘秉恬平日颇能办事，著调赴南路，上紧筹办。阿尔泰著仍在南路帮同赶运，不得稍存推诿。其西路粮务，即著鄂宝前往办理。"

（高宗朝卷九一三·页一〇下～一一上）

○乾隆三十七年（壬辰）七月壬戌（1772.8.27）

河南巡抚何煟奏："现准升任陕西抚臣勒尔谨咨称，四川攻剿金川，陕省所有火药拨用无存，现委员赴河南采办毛硝十七万斤应用。查开封、归德、陈州三府，每年产硝止供本省及湖广、浙江、江南、江西、广东等省采买，并部硝之用。第四川现剿金川，比各省更关紧要，臣已饬司筹备，先尽陕省。俟委员一到，即照数交给，不至迟误军需。"

得旨："嘉奖。"

（高宗朝卷九一三·页二五上～下）

○乾隆三十七年（壬辰）八月癸亥（1772.8.28）

四川总督文绶奏："南路军粮经阿尔泰增价招商，每石运价十五两外，加银二三两不等。现因食物腾贵，钱价更昂，仍有不敷，酌增至四两。自章谷至卡丫军营，业经修整桥座，多雇站夫，自可趱运无阻。其新添绰斯甲布一路，涂径纡仄，人力维艰，亦议照南路给价招商，一例催运。"

得旨："嘉奖。"

（高宗朝卷九一四·页二下～三上）

○乾隆三十七年（壬辰）八月甲子（1772.8.29）

四川总督文绶奏："川省额设站马，自出师以来，军务纷繁，不敷传递。各营官兵派出进剿，其留营马与其虚縻草干，不如暂拨驿站。查东北自广元县神宣驿入川至省成都县驿，共十九站；南自双流县至口外约咱抵军营，共三十七站；西自郫县至口外热耳寨抵军营，共二十五站。又自桃关至口外曾头沟，共二十三站。请于各营存马内拨一千五百，按站分给应用，令管站官由司支领喂养，俟凯旋后归还。其各营应支马干银暂停。"

得旨："嘉奖。"

（高宗朝卷九一四·页三下～四上）

○乾隆三十七年（壬辰）八月己巳（1772.9.3）

四川总督文绶奏："南路粮运，卡丫及绰斯甲布两处军营存米各三千余石，起运在途亦各数千石。至西路军营，存粮较多。其董天弼一路，系松茂道查礼督办。已饬令询明道路，设法趱运。臣在省为两路接应。"

谕军机大臣等："文绶筹运两路军粮，甚为妥协。现在阿桂乘势深入，陕西、湖广后调之兵俱令前赴南路，粮贮尤宜源源接济，以裕军食。至绰斯甲布系进剿金川分进之路，所有此路兵粮，亦当一律趱运，以备将来进兵。刘秉恬前经降旨调往南路，自即星速驰赴，上紧督办。所有西路三杂谷一带粮糈，既已酌定规条，著即告知鄂宝令其接办。"

（高宗朝卷九一四·页一七上～一八上）

○乾隆三十七年（壬辰）八月壬申（1772.9.6）

定边右副将军大学士温福等奏："曾头沟一路粮运迟误，屡次檄催，布政使李本、松茂道查礼彼此剖诉，各执一词。现飞咨文绶速查，仍就近急筹济用。"

谕军机大臣等："曾头沟一路，间道分兵，期于迅速制胜。今董天弼到彼已及月余，内地粮石乏夫滚运，致稽进剿之期。著传谕文绶，将此次迟误缘由，详查据实严参。仍即会同鄂宝上紧派员趱运，使兵食日就充裕，以便克期进剿。"

军机大臣等议复："定边右副将军大学士温福等奏称，兵丁应给长夫名数，每川兵百名给夫二十，黔兵百名给夫三十。事关帑项，自应画一撙节办理。请照阿尔泰奏，通减为二十名等语。查川兵近在本省，一切可以通融，与黔兵隔省者有异。况现正进剿，应示体恤。前议拨给已久，不便遽减，应仍以三十名给与。"从之。

（高宗朝卷九一四·页二六上～二七上）

○ **乾隆三十七年（壬辰）八月甲戌（1772.9.8）**

督理粮饷侍郎刘秉恬奏："西路军粮，七月中官商运出灌口者，已有一万二千余石，现运赴曾头沟者，止二千五百余石。缘雇夫背运，路远力疲，势难迅速。查由灌县至杂谷脑三百余里，骑驮可以往来，现于灌县买米一千石，用骡马载运。至由杂谷脑抵军营三百余里，中有智固山陡峻，骡马难行，臣文绶已饬就近州、县雇夫二千，空身至杂谷脑预备接运。并募卖食铺户，给本往曾头沟一路开张，俾资雇夫买食。现奉谕调臣赴南路，请暂留西路二三日，料理现办夫粮及卖食铺户启程后，即驰赴南路。"

得旨："嘉奖。"

（高宗朝卷九一四·页二八下～二九上）

○ **乾隆三十七年（壬辰）八月庚辰（1772.9.14）**

督理粮饷侍郎鄂宝奏："曾头沟粮运，现在阻滞。查此路惟智固山最险，然非冰雪凝结时骡马可行。已飞札崇庆等十州、县，各雇骡三百速解灌县，即于灌县买米三千石趱运。再查一夫负米五斗，日行一站，骡驮可至一石，日行二三站，较为便捷。请于陕西购骡四千，解川应用。"

谕军机大臣等："西路军粮既可用骡驮载，南路自可照办。虽雅州以南山路崎岖，然于险仄之地，安设人夫接运，至路宽处，仍用骡头驮载，日行一二站，自可源源接济。西、南两路通融办理，计共用六千头当足济事。著传谕刘秉恬、文绶，速与鄂宝通盘筹酌，将两路所需骡数飞咨陕省调用。"

（高宗朝卷九一五·页六上～七上）

○ 乾隆三十七年（壬辰）八月壬午（1772.9.16）

谕军机大臣等："据阿尔泰复奏迟误绰斯甲布粮务情形一折。内称绰斯甲布一路必须乌拉，无如附近绰地之党坝土司近为金川挟制，番商裹足不运等语。殊不可解。党坝土司屡向温福处投禀，盼望官兵即至，协力进剿金川。其意极为诚恳，并无为金川挟制之事。阿尔泰此语得自何来？至绰斯甲布土司系南路所属，党坝土司系西路所属，历来凡有文禀，俱系分路办理。南路之绰斯甲布运米因，何需西路之党坝相帮？其中必有舛误。且绰斯甲布一路运粮，前据文绶奏，经军需局司道筹议定价，招商承运，并未若阿尔泰所言如此阻难。此必阿尔泰已经误运，为此推饰之词；或李世杰因筹运粮务未妥，捏词以愚阿尔泰，皆未可定。但以执役恭顺之土司，无端加以此等无稽之语，甚觉非宜。而造作此言，转令金川长智，尤为非体。著传谕文绶，将绰斯甲布一路之粮即为熟筹妥办。并将实在经由何处，作何办理情形，据实复奏。如承办粮运之官弁兵民等，或有似阿尔泰任内造言稽阻者，查明惩治一二人，以儆其余。并谕刘秉恬知之。"

寻文绶奏："八月中先后运赴绰斯甲布军粮，除逐日支发外，此时约存五六千石。至成都各属商民所运，现督令趱至打箭炉及噶达、章谷等处分别运往。绰斯甲布一路之米，可不致缺乏。臣并谕明正土司多拨蛮夫转运，该土司极为踊跃。实无经由西路党坝及为金川挟制之事。如官兵造言稽阻，察访得实，即行惩治。"报闻。

（高宗朝卷九一五·页七下～九上）

○ 乾隆三十七年（壬辰）八月戊子（1772.9.22）

又谕（军机大臣等）曰："毕沅奏陕省市骡稀少，应向民间购备。自宜如此办理，但须严饬地方官据实给价，无得派累。至节次赴川骡头已有七八千之多，不难即以此驮运军粮，无须陕省广为购买。著传谕文绶查明此项骡头现存若干，就近派拨应用，以节糜费而省物力。"

（高宗朝卷九一五·页一五上～下）

○乾隆三十七年（壬辰）八月壬辰（1772.9.26）

山西巡抚三宝奏："晋省驿马共三千五百余匹，安设南、北两路。前以南路专递川省文报，挑拨应用。奏准添雇民马七百余，拨补驿额，约计半年归还。现在尚不致缺乏，惟草豆自应乘贱预买宽裕。今奉恩旨准借一季工料银四万三千余两，按驿分给，以八分买草豆，二分买余马，于明岁工料银内分四季扣还归款。"

得旨："嘉奖。"

护陕西巡抚布政使毕沅奏："陕省西接新疆，南通蜀道，为各站差使总汇之区。兹蒙恩准借支工料银两，俾得先事预筹。第一季尚不敷用，请借二季银一万三千四百余两。再，近因进剿金川，军报旁午，经文绶奏明，沿途地方官通融办给马骡，倒站接替。所用脚价，现俱在通省夫马工料银内摊扣。若此项同时坐扣，未免拮据。请以凯旋日为始，栈外分四季，栈内分八季扣还。"

得旨："允行。"

又奏："前奉谕恩赏进征兵丁衣履等项。查兴、汉、凤、商等处不产羊皮，延、绥、榆一带布匹昂贵，人工亦少。若令各营自行制造，未免购买维艰。惟西安、同州二属货充工聚，当即派西安知府等分头照市值购买，设局趱办。制备既可克期，价值亦较撙节，本月望前即可全数运竣。"

得旨："嘉奖。"

（高宗朝卷九一五·页二一下～二二下）

○乾隆三十七年（壬辰）九月甲午（1772.9.28）

四川总督文绶等奏："新调滇、楚兵，前经阿尔泰咨令多带余丁。近据各抚复称兵已起程，不及雇募。请将滇、楚及川三省兵每百名照旧给余丁三十名之例，即以余丁盐菜、口粮给兵，令雇长夫，以资樵汲。查余丁实支口粮，长夫全行折价，相较并无浮费。"从之。

（高宗朝卷九一六·页七上）

○乾隆三十七年（壬辰）九月丙申（1772.9.30）

谕："前以温福等奏曾头沟一路粮运迟误，军需局司道及总理粮务之松茂道查礼等各执一词，彼此剖辨。因降旨令文绶据实查明，分别参奏。今据查奏，此次曾头沟粮运，军需局不能酌量先远后近，以济急需，乃令各属米石先运杂谷脑，后运曾头沟，本系办理不善。而查礼于所派人夫到日，并不详查事例，辄将在站之夫冒昧支应，甘省兵丁致无余夫可以滚运，殊属错谬等语。查礼系专司粮务之员，所有曾头沟一路办运迟延，实由该员贻误所致，罪无可逭，即著革职，留于军营，自备资斧，办理粮饷，效力赎罪。如再有迟误，即于军前正法示众。军需局司道等经理不善，亦难辞咎。李本、杜玉林俱著交部严加议处。"

谕军机大臣等："南路自雅州至打箭炉，西路由灌县至桃关，各站均系内地。所需夫役，自当于经由之地雇觅应用。或间遇偏僻小邑，亦宜附近帮雇协济。则小民执役不致过劳，购募亦易。即番夷地界随处可雇乌拉，并不必借资夐远。今据刘秉恬、文绶等奏，粮运章程竟是军需局按照阖省州、县均匀通派，依程定限，选役管押赴站。所办殊未允协。又请定以三月更换一次，是远道之人前拨甫经到站，后拨又将起程，仆仆道途，殆无虚日，尤为非计。且因偶一用兵，而令通省百姓疲于奔走，亦非所以体朕惠闾阎之意，于事断不可行。著传谕文绶等另行妥筹良法，定议奏闻。"

寻文绶等奏："臣等再三筹议，如就经由之地不敷雇用，应令军需局酌定附近地方协助其夐远州、县，如楚、滇连界处，有愿效子来之义者，亦应酌量帮贴，以均劳逸。并饬该管道府严禁胥役侵蚀之弊。至三个月一更换之处，系照从前进剿金川之例。第为期太促，仆仆道途，诚为非计。请酌中定以五个月一换。其西路军营及曾头沟等处，俟确查妥酌，照南路画一办理。"

得旨："如所议行。"

督理粮饷侍郎刘秉恬等奏："各站人夫俱非土著，约束实难。请派州、县印官总其事。至南路清溪、林口、头道水等处，山险路长，请添设三站。其西路尤溪、映秀湾、兴文坪等三站，距省不远，骡马驮载可行，应请裁撤。再，炒面性轻，易于裹带，现于米石外，兼办数万斤趱运。再，两路粮运维艰，每米一石，脚价需二十两上下。现军营文武员弁跟役及土兵未出境者，均请照平定金川例半米半折。每米一石，以八九两分别折支，其愿全支折色者听。"从之。

（高宗朝卷九一六·页八下～一一下）

○乾隆三十七年（壬辰）九月戊戌（1772.10.2）

督理粮饷侍郎刘秉恬奏："南路军粮以雅州府为总汇，由省城至雅州四百余里，路尚平坦，由雅州抵打箭炉六百余里，山路险仄。而打箭炉又为分运各路军营总汇：一往卡丫、达乌，一往吉地、丹东，一由噶达、资隆转运绰斯甲布之木池。惟木池一路未设台站，臣文绶已饬干员，与各土司议雇乌拉长运。查章谷现存米万余石，距卡丫、达乌、吉地、丹东不远，无难运送。惟绰斯甲布一路正在克期进兵，现拟先赴噶达趱办。南路粮运人以为难，臣亦不敢以为易。然天下总无必不可办之事，惟与督臣文绶悉心料理，以期挽运有资。"

得旨："所见甚是。勉为之。"

（高宗朝卷九一六·页一四下～一五上）

○乾隆三十七年（壬辰）九月庚子（1772.10.4）

谕军机大臣等："据文绶奏筹补仓储，请及时采买米三十万石以备接济军需一折。今岁川省夏秋两熟，俱获丰登。各州、县勘缺仓粮，乘时采买，自属应办之事。前于七月内召见周煌，据奏蜀中素称产米之区，每遇丰年，下游省分皆取资川米，商贩搬运甚多，似应量为禁制等语。朕彼时以外省贩运米粮，衰益盈虚原所不禁，自不便仅为一省闾阎口食计，稍存遏籴之见。今思湖广、江西、江南各省本年一律丰收，是处米粮充足，不复仰给于蜀米，无庸商舶流通。况西、南两路现俱购办军糈，而各州、县又须采买至三十万石。若再听商贩搬运外出，恐本地市侩借以居奇增价，于民食致有妨碍。是就现在情形而计，不可不为川省留其有余。著传谕文绶留心体察，于夔州、汉中等处预为禁约，毋令商运贩载外省牟利，期于川省民用军粮均有裨益。仍将作何办理之处附便奏闻。"

寻奏："奉谕已分饬成都、嘉定、雅州、叙州、潼川、顺庆各府，眉、资、邛、泸各州，凡近水次处，严禁商贩，毋许透漏。至汉中产米本多，向不借资川省。惟川东与楚省一水可通，商贩络绎。第查重、夔两府及酉阳、忠州、石砫等处距省窎远，为派买军糈所不及，该处产米甚多，仓贮易于买补。现新谷登场，农民出售度用，恐概行禁止，不无谷贱之弊。且下游江、楚等省同属丰收，取资有限，时价不致骤昂，请暂听流通，以为民便。"报闻。

（高宗朝卷九一六·页一七下～一九上）

○乾隆三十七年（壬辰）九月丙午（1772.10.10）

谕军机大臣等："据文绶复奏，南路运粮，陕骡不习石径，核计料草、口粮均多不便，现咨毕沅将续办骡二千头暂停预备等语。前以鄂宝奏西路粮运用骡驮载，较之人夫背负，运粮多而行站加速，恐南路情形与西路相同，是以令陕省于办解西路四千头之外，另备二千头，听候南路调用。今文绶既称南路一带情势与西路不同，料草、口粮兼多不便，自应停其预备。此时巴延三谅已到任，著传谕该抚，除西路办解之四千骡头业已在途，毋庸停止外，其预备南路之二千骡头，速饬承办各属概行停止。并将此谕令文绶知之。"

寻巴延三奏："奉谕已停续办。其西路咨调四千头，业经毕沅办齐起送。兹复接四川来咨，本省雇运已多，止须调陕二千应用。现飞饬经过州、县，撤回二千分给原主，缴还官价，以节糜费。"

得旨："嘉奖。"

（高宗朝卷九一六·页二五下～二六下）

○乾隆三十七年（壬辰）九月丁未（1772.10.11）

谕军机大臣等："鄂宝奏：督催曾头沟一路军粮，其已过维州者，五千七百余石；现抵纳云达者，九百余石，足供十八九日之需。所办甚好。但董天弼现已裹粮进剿，军粮愈为紧要。著传谕鄂宝加紧催趱，其内地续运军粮，并著文绶上紧督催。至站夫在途负运，夜无房屋栖止，以致乘间逃亡，本属经理不善。文绶即添调站夫补足额数，并委员沿路督催，并搭盖窝棚，俾夫役得资栖止，以示轸恤。"

（高宗朝卷九一六·页二六下～二七上）

○乾隆三十七年（壬辰）九月壬子（1772.10.16）

又谕："川省现在办理军务，一切馈送转输皆由内地雇用民夫执役。所有西路站夫运粮章程尚属妥协，其南路日给银米虽已宽裕，第此路食物较昂，伊等负戴远行，仅堪果腹，不免衣履无资，情殊可悯。著加恩照从前进剿金川之例，给与回空口粮。打箭炉以内每日折银五分，打箭炉以外每日折银八分，俾伊等口食更得宽余，挽运自倍加出力。文绶其严饬所属，核实经理，务令均沾实惠。"

（高宗朝卷九一七·页一〇上～下）

○乾隆三十七年（壬辰）九月辛酉（1772.10.25）

四川总督文绶奏："川省各路驿站文报纷繁，马数倍增，所需草豆亦倍于往日，自宜宽为贮备。今蒙恩借给一季工料银两，饬有驿州、县预办，于军邮大有裨益。借项请以乾隆三十八年春季起分四季扣还。至各站额设马为数本少，上年办理军需以来，西、南两路新设台站均已酌增，臣又奏准拨各营存马，按驿分添，毋庸再买。"

得旨："如所议行。"

（高宗朝卷九一七·页二八上）

○乾隆三十七年（壬辰）十月乙丑（1772.10.29）

又谕（军机大臣等）："自去岁进剿小金川以来，节次拨解川省帑银已及九百万两。今军务尚未告竣，军需用项自当宽为预备。著户部于四川就近省分留协项下，即酌拨银二百万两，令各该省派委妥员解往川省备用。该部即行确核速议具奏。"

（高宗朝卷九一八·页八上）

○乾隆三十七年（壬辰）十月戊辰（1772.11.1）

四川总督文绶奏："川省冲途各驿及西、南两路新设台站，均已酌增马数，并添拨营马。所需草豆例于军需项下及各营草干银内分别支销，应令口内州、县照增拨马数领项办理。其口外添设各站，应照马数核计一季需用料豆价值，于军需项下预动银两，发给产豆各州、县采买，运交总理粮务处按站分给。所需草束,令各站员弁就本地购买。"从之。

督理粮饷侍郎刘秉恬、四川总督文绶奏:"臣等驰赴达乌督催粮运。据雅安县禀报,九月初八至十七日,官商各米过雅州府者,计一万二千二百余石。又据各路粮员报称,绰斯甲布之木池及丹东两处米石,由打箭炉、资隆卡、喀勒塔尔分路起运者,均经陆续赶运。至卡丫、墨垄沟、果洲与章谷等处粮石,逐日转运,军储并可充裕。"报闻。

又奏:"军营台站应用夫役甚多。自清溪至打箭炉,民户甚少。自打箭炉至军营,每一土司所属不及内地一大村落,又复各派土兵随营,及于两金川接壤之处分拨防守。运粮人夫沿路不敷雇用,应令军需局酌定附近地方,调民夫协济。鸾远州县如楚、滇连界处,应听酌量帮贴。其民夫更换,原议以三月为期,不免太促,应令五月更换一次。至西路军营及曾头沟等处,应仿照南路办理。"从之。

（高宗朝卷九一八·页一八上～一九上）

○乾隆三十七年（壬辰）十月癸未（1772.11.16）

又谕（军机大臣等）曰:"护军统领公兴兆,著以领队大臣赴阿桂一路军营带兵。"

（高宗朝卷九一九·页一五下）

○乾隆三十七年（壬辰）十月丁亥（1772.11.20）

谕军机大臣等:"明年分路进剿金川,领队需人,著将桂林派往南路,富兴派往西路,交与温福、阿桂,令其领队行走。著传谕伊犁将军舒赫德等,即令由伊犁、甘肃驰驿往川。并于现驻伊犁之厄鲁特官兵内拣选二十人,照例赏戴翎顶,并支给银两,令桂林、富兴分路带往。"

（高宗朝卷九一九·页二二下～二三上）

○乾隆三十七年（壬辰）十月戊子（1772.11.21）

谕曰:"文绶奏现在军需经费,请再拨银三百万两以备接济。著照所请,即交部酌拨,分起解往。"

又谕:"据文绶奏陕省委员张学敏等解送川省正骡二千匹,余骡四十匹，详加挑验，均属膘壮结实等语。此次陕省委员张学敏等解送驮骡，甚属妥速。著交部照例议叙。"

谕军机大臣等："川省进兵，其始不过派用本省兵练，为数无多。直至上年十一、二月内，黔、陕各兵始陆续到营。现在军营各省兵丁计有三万八千余名。而五月前到营者，数止一万七千以内，其余二万一千余名均于六月后到营。川省绿营兵及土兵土练等虽有三万余名，亦系先后调发，并非用兵之初即一时并集。况乾隆十三年金川军需通计动支不及千万，今所拨已至一千四百万两，文绶身为总督，于军储出入必当核实清厘，不容听其稍有浮冒。现交户部查对上届金川兵数与军需之案及此次兵数应支各项，据实核奏。著传谕文绶将军营上年需用若干，本年六月以前需用若干，及现在兵数添足后每月实用若干，逐一详查，分晰具奏。"

（高宗朝卷九一九·页二三上～二五上）

○乾隆三十七年（壬辰）十月辛卯（1772.11.24）

督理粮饷侍郎刘秉恬奏："由墨垄沟至甲尔木山梁山路险仄，恐夫力疲乏，粮运稍有迟误，因于墨垄以外之群增、山根二处暂安粮站。其山根一站，距贼最近，经参赞臣阿桂于余丁内添派二百以资防卫。"

得旨："览奏俱妥。"

（高宗朝卷九一九·页三一下～三二上）

○乾隆三十七年（壬辰）十一月戊戌（1772.12.1）

督理粮饷侍郎刘秉恬奏："绰斯甲布、革布什咱两路军米悉取资于章谷存粮。必须自口内多为运贮，方足以供转运。今章谷米数未增，请敕该督文绶，将各处米石上紧赶运。"

谕军机大臣等："文绶向称能事，是以特调为四川总督。一切军需粮务皆其专责，原应及早设法趱运。著传谕文绶，即严饬各运员将口内、口外转运粮石，务须上紧运赴章谷，源源不断。并将官兵应需皮棉衣服，多拨人夫速为运送。设此后再有稽误，惟该督是问。"

（高宗朝卷九二〇·页一七上～下）

○乾隆三十七年（壬辰）十一月癸卯（1772.12.6）

谕："据文绶奏暂请开捐以裕军需一折，所奏大非，已于折内批饬矣。捐资入官，本非选举正格。朕御极之初，召见内外臣工，不但捐纳出身之人，即科举出身之人，亦多有言捐纳中可得人材者，因姑试广求，以期克当任使。乃历年来报捐人员虽不乏尚堪驱策之人，而求其才识超群、体用兼备者竟未多觏。即今内而部院大臣，外而督抚，其实能为国家办事者孰为起自赀郎者乎？捐纳事例一开，必致正途滞积，朕实深知其无益，是以降旨永行停止。兹科目铨选甫得疏通，岂可复使纷淆阻窒乎？方今国家当全盛之时，左藏所储日以充积。乾隆初年户部银库止三千三四百万，而今已多至七千八百余万，奚翅计倍而赢，然此并非有加派重征之事。因平定西陲以来，摘减沿边防守兵马，及酌裁各省驻防汉军粮饷、马干等项，除抵补新疆经费外，每年节省银九十余万两。历今十有余载，岁需出数较少，约积存千有余万。库帑之增大率因此。忆乾隆二十年以前内务府存备之项或因支给不敷，奏拨部帑数十万协用者有之，今亦以岁会溢于旧额，尚将内务府余银拨贮部库。朕虽不谕俭，而府藏充盈，实为从来所罕有也。每念天地生财只有此数，不在上即在下，与其聚诸无用之地，曷若使民间多得流通？所以遇有灾荒赈恤，曾不惜大费帑金，又两次普蠲天下正赋，俾得藏富于民。方思乘此邦计裕饶，因公多为动用，以益闾阎乐利之庥，岂可转复为培益之说耶！至进剿两金川一事，本属势不得已。因僧格桑、索诺木二酋俱系内地土司，敢于狼狈为奸，阻兵抗命，侵扰邻封，若不厚集兵力，扫穴歼渠，日久必贻后患，不可不为一劳永逸之计，用以靖边徼而辑诸蛮。其一切军兴俫备所需，虽多费实无稍靳。今节次拨帑济用已一千四百万两，而太府之储未尝少减。且两路大兵深入小金川，自可迅奏捷音，即将来攻剿金川或略延时日，再费二千万两亦可藏事。库贮尚在五千万以上，又何虞见绌？文绶顾欲借军需之名孳孳言利，将已停捐例复开乎？至所奏请照从前金川之例，每米一石定价二十五两等语，明系欲为地方官预开浮冒之端，此更不可为训。外省开捐包揽收折诸弊无所底止，即使实报实收，而上司下属亦皆赀其余润。川省各员办理军需种种未协，方负罪之不暇，又何必复曲为体恤耶！朕以文绶办事实心，特调任四川总督，冀其襄理军务，于事有益。今乃率为此奏，初不意其识见浅狭，罔识大体竟至于此。文绶著交部议处，仍将此通谕中外知之。"

又谕："前因川省南路军营食物价值稍昂，站夫负戴远行仅堪果腹，情殊可悯，曾降旨加恩照从前进剿金川例，给与回空口粮，以示体恤。今西路官兵渐逼贼巢，站夫运送军粮进路益远，其口食亦未免稍艰，著加恩照南路例，无论本日、次日，分别口内、口外折给回空口粮，俾伊等口食宽裕，自更踊跃赴公，易于集事。并著文绶严饬粮运官员，悉心确核妥办，务令均沾实惠。"

（高宗朝卷九二〇·页二三上～二六上）

○乾隆三十七年（壬辰）十一月丁未（1772.12.10）

又谕（军机大臣等）曰："舒常一路所需铜斤炮匠，著传谕文绶迅速赶办，选派妥员克期解往，一面奏闻。此等事乃文绶专责，何竟任催罔应？如再有迟延，致误进剿，恐文绶不能当其罪也。"

（高宗朝卷九二一·页四上～下）

○乾隆三十七年（壬辰）十一月己酉（1772.12.12）

谕（军机大臣等）曰："富勒浑著驰驿前往四川，有查办事件。所有湖广总督印务，著陈辉祖暂行署理。"

（高宗朝卷九二一·页一〇上～下）

○乾隆三十七年（壬辰）十二月丁丑（1773.1.9）

又谕（军机大臣等）："据文绶奏，小金川指日荡平，一切军需均可由美诺随军转运。请将粮道改由西路从桃关及小关子出口，均可酌量分办。其南路章谷至美诺台站可全行裁撤。章谷及丹东等处，系通绰斯甲布、革布什咱两路粮道，应量为节减等语。今阿桂续报，已于初六日攻得美诺寨，两路大兵会合。现在进剿布朗郭宗等处，追擒逆竖，粮糈甚关紧要。现在自应从西路转运，以利遄行。至小金川藏事之后，即应接办金川。大军或分两路，或分三路，已谕温福等酌量妥办。其粮运所经，自应各就近便之路妥协筹运，务期储备宽余，勿致临时延误。著传谕刘秉恬、鄂宝、富勒浑等，即速札询温福等分路进兵情形，将如何酌定粮台道路之处上紧筹画妥善，一面将议定规条详悉具奏。将此随军报之便谕令知之。"

又谕曰："刘秉恬自派赴南路办粮以来，一切均能奋勉。且由达乌亲往美诺督率挽运，不辞劳瘁。鄂宝在西路经理粮运，亦能悉心筹办，妥速无误。并著加恩赏戴花翎。现今两路大军会合，温福等带兵追擒逆竖，即当乘胜直剿金川，粮糈尤关紧要。该侍郎等益宜和衷商榷，加紧转运。再，前已降旨令刘秉恬同李煦留驻美诺办理降番等事。此旨谅可先到。当此贼巢初克，该侍郎更当加意妥办。从此实力宣勤，茂著劳绩，朕必加渥恩，用昭奖劝，将此传谕知之。"

（高宗朝卷九二三·页八下～一〇上）

〇 乾隆三十七年（壬辰）十二月辛巳（1773.1.13）

又谕（军机大臣等）："昨据阿桂奏，大兵攻破美诺，各寨悉就安抚。今据温福等奏，分兵攻克布朗郭宗、底木达，执缚土司泽旺解京。贼巢俱经扫荡，现在克日追擒僧格桑，捷书屡奏，小金川之局已经全定。计自办理军务以来一年有余，一切紧要军邮往来络绎，沿途各台站均能如期趱递，并无贻误，甚属奋勉可嘉。所有直隶、山西、陕西、四川等省驿站官员，俱著加恩交部议叙。其驰送文报之兵丁人等，并著各该督、抚等查明给赏，以示鼓励。"

（高宗朝卷九二三·页二四上～下）

〇 乾隆三十八年（癸巳）正月甲午（1773.1.26）

又谕（军机大臣等）曰："甘肃提督马全即著驰驿前往四川，派在温福军营作为领队大臣，管理甘肃官兵。"

又谕："小金川之地于旧腊悉已荡平。现在将军等分路统兵，乘胜直捣金川，一切军需自宜宽裕储备。著再于部库内拨银五百万两，解往川省备用。"

四川总督刘秉恬、督理粮饷山西巡抚鄂宝奏："从前美诺未克，西南道路不通，军粮半由南路转运。今道路已通，除功噶尔拉官兵仍从草坡、沃克什一路粮台供运外，其当噶尔拉一路军台，若亦从西路馈送，恐致拥滞。议自成都由木坪运至美诺、僧格宗等处转运营中，不独较之由打箭炉运往者所省为多，即较之由桃关运出者尚有撙节。再，南路站长山僻，运费较西路为繁，增兵既多，积粮无几，不如西、南两路并运。臣鄂宝于供支功噶尔拉之外，兼办党坝运往绰斯甲布军粮；臣刘秉恬供支当噶尔拉之外，兼办南路运往绰斯甲布军粮。彼此赶办，较为有益。此外，吉地、丹东一路现有官兵六七千，臣刘秉恬于章谷存粮内运往接济。"

得旨："嘉奖。"

（高宗朝卷九二四·页一三上～一六上）

○乾隆三十八年（癸巳）正月乙未（1773.1.27）

谕军机大臣等："马全前已调补甘肃提督。……今马全来京陛见，已令其驰驿赴川，即以甘肃提督作为领队大臣，管理甘肃官兵，随营进剿。"

（高宗朝卷九二四·页一六下～一七上）

○乾隆三十八年（癸巳）正月丁酉（1773.1.29）

谕军机大臣等："据鄂宝奏，绰斯甲布一路粮运，已自梭磨至党坝安设台站。其美诺至卡撒一路，现在催令多雇人夫，赶运赴营拨用等语。粮运为军营要务，自应妥速筹办。但前此官兵由西、南两路分进，是以令刘秉恬、鄂宝分任督运军粮。今小金川全境悉已荡平，运道多已改归西路，与彼时情形迥不相同，伊等自应酌量三路转运事宜，协力通盘熟计。其中远近缓急，惟在随宜措置，务使军储源源接济。况刘秉恬已特授总督，粮员皆其所属，呼应更灵。嗣后办理粮务，著刘秉恬、鄂宝合而为一，不必更分南路、西路。至现在三路军粮，何路应由何处转运便捷，并内地应作何接运，及一切措置之处，非朕可能悬度，总在伊二人因地制宜，善为区画，俾军装裹带宽余，肤功应时速奏。其应由富勒浑在内地督催接济者，仍遵前旨妥协经理。将此遇军报之便，一并寄令知之。"

寻刘秉恬奏："现在粮站情形较小金川未平时实不相同。大兵现抵功噶尔拉山，已于附近之牛厂地方添站接运，更为便捷。至当噶尔拉一路粮站，现令臬司李世杰在附近一带加紧筹办。木坪商米亦陆续起运，克日抵营。绰斯甲布兵粮由打箭炉转运者，已严饬赶运，不得借口雪大山封稍致迟滞。其由党坝运往绰斯甲布之粮，较打箭炉为近，臣等节次饬令妥速赶办。务期军糈充裕，兵行迅速。"

得旨："欣悦览之。"

（高宗朝卷九二四·页二二上～二三下）

○乾隆三十八年（癸巳）正月丙午（1773.2.7）

谕军机大臣等："据温福奏，察看功噶尔拉形势，必须先用大炮轰摧，而所调炮位仅运到四号炮二尊，其炮局铜斤物料尚未运来等语。现在攻剿功噶尔拉贼碉首借炮力，而大炮艰于运送，必须将铜料速运，俾得赶铸应用。刘秉恬已擢授总督，且近驻美诺，督催更为便捷。著传谕该督，即将应办铸炮铜斤物料，派委干员沿途上紧查趱，迅速运送，毋稍刻迟，以便克期集事。并据温福奏，大兵进攻功噶尔拉，必须备有十日半月裹带之粮，而各站人夫未能全到，一日所运粮石仅足资一日支放。现与文绶面商，于驻防后路各卡兵内酌量抽拨，凑以军营长夫余丁，尽所得兵夫令赴美诺背运米石济用。而文绶亦奏称，美诺及旧存沃克什等处军粮共二万三千余石，续到之粮源源相继，抽拨及雇备人夫亦俱陆续到站。其自美诺至牛厂三站，一二日内亦可安设齐备。现与将军温福熟商通融办理。至副将军阿桂一路之粮，亦现由美诺设法酌量协济，仍饬李世杰将卡丫等站存米赶运应用。并饬令新开木坪一路，加紧趱运。俟饷道通行，即令由西路转运等语。今大兵分路进剿，所需粮饷关系紧要。此皆刘秉恬专责。著该督速即妥协筹画，将人夫、粮石酌办齐全，加紧趱运，使两路皆得宽裕接济，以利军行。仍将筹运铜、粮各事宜迅即复奏。温福折著抄寄阅看，文绶折亦即交令查办。其内地应行筹措续运粮石，并著富勒浑留心饬属赶办。将此由六百里加紧发往，一并谕令知之。"

寻刘秉恬奏："木坪粮已运到四百余石。其绰斯甲布军粮由打箭炉一路长运，甚不足恃，已改由党坝滚运。至炮位已铸成食子十六斤之大炮一尊，攻击贼碉甚为得力。需用铜斤物料，若俟内地调取，势必迟误，已饬军需局多办数分，运送三路军营。美诺等处存炮十九位，遇移营时路险难运，拟分别存贮镕化，以便取用。其当噶尔拉、绰斯甲布两路炮位亦拟照办。我兵日进日远，计功噶尔拉每站需夫六百余名，当噶尔拉每站需夫四百余名。去岁于原设各站内抽拨不少，此处又无多余蛮夫可雇，军需局去腊雇夫七千，又续雇三四千，现到站者二千，已节次飞催，并札知督臣富勒浑一体严饬速进。"

得旨："诸凡皆妥。"

（高宗朝卷九二五·页一下～四上）

○乾隆三十八年（癸巳）正月庚戌（1773.2.11）

谕军机大臣等："前以两金川贼众恃险拒守，其枪炮所用火药、铅丸产于何地，或购自他处，抑由内地偷漏各情节，曾谕前任总督文绶查办具奏。其复奏亦未明晰。而军营所讯俘获番众供词，言人人殊。兹泽旺解送到京，讯据供称，小金川素不产硫磺，其铅斤向来原有铅矿，在美诺、僧格宗相近之勒博地方，从前曾经开过，因开采后年岁不好，遂即封了。后来所用铅斤系购自木坪、三杂谷等处。至金川向有磺厂，其铅子闻于附近之绰斯甲布等处购买等语。木坪、三杂谷、绰斯甲布等处俱系内地土司，两金川所用火药，即使未用兵以前陆续购买，亦不能预备数年之用，其中自不无番夷私行偷卖。今小金川全境荡平，该处向日所用火药、铅丸如何制购，无难确询得实。如勒博等地境果产有铅斤、硫磺等项可供制配火药者，即当就近采办应用，可省内地远道解运之繁，更属便益。著传谕刘秉恬即速查明妥办，据实具奏。至金川所用铅、铁既有买自绰斯甲布之供，尤宜设法严禁。况现由此路进兵，军火所需更关紧要。且绰斯甲布随征土练等各有应给备用火药、铅丸，恐该处番人等于关支后私行省减，转售贼番，则与借寇兵而赍盗粮何异！更不可不加意严防。著并谕丰升额、舒常晓谕该土司，严饬各土练等凛守法度，不得将火药、铅丸丝毫偷漏，致干重究。丰升额仍于军营严密访察，如查有偷卖之事，即行尽法严惩，以示炯戒。并著刘秉恬于附近金川贼境各处，饬属实力严查申禁，不可稍有疏懈。将此遇军报之便，一并谕令知之。"

寻刘秉恬奏："泽旺所供铅矿，据思巴寨寨首温布禀称，泽旺父汤朋曾于科多桥地名安博落山挖过，尚有旧洞基址等语。查安博落在美诺、僧格宗之间，看来即系泽旺所供之勒博地方。已饬调工匠试采，如果苗旺，即当赶制铅丸以资军火。至番夷私行偷卖之弊，已严谕金川连界各土司毋许偷漏，违者即置严刑。并悬立重赏，传谕带兵头人等遍示诸蛮，令互相觉察，如有能告发私卖子药、铅、铁者，赏银一百两。俾知所赏倍于所卖，当必争相查讦，不严自绝。"报闻。

（高宗朝卷九二五·页六上～八上）

○乾隆三十八年（癸巳）正月辛亥（1773.2.12）

谕军机大臣等："军营铸炮需铜，不宜刻缓。现今温福、阿桂两路皆应赶铸大炮，所需铜斤尤多。著刘秉恬加紧督催承办人员，即速趱运军营供用。至各处贼碉，需炮轰击者多，而攻得一处，炮位难于移运，又须随地另铸。是各路均应酌量多贮铜斤，以备将军等调取。若铜斤稍有不敷，即将钱局存铜暂行借用，亦无不可。所谓急则治其标，又当斟酌重轻，筹其先务也。再，官军上年攻剿贼卡所铸大炮，其曾经轰碉立功加以封号者，自应存贮镇守，不宜毁弃，若不过寻常施放，并未攻得碉卡者，仍可改作材料移运应用，较为省便。刘秉恬即当实力妥办，温福、阿桂、丰升额并宜一并查照办理。"

又谕："现在大军分路进剿深入贼境，各路夫役在后续运军粮接济最关紧要。必须供备齐全，不致临时贻误，于事方为有益。著传谕刘秉恬，将各路应需夫役上紧多余宽备，以资要用。但所雇夫役向来多有脱逃者，不可不加意整顿。伊等既受值雇用，即系在官之人，并非白用其力。若敢于逃避，以致粮运稽延，与玩误军务无异，即当查出倡首一二人，照逃兵例，以军法从事，庶足惩一儆百。并令温福等一体留心，如有逃窜误公夫役，即查出从重办理，庶人知畏法，不敢效尤。"

寻刘秉恬奏："奉到谕旨，当即刊刻晓示，并饬各路关隘及原籍地方详加盘诘。如获倡首之人，审明正法。至站员专司站务，站夫私逃，即其经理不善，应行参究。倘有将工价、口粮克扣，以致站夫逃散者，其罪较甚，亦应以军法从事。内地州、县侵渔夫价，无论得赃多寡，亦照此办理。"

得旨："好。实力行之。"

（高宗朝卷九二五·页九上～一一上）

○乾隆三十八年（癸巳）正月癸丑（1773.2.14）

又谕："攻打贼碉首借大炮之力，早能铸得一日，可早一日成功。如所需铜料运到者，约计足敷一位之用，即当上紧赶铸。并著刘秉恬严饬办运各官，将铸炮铜斤料物加紧速运，以利进攻。"

（高宗朝卷九二五·页一二下～一三上）

○ 乾隆三十八年（癸巳）二月癸酉（1773.3.6）

又谕（兵部）曰："丰升额等队内侍卫官员无几，不敷分领各队。是以今日兵部将各营保送记名，以副将等官简用之员带领引见时，视其中汉仗好曾历行阵者，拣选十四名，作为二起。以护军参领全保、山东保，副护军参领保德，捕盗步军校音德赫，蓝翎侍卫王维宾，护军校巴彦保，骁骑校光明福等为头起；以火器营护军参领果申泰、副护军参领明泰、委署护军参领花连泰、前锋校巴绷阿、火器营护军校国观、骁骑校五达子、守备金光裕等为二起。所有伊等应得款项，该部即照例办给。头起著于本月十八日起程，二起著于二十一日起程。俱著驰驿前赴军营，令丰升额等酌量领队委用。"

（高宗朝卷九二六·页二八上～下）

○ 乾隆三十八年（癸巳）二月甲戌（1773.3.7）

又谕（军机大臣等）："昨日所派令往丰升额等军营之护军参领山东保等十四员，内守备金光裕之母年老有疾，并无奉侍之人，金光裕不必令往军营。其余十三员俱系各营保送，以副、参、游、守记名。俟各省请发人员时，朕于其中酌量汉仗好曾历练者拣选发往。现今军营既有各省绿营官员，即系伊等应升之缺。著交温福、阿桂、丰升额等，俟伊等到丰升额军营时，三路军营无论何路出缺，但酌量伊等出力行走可以升用者，各于应升之缺奏补。其某人应用某职之处，著一并开单赍往。"

（高宗朝卷九二六·页三〇上～下）

○ 乾隆三十八年（癸巳）二月丙子（1773.3.9）

谕军机大臣等："据富勒浑奏，试用典史潘觐龙押解饷银至汶兴站二道桥地方，该员查点，失去站夫刘尚友背运一鞘。当即严查缉获，审明正法。仍请将解员潘觐龙革职，留于军营效力赎罪。站员典史胡期伯、把总刘兴汉交部严加议处等语。军营鞘饷最关紧要，若解员等漫不经心，既已疏纵于前，又不能及时追捕于后，自应于革职追赔之外，仍行治罪示惩。如失鞘后，解员等立即查明，自行将银犯并获，是该员尚知奋勉自赎，其咎止于降留罚俸。倘系该地方员役捕得，与潘觐龙等无涉，仍如该署督原请分别革职议处。今该署督折内并未声叙何人缉获，殊欠明晰，著富勒浑另行详悉查明具奏。此旨著随军报之便传谕知之。"

又谕："据温福奏，令五福前往党坝。朕思五福究不若董天弼之练习，昨已有旨，将党坝防堵逆酋逃窜一事责成董天弼。著仍遵前旨，令董天弼速往驻防。其布朗郭宗等处董天弼所办之事，即交五福代办。至董天弼前赴党坝，并非进剿，不过设卡守巡，似无须再添兵力。其美诺虽不虞贼番逸出，但系紧要地方，亦不可不防其潜来滋事，原驻之兵似不应拨赴党坝。著刘秉恬会同董天弼即将实在需兵若干之处，详悉熟筹，妥办复奏。再，从前温福等由巴朗拉进兵，层层山险路窄，攻剿甚为不易。今自攻克小金川以来，军台饷道由西路设站安行，颇觉便捷。若所经即系前此进兵之途，何以路径难易今昔情形迥别？此又理之不可晓者。著刘秉恬查明自维州至美诺经由台站道里，开列清单，或并绘图具奏。又，前据阿桂奏：'从金川脱出之喇嘛齐楚木永仲师徒三人，已谕令解京候讯。'今用番字核对，则齐楚木永仲乃簇尔齐木拥隆，扎什车尔真乃扎什策零洋，伊什隆真乃伊什陇藏，原译之名实为舛谬。且各路军营奏折似此随意译写者，不可枚举。温福等即未习西番字，岂清字亦不能辨别乎？著将更定之名兼写清字发去，照式改正。嗣后遇有对音之字，宜详加斟酌，毋致舛误可笑。"

（高宗朝卷九二七·页六上～八上）

○乾隆三十八年（癸巳）二月辛巳（1773.3.14）

谕曰："李时扩著驰驿前往四川丰升额一路军营，随同进剿。交该部遇有总兵缺出，即行奏闻请补。"

（高宗朝卷九二七·页一一下）

○乾隆三十八年（癸巳）三月丙申（1773.3.29）

谕军机大臣等："阿桂奏请调拨黔兵二千名，赶赴绰斯甲布备用。此时似可毋庸再办。前旨令熟筹抽拨，系指川省兵丁而言。今川省已调派一千六百名，分赴美诺、党坝等处，此外原无可再调。至黔兵虽尚得用，但该省亦系苗疆，需兵弹压，自不宜屡有调遣。且川省现在各路官兵俱已深入，续调亦恐不及。或绰斯甲布一路实有必须添助兵力之处，朕又难于悬定。已谕令图思德、拜凌阿于黔省近川各营现有旧兵内，预挑二三千名听候调拨。著传谕温福、阿桂、丰升额彼此札商，通盘筹画。如果必需，则一面调取，一面奏闻。"

（高宗朝卷九二八·页九上～下）

○乾隆三十八年（癸巳）三月甲辰（1773.4.6）

又谕（军机大臣等）："现在官兵分路进剿金川，虽值大雪未能克期深入，向后天晴日暖，便易于得手。要之此举有进无退，不灭不休。况各路兵精粮足，而运饷一事董催筹办，并有专司，自可无虞不继。新正业经降旨，拨部库银五百万两解川备用。连前共一千九百余万，未知此项银两足敷几时之用。目下军务尚未就竣，或再迟数月，亦未可定，国家帑藏方盈，即再拨数百万，仍属宽然。著传谕刘秉恬、富勒浑将已拨之项通盘核计，约可用至今年几月，如尚须续拨，务预行奏闻，则自京拨往，更可从容运解，沿途亦不虑稽延。且军需备项有余，诸事皆便于措置。果用之得当，朕必不稍有所靳。刘秉恬、富勒浑即速核实复奏。至于运粮人夫一事，最为紧要。从前阿尔泰初办时，茫无定见，既将远道民夫亦同派往，致愚氓惮于远涉，接踵逃亡，甚至因而派及里下，尤非朕子爱元元之意。曾屡降谕旨，令各妥协筹办，究未知经理若何。即如逃夫一节，如果受雇在官，按例给价，并非白用民力，此而敢于逃匿误公，自当惩之以法；倘系地方官办理不善，或奸胥蠹役从中侵扣雇值，致令长途奔走，饥馁困乏，不得已而中路潜逃，其咎又不专在民，即当查明舞弊官役尽法严治。日前刘秉恬曾奏及此，已如所请。但刘秉恬现在军营，派夫乃内地为政，自当责成于富勒浑。川省办理军需，一切皆官为给发，从不肯丝毫扰及闾阎，而挽运之劳，自不能不稍资民力。既已予之雇值，又复蠲缓频施，民非无良，岂有不知感奋自效者？今在站之夫或有逃匿，已交刘秉恬等随时严切查拿，自可渐知守分畏法。至于各属拨用人夫时，富勒浑当留心体察，若有不肖官吏或拟派不均，或借端科敛，致乡愚情不能堪，酿成事衅，所关非浅。且川省向有啯匪一种，最为不法，设或经理失当，使此辈乘隙妄为，尚复成何事体？今边徼军务未竣，内地尤宜加意抚辑。倘不实心察吏，致民情稍不宁帖，惟于富勒浑是问，恐彼不能当其咎也。"

（高宗朝卷九二八・页二五下～二七下）

○乾隆三十八年（癸巳）三月丙午（1773.4.8）

又谕（军机大臣等）："据刘秉恬奏，川省办理军需，一切事务纷繁，需员差委，拟奏请拣发。适奉旨拣选文武各十数员来川委用，实于公事有裨。恳请敕下吏、兵二部，催令该员迅速起程到川等语。此次拣发各员，虽闻其起程颇速，或其中尚有未即出京者，著传谕吏、兵二部堂官，即行饬催起程。至该员等俱系自备脚力前往，恐行程不无延缓，并著该部行文经过各省。如遇各员等到境，即催令上紧趱程赴川，以资差遣，毋稍稽滞。"

（高宗朝卷九二九・页五上～下）

○乾隆三十八年（癸巳）三月癸丑（1773.4.15）

谕军机大臣等："绰斯甲布现在需兵，而党坝之兵又不宜减撤，自应酌量抽拨川兵，以备防剿之用。但丰升额等所奏屯兵，平时以耕种为常，未必精于训练，恐与新募之兵无异。即使能登山越险，而技击未娴，亦于军营无济。著传谕刘秉恬，如川省旧兵内尚有勇壮可选者，即派五百名，令其迅赴绰斯甲布军营，听丰升额等拨用。如旧兵不敷，即调屯兵亦无不可。"

（高宗朝卷九二九・页一五下～一六上）

○乾隆三十八年（癸巳）三月丁巳（1773.4.19）

谕军机大臣等："前因阿桂奏请添调黔兵，曾谕令图思德预行选派，听候咨调。今据图思德奏，业经挑选预备。因念绰斯甲布兵数似觉略少，或必须添兵集事，亦未可知。今军需已拨至一千九百余万，即因添拨黔兵稍多费用，原所不惜。况黔兵既已预备，未便遽令停止。设或将来仍复需用，又费周章，转致多延时日。著传谕丰升额，将是否尚须添调及应调若干之处，就近与温福、阿桂札商妥办。"

（高宗朝卷九二九·页二〇下～二一上）

○乾隆三十八年（癸巳）闰三月壬戌（1773.4.24）

谕："川省自用兵以来，节经降旨拨解邻省及部库银共一千九百余万两。询据富勒浑奏到，此项银两约计可用至本年六七月间。现在将军等分路统兵进剿金川，屡次攻克贼人碉卡，至其时自可扫穴擒渠，大功告蒇。而军需一项不妨宽裕储备，以资应用。著交户部再酌拨银五百万两，解赴川省。其作何分拨解运之处，即著户部妥议速奏。"

（高宗朝卷九三〇·页三下～四上）

○乾隆三十八年（癸巳）闰三月甲戌（1773.5.6）

谕曰："原任松茂道查礼，前因办理曾头沟粮运，误将到站人夫支应兵差，经前任总督文绶参奏，降旨革职，仍留军营效力赎罪。今据刘秉恬奏称，该员老成练达，强干有为，询以番地情形，甚为熟悉，洵属军营得力之员。现在木果木及美诺、布朗郭宗一带催趱粮运，兼办降番事宜，并称松茂道缺，现乏署事之员，可否即令查礼暂行署理等语。查礼著加恩令其署理四川松茂道事务，仍带革职留任，以观后效。"

（高宗朝卷九三〇·页二八下～二九上）

○乾隆三十八年（癸巳）闰三月辛巳（1773.5.13）

谕军机大臣等："铸炮铜斤关系最为紧要，自应购备净铜，以资利用。即铜色不能一律，亦当淘炼极净再行解往，方于造炮有益。今丰升额军营铸成之炮屡经炸裂，皆由内地运送铜斤未纯所致。承办之员实难辞咎。著传谕刘秉恬、富勒浑，确查此项铜斤系自何员承办，据实参奏。现在丰升额军营另铸炮位，需铜甚急，著刘秉恬、富勒浑饬属购办纯净足色铜斤，迅速解送应用。其温福、阿桂两路，并著该督等一体办理，毋得稍有贻误。"

（高宗朝卷九三一·页一〇上～下）

○乾隆三十八年（癸巳）闰三月壬午（1773.5.14）

又谕（军机大臣等）曰："温福奏军营箭枝缺乏，向富勒浑咨取。朕思彼处工匠断不及京城，著将武备院收贮之箭挑选六千枝，派春宁等分起送往。并传谕温福、阿桂、丰升额等，除将行取成都箭枝赏给兵丁外，此项由京解往箭枝，于各队内择其勇干能杀贼者酌行给与，不得滥给，以致枉费。"

又谕："著派御前侍卫副都统春宁、乾清门侍卫辅国将军景熤、三等侍卫特成额各带箭二千枝，驰驿分往三路军营赏给兵丁。特成额著往丰升额军营，春宁往温福军营，景熤往阿桂军营。春宁等到彼留住一日，即速回京，以便询问彼处情形。"

（高宗朝卷九三一·页一三上～下）

○乾隆三十八年（癸巳）闰三月丁亥（1773.5.19）

又谕（军机大臣等）："军粮关系紧要，屡经严饬该督等实力经理，并特派大臣董司其事，沿路催查，务使源源接济，以利军行。至该省招商领运，原系佐官运之不足。但既官给票张，自应令其执为运米凭据。田济国安得持无米之票赍银远涉？且奸商挟资赴营，料必仍向兵丁买回食米交官充数。此大不可。各兵支给口粮均系按日而计，俾饱餐励勇，期于攻剿有资，非若在京八旗关支甲米，得以听其通融转售。诚使兵皆果腹，必不能复有升斗余存。即或官员等给米较多，亦系计其跟役人数，俾足供口食，并非使之宽裕积存。况在官员等更不当以此觅利，设使官员兵丁等除日食外果有余粮，则又不如按其例给之数，实食若干支与本色，而以余数兼支折色。既可稍省转饷之劳，并可宽为储蓄，以备缓急之用，更不应任其私相贸易，致奸商牟利滋弊也。所有此案奸商田济国既领票承运，辄敢不携颗粒赍银赴营，为自私自利之计，甚属可恶。事关军饷，非寻常商贩因公射利者可比。该犯现已解至鄂宝处，审明属实，即应在彼正法示众，以昭儆戒。至此路业已败露，其余各路类此者恐亦不免。刘秉恬、鄂宝为督办军粮大臣，富勒浑现署川督，各路供给军粮乃其专责。著交刘秉恬等严查各路有无似此弊端，据实妥办。仍查此路粮员因何纵容奸商如此舞弊之处，据实参奏。至于各路官兵等如果有私卖余米之事，将军等不应毫无见闻，著传谕温福、阿桂、丰升额一体留心确查。仍与刘秉恬等咨商，妥定章程具奏。"

（高宗朝卷九三一·页二二下～二四上）

○ **乾隆三十八年（癸巳）四月庚寅（1773.5.22）**

谕（军机大臣等）曰："内阁学士博清额，著即驰驿前往四川军营。"

谕军机大臣等："温福等参奏李煦、常保住捏报一案，已谕将李煦、常保住革职枷示矣。今思温福因其禀报支离，察出疑窦，尚属揣度之词，未得此案要领。盖李煦等捏报谓系小金川、沃克什换班穷番，此即其紧要关键。小金川、沃克什如果有换班之事，无难按册而稽。若小牛厂失事时并无番众换班，则所报全虚，诘讯自无能置喙。已派内阁学士博清额前往，会同刘秉恬秉公严讯。博清额审讯具折后，驰往温福军营，看视该处情形，即行回京复奏。"

（高宗朝卷九三二·页一〇上～下）

○ **乾隆三十八年（癸巳）四月丁酉（1773.5.29）**

又谕（军机大臣等）："据刘秉恬奏，现在发往四川在省各员，莫不心怀观望，视军营为畏途。到省后，惟恐军营一有闻见调来办差，每多不通闻问。现在新安各站人员，由省城经派来营者甚少。因一时乏人经管，将解饷各员截留济用，又系无任微吏，诸事时形掣肘等语。殊出情理之外！此等恶习不可不亟加整饬。朕因川省现在办理军务差委需员甚多，是以节次引见人员内，视其尚堪策励者，俱陆续发往，以供任使。此等人员到川后，富勒浑即当量其人材高下，先尽其中勤干者派往军营，其余留省坐办，方为合理。乃将发往之员概留省城，并不令各员与刘秉恬一通闻问，富勒浑所办殊属非是。至刘秉恬于此等人员接准吏部知照，何妨指名向富勒浑咨取，谅富勒浑断不敢扣留不放。何竟见不及此？是二人竟属分办，非朕本意，二人皆误矣！至所称欲将畏缩不前之人查明参奏，通省大半如此，参之不胜其参。此语殊觉失当。刘秉恬如果见各员中有规避不赴军营者，即当指参一二人以示惩儆，不应仅付空言。设果通省官员畏葸者过半，又何难概加参劾？即行拣发前往，亦不致于乏员，何乃束手无策至于如此耶？刘秉恬与富勒浑虽一在军营一在省城，而所办同系一事。况刘秉恬系实授川督，富勒浑不过暂行署理，仍系代其办事，即发川各员在省在营，均系伊所正属，原不必视有分歧。而富勒浑系代刘秉恬办事之人，更不应少分畛域。若将到川人员尽留省会，止图自便，而不顾刘秉恬之驱使无人，公忠之义安在？况富勒浑于军务告竣后即回本任，又岂能将川省之员携往楚省乎？大臣为国任事，总宜和衷共济，不当存丝毫私见。况伊两人皆朕所特简倚畀者，若因此稍积猜嫌致误公事，又岂朕属望伊两人之意乎？至节次发往川省人员，不但拣选特交刘秉恬者应在军营办差，即随时命往之员，均当感激报效，视军务为重，踊跃赴营。若徒耽逸惮劳、畏难就易，为臣子者如此居心，尚可望其将来成材乎？著刘秉恬将畏避不赴军营各员中之最甚者，据实劾奏一二人，严加惩究，庶足以饬吏治而儆恶习。并将此明谕刘秉恬、富勒浑知之。"

又谕："前因进剿金川再需酌调黔兵，曾谕图思德预行选派。续经丰升额以现在毋庸调兵具奏，随又降旨令图思德停止。今据阿桂奏丰升额一路兵力稍单，仍请添调黔兵二千，以资协剿等语。著传谕图思德即于附近川省各营原备兵丁内拣选二千名，迅令原派之员带领前往。并令富勒浑于沿途经过应行预备之处，早为妥办。"

（高宗朝卷九三二·页一七下～二二下）

○ 乾隆三十八年（癸巳）四月丁未（1773.6.8）

户部议复："署四川总督湖广总督富勒浑奏称，川省所需军粮，除官为运送外，招集商人挽运。其脚价照金川成例，分别西、南两路道路险易、食物贵贱酌量增减，按里计算。每石自六七厘至一分五六厘及二分不等。其新增粮站日进日远，请照美诺等处每石每站给脚价银五钱。商人得资挽运，自当按期无误。应如所奏办理。"

得旨："依议速行。"

（高宗朝卷九三三·页一〇下～一一上）

○ 乾隆三十八年（癸巳）四月辛亥（1773.6.12）

定边右副将军尚书阿桂奏："臣前于乾隆十二、三年间，即闻有兑收商运站员因斛面稍有赢余，遂与奸商私相贸易。即以站上所余之数作为商人应交之数，从中射利。请令总办粮务大员及督臣于打箭炉、木坪、桃关、杂谷脑等出口处，特派专员稽察，按月出结具报。"

谕军机大臣等："阿桂奏称，前于乾隆十二、三年间，即闻有兑收商运站员因斛面稍有赢余，遂与奸商私相贸易，从中射利者。各路将军皆带兵进剿，岂复能分心查办此事？昨因温福奏及奸商收买跟役等余米，已谕交刘秉恬、富勒浑留心查办。今阿桂所奏之言则更系大弊，该督等尤不可不切实访查，从重究治。"

（高宗朝卷九三三·页二〇下～二一上）

○ 乾隆三十八年（癸巳）四月丁巳（1773.6.18）

又谕（军机大臣等）："前因李煦有捏报军情之事，现需查讯，已降旨将伊革职，并派博清额前往会同该督审讯。其贵州提督员缺，谕令温福等于随营出力之总兵内拣员升用。今据温福奏，川北镇总兵牛天畀带兵打仗不辞劳瘁，承办军营事务亦属谙练。且现有贵州征兵，不可无大员统辖，恳即以牛天畀暂署贵州提督事务等语。牛天畀著升署贵州提督，所有在营黔兵，即令统领管辖。其贵州提督印务，仍著拜凌阿照旧署理。"

谕军机大臣等："温福等奏称贼众数来侵袭，累次接战，俱仅杀贼十余。贼番既出深丛，往来猖獗，我兵何不奋勇洗杀？即使狭险难进，绿营兵于此有所弗能，现有索伦、厄鲁特及土练等兵，温福等何不用之？著传谕温福、阿桂等，务各相机筹办，以期痛剿。"

（高宗朝卷九三三·页三〇上～三一上）

○ 乾隆三十八年（癸巳）五月辛未（1773.7.2）

谕："现在三路进攻金川，节次拨过军需银二千四百万两，约计十月间尚足敷用。但宽裕储备更为有益，著户部再拨库银五百万两解川，存贮备用。"

（高宗朝卷九三四·页一六上～下）

○ 乾隆三十八年（癸巳）五月癸酉（1773.7.4）

谕军机大臣等："阿桂、刘秉恬会奏，德尔格忒土司请赏给花翎、名号。德尔格忒不过办运乌拉，乃土司职分之常，若遽加优赏，与陷阵冲锋者相等，未免漫无区别。且前此红教喇嘛纵令在夹尔塘居住滋事，尚未办及。当传谕该土司，如能将红教喇嘛严行管束，永不往滇滋生事衅，庶见尔诚心恭顺，或可奏闻大皇帝施恩，此时不便即为渎奏。如此方为正办。又，刘秉恬奏盘获梭磨、卓克采回巢番民三名带有铅丸、铅饼，令该土司等自行议罪等语。所办过于姑息。此等关系军营火药重情，敢于违犯，皆当决不待时。即或念土司等恭顺出力，亦当谕以例禁甚严，不能独为番民轻减，使之益切畏怀，岂宜稍事迁就？

又谕曰："博清额、刘秉恬奏查审李煦、常保住一案，仅凭总兵牛天畀所查情节并防御德禄等供词，究系揆度之词，朕断不肯以莫须有之事遽加二人以重辟。李煦等罪名不在贼番抢劫营卡，而在事后捏报。贼番偷劫营寨，本其长技，若李煦等据实报出，其过止于疏忽。且据称查得闰三月初三四日前后，并无小金川换班之人，以此严切诘责，令李煦等切实供明，使之毫无疑义，然后可定罪名。博清额著再会同刘秉恬审明具奏。"

（高宗朝卷九三四·页一九下～二一上）

○乾隆三十八年（癸巳）五月戊子（1773.7.19）

四川总督刘秉恬奏："川省官兵一万八千四百十一名，除调赴军营陆续拔补阵伤亡故名缺外，存兵无几。拟于口内、口外募精壮新兵五百名，前赴簇拉角克，每日督令教习技艺，以资拔补额缺。如办有成效，再酌量所缺兵数续募演习。其未补额者，亦与有防守之责。应得银米，请照前岁新兵例办理。"

得旨："嘉奖。"

署四川总督湖广总督富勒浑奏："军行粮随，挽运宜速，稽核宜严。川省所办军粮，向来官商具报起运之后，何处实运，何处未运，何处中途截留，何处起运后改运，其间到营迟速，承办勤惰，及运价应增应扣，办运孰寡孰多，未立章程。窃思办运之米，全以仓收为凭，不惟杜虚报起运之弊，且可清截留改运之粮。现饬军需局调取仓收呈验。查本年正月起至三月底止，派运米共二十万四千三百五十石，拨银二百十一万一千五百七两五钱，现缴仓收计米六万四百零九石。余或未起运，或业已在途，檄催克期趱运，掣取仓收具报。至前年派运未缴仓收者，勒限严催。分饬随营粮务及台站粮员，将前后收过各州、县及各商人米数按月造册，呈赍核对。倘领办官商仍有延缓情弊，即严参追赔究治，并派员专司核算查催，务期挽运多而且速。此外尚有节年办运炒面、料豆、火药、铅弹、铜铁及铸炮各物料，其发运之数与到营之数，亦应照此办理。"

得旨："这所办颇得法。已交部存案矣。"

（高宗朝卷九三五·页二九上～三〇下）

○乾隆三十八年（癸巳）六月辛卯（1773.7.22）

谕："今日温福奏到六百里台报，系五月十八日辰时拜发。以常例扣算，应于五月三十日寅卯之间递到热河。乃直至六月初三日卯刻方到，通计迟延三日。据兵部查有四川各县随报递到因水阻滞，各结其在川省境内，已迟误三十三时四刻。即因雨水羁延，亦不应如此之久。且时届夏令，正当大雨时行，沿途亦有河流，何阻渡独在川省为甚？其是否实系人力难施，难于设法筹办，抑系坐待迁延之处，著交富勒浑即行严查，分别具奏。再，川省军营现当进剿之时，军报最关紧要。各省俱有派出稽查之大员，务宜往来巡历，董率严催，毋任沿途借端延缓。"

（高宗朝卷九三六·页四下～五上）

○乾隆三十八年（癸巳）六月乙未（1773.7.26）

署四川总督湖广总督富勒浑奏："本月十九至二十一等日大雨，站员禀报山水陡发，该站木桥、索桥及东岸河坎俱被冲坍。现即赶修，并办溜索接递文报。又，二十日夜头起黔兵抵格节萨站，突遇水涨，兵丁有淹没者，即饬将备等暂住，赶修桥道。其被水商民、兵夫人等，酌加抚恤。现亲赴该处勘办。"

谕军机大臣等："军报往来最关紧要，且有新添之兵正需速进，自应赶修完固，务使军储源源接运，黔兵得利遄行，方为妥善。至所调黔兵二千名，俟桥道修完，即令迅速前赴昔岭军营，毋得刻缓。"

又谕："据富勒浑奏，黔省头起兵丁于五月二十日行抵格节萨站，是夜山水涨发，兵丁躲避不及，间有淹没等语。此等为国出力之人自当予以体恤，即不幸而被水殒命，亦为恩恤所必加。但恐其中或有狡黠之徒，水涨时躲匿得免，水退后潜行窜回。其情罪即与逃军无异，自应照例严惩。著传谕图思德，于各兵本营本籍严饬各地方官留心密踹。如有借称被水脱回之人，即行查拿，讯明逃窜情由，照逃兵例即于本处正法。仍一面奏闻，并知照军营，出示晓谕。将此由五百里传谕知之。仍将如何查办之处，即行复奏。"

寻奏："黔兵在格节萨地方被水淹毙十六名，内尚有未获尸十一名，系平远、大定、黔西三协兵。现一面饬各衙门严查，一面咨明川督，确查姓名到日，再于本籍严查。如有借故脱回，即照逃兵办理。"报闻。

（高宗朝卷九三六·页一〇下～一二上）

○乾隆三十八年（癸巳）六月丙申（1773.7.27）

定边右副将军尚书阿桂、领队大臣副都统衔明亮奏："当噶尔拉山梁正西地名深嘉布，系布拉克底地方，与金川接壤。拟派兵由此路绕出，向僧达一带攻打，使贼腹背受敌。请将新调之黔兵二千拨给当噶尔拉一路。"

谕军机大臣等："僧达一路，朕于春间检阅全图时，觉其地势稍平，且距噶拉依相近，曾经指询，自应乘此机会妥协筹办。至所调黔兵二千已全赴温福军营备用。今阿桂现办绕路进攻，即照所请准其调取应用。阿桂于黔兵到后，即应奋力剿击，乘胜深入。设或仍系相持，多延时日，则阿桂又当分拨一半，令速赴温福军营以供分剿之用。总之，所调黔兵惟期用之得当，于事有益。朕日望各路将军迅奏肤功，并无歧视。将军等亦当深体朕意，不得稍分畛域。"

又谕曰："阿桂奏，杂谷地方毗连党坝，总兵五福在彼驻扎。已谕该头人等以五镇如有派调土兵之处，即可听其调拨。所见亦是。土司等果属恭顺，派令攻夺碉卡，自皆听从出力，但既系官派，即不便不兼派内地兵丁，未免又分兵势。因思番性贪得而勇于私斗，若饵以攻而有利，当无不踊跃争先，将军等可妥协筹办。"

（高宗朝卷九三六·页一三下～一五上）

○乾隆三十八年（癸巳）六月丁酉（1773.7.28）

又谕（军机大臣等）曰："温福等赶筑炮台，俯击碉根及沟中之贼，筹办甚是。阿桂、丰升额两处量其地势有可仿此办理者,亦当依法为之。又据奏,脱出小金川番人阿忠等供称,贼酋令喇嘛每日念经咒诅官兵。此所谓邪不胜正,惟当各持定见,不以幺麽外道为意,其术自无所施。官兵等若已闻之,将军等当以此明白切示;若无所闻,嗣后遇有此等供词,但密存之,勿令营中传说,致惑众听。"

又谕:"昨据阿桂奏,当噶尔拉军营有可分路进攻之机,请将现调黔兵二千名前赴当噶尔拉军营应用,一面行知刘秉恬转饬黔省带兵将领驰赴等语。业已谕令将黔兵全数即行调赴阿桂军营矣。今思温福一路地势宽阔,亦尚需添助兵力。前据图思德奏,黔省备调之兵原系三千,尚余一千名未调。此项兵丁前既预备挑拨,一切应付事宜自俱料理妥备,著传谕图思德等即将原备调拨之一千兵派委带兵将备迅速起程,令其遄往温福军营备用,毋得稍有延缓。将此由六百里加紧传谕知之。"

又谕曰:"刘秉恬奏,温福一路所占地势广阔,亦有急需兵力之势,请将黔省预备兵一千名一并调取。所奏甚是。已飞谕图思德,令将此项官兵迅饬起程,驰赴军营应用矣。军营消息,贼番每易探知。今闻我军需银两续拨宽余,各路官兵源源继进,更足令逆酋丧胆,番众离心。但古人用兵大率号称十万,以张军声,如添调一千,不妨号作五千,将军等当善为筹计行之。"

(高宗朝卷九三六·页一八下~二〇上)

○ 乾隆三十八年(癸巳)六月辛丑(1773.8.1)

谕军机大臣等:"阿桂奏请再调贵州、云南、湖广兵五千,为乘间捣虚之计。既为此奏,朕不肯令作无米之炊。所有黔兵一千,昨已有旨续调,令赴温福军营。其云南、湖广各兵二千,现亦飞谕各该督抚迅为派拨预备,听候军营檄调,然亦未便专供阿桂之用。自当酌量两处军营情形拨往,于事方有实济。刘秉恬所驻之簇拉角克与温福、阿桂军营相距俱不甚远。著即先赴温福军营面商需兵若干,再赴阿桂军营面商需兵若干,一面具奏,一面飞咨云南、湖广督抚,速令起程赴该处军营,毋得刻缓。"

(高宗朝卷九三六·页二三下~二四下)

○乾隆三十八年（癸巳）七月戊午（1773.8.18）

又谕（军机大臣等）："……至军营粮运最关紧要，富勒浑调集人夫，源源接济，甚为得力。此时美诺无甚应办之事，富勒浑不必急于前往。若富勒浑已回美诺，而阿桂亦可克日回兵，富勒浑即留驻美诺，同博清额办理诸务。其沃克什一路现有刘秉恬前往，所有巴朗拉一带督催粮运诸事，必须实力妥办。至海兰察等称营中之兵无器械者甚多，刘秉恬现往沃克什一路粮台查有剩存军器，即送美诺备用。此等固可应急，但恐所得有限，不能敷用。富勒浑已飞饬军需局，将鸟枪、腰刀、铅药等项急速制备。即当再檄该局迅速送往，以供军营利用。"

调任署四川总督湖广总督富勒浑奏："军米一项从前陆续出口，长运、滚运业已在途。今因军营失事，观望不前。臣沿途晓谕，并出示背夫，运米一背至明郭宗交收，赏银一两。又派专员逐站趱催，复派总理大员督率。现今商夫渐增，沿途赶运，计三四日内出卧龙关之米，并美诺、明郭宗现存米，共有四千余石陆续至营，足敷月余之食。又据文绶札称，桃关出口米又有三千余石，自可源源接济。至火药、铅丸、铸炮铜铁各项须加倍增运备用，除飞饬军需局并两标中军赶紧办运外，其沿途各站现在积存者，派员逐站挨查，严饬尽数赶运。至营内所需锅帐、军械等项，亦饬赶紧制办，以备调用。再，梭磨、党坝一路与金川相通之处亦多，而布朗郭宗、底木达已被贼踞，难保无潜出滋扰之事。五福现在彼处驻守，臣已札其小心防范，并饬梭磨、卓克采、从噶克各土司多派头人、番众，设卡堵截。又，科多一带文报阻滞，已飞饬军需局将打箭炉至章谷各站添设马匹，一应文报悉由南路驰递。先后已办马二百五十，兼程赴炉，并派委游击、知府各一员在彼料理。至后路粮运、军火亦办理稍有头绪。"

得旨："所办俱妥。已授汝为四川总督，更宜勉力。"

（高宗朝卷九三八·页五下～九上）

○乾隆三十八年（癸巳）七月乙丑（1773.8.25）

谕军机大臣等："……又，前派伊犁、厄鲁特兵一千，令成果带往军营，今复添派索诺木策凌及车布登扎布一并前往，将此传谕阿桂、丰升额、舒常、富勒浑、博清额知之。"

又谕:"现在添派健锐、火器营兵及吉林、黑龙江并西安驻防兵,加以陕甘、云贵、湖广绿营兵,通计一万七千余人,厚集兵力,于今冬另筹进剿,以期迅奏肤功。但兵数既添,需粮亦增于昔,目今官兵接续赴川,一到即需支应,不可不早为筹备。川省产米素裕,且连年丰稔,购办非难,惟递运各路军营,任负既借多夫,脚值亦滋繁费。虽已预拨部库及各省协济银一千万两宽备军需用项,均经起解在途,以次抵川,计足供明年春夏之用,即尚需续拨,亦易为力。第长途转运,跋涉稍艰,自伊等奏请招商帮运以来,虽可佐官运之所不及,然间有领价而未经运到之粮,似立法尚未为尽善。因思乾隆十三年办理金川时,范毓馪、王锽辈曾有助饷加衔之事,今或可仿其意而酌用之。如晋省殷实之户颇多,若有情切急公,愿赴川省运粮者,听其各备资本,前往雇夫自运,俟运到军营后,官为查收,按数计值,奏明交部议叙,视其粮石运价之多少,或给职衔加级,或予班次就铨,必多踊跃乐从者。以富民有余之资,济粮运不劳之费,似为两便。著富勒浑、文绶悉心筹酌。如其事属可行,即一面妥议复奏,一面移咨巴延三,令其不动声色饬属询问殷实之家,有愿往运粮自效,具名移咨川省。听其自办,不得官为勉强,亦不得稍涉张皇,并严禁胥役借端勒索,总期于事有益而于民无扰。"

又谕曰:"毕沅奏办京兵驮载,预备长行骡四千头直送成都,可省站夫数万名。办理极为妥便。至所称栈道内恐京兵、跟役等或有不爱惜骡头,任意驰骤,以致倒毙之处,所虑亦是。昨已降旨领兵官员等,严饬各兵,毋许骚扰驿站,苦累夫马。今复传旨带兵大臣等,晓谕京兵及黑龙江兵,沿途严管跟役,倘有任性损毙骡头及殴打骡夫之事,带兵官查出,即于该处正法示众。并著传谕毕沅,严饬各站官员小心照管。如有此等不遵约束混行滋扰者,该站员立时禀报带兵之员,查明正法。其入川以后,并著文绶一体严饬查办,毋得稍有姑息容隐。"

（高宗朝卷九三八·页二九下～三三上）

○乾隆三十八年（癸巳）七月丙寅（1773.8.26）

又谕（军机大臣等）:"蜀中产米素多,常时商贩搬运外省,原所不禁。昨岁周煌面奏,请留川米以备军需。朕初未允行,嗣因湖广、江浙等省一律丰收，毋庸仰给上游接济，曾谕令文绶预为禁约。续经该督将近省需米之地严禁外出，其米多价平之处，暂听流通，分别奏明办理，是以军营粮石购备充余。今又添派满汉兵一万八千，需米更增于昔，而湖广、江南各省今岁秋成均为丰稔。著传谕富勒浑、文绶仍照上年所办，严禁川米出境，妥酌办理。仍将筹办情形复奏。"

寻奏："外省贩运川省米粮，概由川江经重、夔一带顺流而下。如由夔州一带买米，逆流而上，运至成都，不特涉险稽程，亦复多糜运脚。是以上年至今派办军粮，西、南两路均系派令附近省城各属动碾仓谷，并就地买米起运。其远处州、县发给价值，亦令赴近省产米之地买运，以省脚价。今岁西成丰稔，新谷自多，再于沿江要口严禁出境，则米石无从偷漏，自足以供采买。至捐纳贡监，应纳本色，臣等拟令在潼、顺、重、夔、叙、泸等处买运交官。其成都、嘉定、雅州、资、绵、邛、眉等处近省之地，概不准其购买。俟捐数充盈，足供拨运，无须采办官米，如其时米价尚平，不致有妨民食，仍听各捐户就便买交。"

得旨："嘉奖。"

（高宗朝卷九三八·页三三下～三四下）

○乾隆三十八年（癸巳）七月戊辰（1773.8.28）

又谕（军机大臣等）："据丰升额、舒常奏，游击和伦等，于余丁张得贵脱逃，仅报川、楚两省总督，并不呈报将军、参赞，以致所报姓名不符。请将襄阳镇标右营游击和伦、竹山营游击常保、襄阳镇标前营都司官福、镇筸镇标前营守备万国泰、湖北抚标右营守备张虎臣、辰州协左营千总张云标等交部严加议处。署襄阳镇官达色未能查出，并请交部察议等语。和伦等均著交部严加议处，官达色著交部议处。"

又谕（军机大臣等）曰："常青奏，请派察哈尔兵五百名亲身带往军营效力。著照所请，挑派五百名前往听用。"

（署山西巡抚、陕西巡抚觉罗巴延三）又奏："准毕沅咨陕西旧存火药俱已解运，现委员赴晋购办净硝、硫磺。臣查晋省硫磺尚敷采买，惟每年所产硝斤，除供本省及陕西延绥镇各营采办外所余无几。此时即上紧购办，亦恐缓不济事。应于晋省各镇标营备操火药内，先行凑拨十五万斤，解陕接济，随后陆续制补供操。"

得旨："嘉奖。"

（高宗朝卷九三八·页四四上～四六下）

○乾隆三十八年（癸巳）七月辛未（1773.8.31）

护陕西巡抚布政使毕沅奏："西安局储火药陆续调拨，余剩无多。已派佐杂前往豫、晋二省购买磺二十万斤，运回西安上紧配造，以备川省续调。"

得旨："是。"

前任四川总督刘秉恬奏："默资沟地方虽有官兵驻守，而其地出产磺斤，尤应严加防范。已派委将弁驰赴该处，留心查察，毋许偷漏。又，前经盘获私带铅子番民那木喀、旺勒丹、阿绷三名，起意偷窃铅丸，显有私相转售之弊，已将该番犯等三名正法。"报闻。

（高宗朝卷九三八·页五四下～五五上）

○乾隆三十八年（癸巳）七月庚辰（1773.9.9）

谕（军机大臣等）曰："桂林著驰驿前往四川军营，办理运粮诸务。"

又谕曰："……又，现在降旨令桂林驰驿往四川军营，办理运粮诸务。伊平日办事尚能实力奋勉，且曾任川督半年，于该省物土人情亦所深悉。俟伊到营后，著阿桂与富勒浑酌商，于紧要需人承办之处，令其前往。"

（高宗朝卷九三九·页三八下～四二下）

金川潜放"夹坝"乘间滋扰，僧格桑窜回小金川煽动复叛，底木达、布朗郭宗、大板昭等处被袭占

○乾隆三十八年（癸巳）二月乙丑（1773.2.26）

定边右副将军尚书公丰升额、参赞大臣副都统舒常奏："据驻扎觉木交粮员王嘉猷禀称，行至泥峙冈途中，树林内突出十余贼人，经官兵击退，惟护粮兵王礼一名阵亡等语。臣等严饬各隘口加谨防范，倘有贼人，当尽力歼戮，不致疏虞。"

谕军机大臣等："丰升额等奏巡检王嘉猷遇贼一折，因思昨岁舒常亦曾奏及。十二月初三、初四、初九、十一等日并有贼在林涧中潜匿，图窃牛马、粮台，实属不成事体。西、南两路官兵经过之后，并无此等情事，独此路屡有贼众潜出滋扰，谅必由绰斯甲布而来。其事甚有关系，不可不留心防范，亦不可稍露端倪，为番众窥测。至后路严密防查，实为第一要义。虽丰升额等现派副将董果在彼专司，但此等巡防要务，恐绿营循分供职之员尚不足恃。刘秉恬现驻美诺，经理粮运军台，伊系现任总督，呼应甚灵，无须鄂宝协助。著鄂宝即速前往绰斯甲布军营后路，带兵驻守，并催趱粮运。设有此等贼匪潜出，即督官兵痛加歼戮，俾其知所畏惧，庶丰升额等于进攻达尔图一带贼寨，得以乘胜深入，无后顾之虞，方不致时廑朕念。至丰升额等进攻之路从前不过牵缀贼势，今此路既须一并攻剿，所有兵力似觉稍单，其应作何抽拨之处，并著传谕温福、阿桂、刘秉恬通盘筹画，妥协办理奏闻。"

（高宗朝卷九二六·页一四上～一五下）

○乾隆三十八年（癸巳）闰三月壬申（1773.5.4）

又，督理粮饷山西巡抚鄂宝奏："臣现驻觉木交山之左右有沟二道，与贼境相通。三月二十七日，巡哨兵在鄂班山口忽遇贼番十数人，将兵丁叶得盛戳伤。经绰斯甲布守卡土兵应援，始行遁走。复于山上施放枪石，林内尚有贼众。查贼番敢于窥伺滋扰，不可不防。现觉木交设兵三百一十余名，除坐卡会哨以及患病，在营不过一百一二十名，惟督率加意巡防，务期镇静。此外各处卡隘尚有兵一千一百余名，亦觉单少。俟维州屯兵到日量为加增，以资防御。"

（高宗朝卷九三〇·页二四上～下）

○乾隆三十八年（癸巳）四月甲辰（1773.6.5）

又谕（军机大臣等）曰："温福等奏，审度机会，同时并举。所办甚好。各处分攻，只须一处得手，其余自势如破竹。且丫口攻克，则进攻喀尔萨尔系向下压，施功较易，而一得喀尔萨尔，后路更可肃清。又，阿桂等奏称，攻剿山梁碉后木栅，当有骑马贼人中枪堕地。其是否头人，著查明便中复奏。"

寻奏："前有贼人潜放夹坝，官兵迎击，获贼占朋一名。询前次中枪堕马贼人为谁，据供称，系思都克觉寨头人温布萨尔嘉，是金川最会打仗头人。"报闻。

（高宗朝卷九三三·页二下～三上）

○乾隆三十八年（癸巳）五月辛巳（1773.7.12）

又谕（军机大臣等）曰："温福、丰升额等奏派兵进攻情形，均未得手。且两处俱有贼番潜出林箐邀截我兵，实为可恨。金川人户无多，各隘守拒已觉竭蹶，焉得复有余众，每处四五百人出而滋扰？似系守拒之贼见何处攻击稍疏，抽移外出，分力支吾。看来金川贼众，竟有算计。不但守碉截战，较小金川悍恶，且敢于到处抗拒王师……更堪切齿。……若欲……事之中辍，断乎不能，亦断乎不可，将军等其深体而实勉之。"

（高宗朝卷九三五·页一八下～一九上）

○乾隆三十八年（癸巳）六月甲辰（1773.8.4）

又谕（军机大臣等）："据温福奏称昔岭、达扎克角二处攻碉杀贼情形。大臣、官员、兵丁俱各不避枪石，奋勇攻战，杀贼甚多。虽未得获碉卡，仍著记档，俟再攻获贼人地时一并议叙。此次打仗得伤、阵亡者，著温福查明造册咨部，照例议恤。"

又谕曰："温福、阿桂等奏，据粮员禀报贼番滋扰，并接刘秉恬札称，现将登春所有之兵前往接应等语。贼番既有抢占之事，不可不即夺回。今刘秉恬业已亲往该处，温福、阿桂又均拨兵派令大员带往协剿，其事谅无难办。海兰察一到自能上紧攻夺，倘海兰察攻打略稽时日，温福不妨留兵昔岭等处牵缀贼势，暂缓该处进攻，即亲身驰赴底木达，夺回碉寨，剿净贼番。温福等当就现在情形妥酌办理。再，原调之黔兵二千，现经刘秉恬调取，自应即令驰往。此兵一到，交与海兰察带领进剿，事竣之后即归温福一路应用。又，昨续调之黔兵一千，亦令赴温福军营。是温福一路计已添兵三千，足壮声势。其阿桂奏调之云南兵二千径赴丰升额军营，湖广兵二千径赴阿桂军营。两路俱添有新兵，自更易于集事。所有沿途应付事宜，著富勒浑即速妥协经理，以利遄行。至董天弼屡经获罪，经朕弃瑕录用，今伊擅离专驻巡防之地回至美诺，冀耽安逸，其情实为可恶。董天弼即著革职拿问，派委妥员解京治罪。"

（高宗朝卷九三七·页四上～五上）

○乾隆三十八年（癸巳）六月乙巳（1773.8.5）

谕曰："董天弼现在革职拿问，四川提督员缺著马全调补。其甘肃提督员缺，著法灵阿补授。所有肃州总兵员缺，交与温福等选择军营出力之员奏请升补。"

定边右副将军尚书阿桂、领队大臣副都统衔明亮等奏："据查礼禀称，喇嘛寺粮台被贼围陷，底木达、布朗郭宗传闻亦被贼占；总督刘秉恬于木波地方遇贼，对敌不能取胜等语。随饬伍岱带兵星赴美诺、明郭宗等处相机夹击，并迅速开通温福、刘秉恬两处军台文报。"

谕军机大臣等："底木达、布朗郭宗两处果为贼番侵占，海兰察一到，自必夺回，并即通道安台。其事为现在第一要务，若尚未办妥，阿桂即亲自领兵驰往底木达，将此路迅速筹备万全，再办进攻。至底木达失事，皆董天弼办理不善所致，但刘秉恬在彼不早查参，亦未免失之大意。温福等向后益当加意经理，于军务方为有益。其喇嘛寺粮员被贼伤害，俟此事办完后再行咨部查明议恤。"

又谕曰："阿桂处派伍岱领兵前往。伍岱如奋勉出力，著海兰察奏闻，将伊授头等侍卫，以示鼓励。"

（高宗朝卷九三七·页五下～七下）

○乾隆三十八年（癸巳）六月丙午（1773.8.6）

谕："昨据阿桂奏，接准刘秉恬初二日来札称，据布朗郭宗粮员禀报，昨夜三更时有贼人袭占底木达等处。董提督现往官寨，未知下落。当经拨兵飞赴策应。同日又据温福奏，接据禀报，随派拨官兵令海兰察等就近前往保护粮台。上紧筹办等因。本日又据海兰察、刘秉恬各奏到，已将簇拉角克贼人击退，现在带兵赴喇嘛寺、底木达一带剿贼收复等语。金川贼人敢于乘夜前来，抢占底木达、布朗郭宗，实为可恶可恨，但此等不过零星贼匪，见董天弼毫无准备，遂尔乘势滋扰，本不成事体。现今温福、阿桂两处各派兵飞赴剿击，且新调黔兵亦陆续前往，自无难克日剿灭无遗。至董天弼系特派在布朗郭宗一带防守大员，乃昨据温福奏，先闻伊退住美诺，经温福严饬檄催，始于五月二十四日从美诺起程回驻，不阅数日该处旋即有事。今复据刘秉恬奏，查询该处被贼缘由，竟因董天弼并不在官寨驻守严防，却自住一小营，以致贼人窥觎空虚，乘便肆其抢占。是董天弼之怯懦玩误，实为罪不容诛，昨已降旨将伊革职拿问。据报现在不知下落，即或事急自戕，或竟为贼所害，亦属死有余辜。其子并应查拿，交部治罪。所有原籍及任所资产从前曾加恩赏还者，仍著严行查抄，以示惩儆。至此次贼人侵扰，原属猝不及防，其疏忽尚不足为刘秉恬责。惟董天弼本属罢软无能之人，前经切谕刘秉恬，令其留心查察，倘不实心任事，即行据实参奏治罪。乃董天弼始则擅离防守之地，退居美诺，温福处尚知其行为，刘秉恬岂漫无见闻？迨经温福饬责移往底木达，又不在官寨驻守，另立一小营安住，以致被贼乘间袭占。董天弼种种乖方，刘秉恬因何均不早参奏？该督之咎实在于此。刘秉恬著交部严加议处。"

谕军机大臣等："阿桂等奏，接到刘秉恬信，知海兰察已至簇拉角克地方剿击贼匪，并派和隆武等前往接应。所办俱合机宜。温福、阿桂两处派往之兵已有二千，海兰察复行知温福添兵一千，而博清额、富勒浑所带之黔兵二千陆续踵至，军声益振，贼自披靡。此次所调黔兵原为添助进剿之用，不期于此大得其力，亦与从前阿里衮等送马之兵适到即解兆惠黑水之围相仿，此即破贼之先兆也。至金川贼众现于各路防拒官兵，焉得复有多人至此一路滋扰？据所报登春至木波桥一带贼已不少，其喇嘛寺等处粮台又有贼番围占，尚有占据底木达、布朗郭宗两处之贼，总计之不下千余。或粮员等一闻贼至，惊惶无措，过涉张皇，草木皆兵势所不免，亦不足深责。但贼断不能纠众远来，自系小金川降番勾引贼至，即从而助恶，故觉其多。此等降番敢于反复若此，事平之后若不悉行诛戮，何以使诸番畏威知惧？但斩戮太多，恐致众番惊扰，务须设法密办，除恶安良，方为妥善。总之，金川贼众狡恶异常，不可不加慎重。昨丰升额一路，已谕其俟续调滇兵到营方可深入。即温福、阿桂两处或攻得一二险隘有可进取之机，亦须照顾后路无虞，方不致堕贼番前让后邀之计。其党坝一路之兵令五福带领，预为堵截，原以防贼酋从彼逸出，但独当一面，恐尚不足恃。丰升额等现在达尔图、日旁攻剿，设贼众守拒甚严，急切不能攻进，或留舒常带兵在彼牵缀贼势，丰升额即分兵前往，率同五福防堵党坝一路，较为得力。是否如此可行，不妨商之阿桂、温福，不必因朕有此旨，强为迁就也。又，阿桂另折奏贼番火药尚未匮乏之故，实不可解。向据奏各路官军进剿均抛掷火弹，闻系皮包，实以火药，引以药线。计一火弹所需之药不下数斤，而所装必仍系枪药。官军抛掷时，不能保药线之必皆燃发，以火弹之药供贼番枪炮之用，殊为失算。因思枪炮之药性系直轰，爆竹之药性系横炸，若装火弹时即按爆竹药料配用，自更有力。即或贼番得之，用以放枪，必致炸裂。是在我则有弃材，而在贼转受实累，纵火弹抛掷不著，亦无借寇兵之患。其情形是否如此，并著将军等查明妥酌为之。"

（高宗朝卷九三七·页七下～一二上）

○乾隆三十八年（癸巳）六月戊申（1773.8.8）

钦差内阁学士博清额、署四川总督湖广总督富勒浑奏："初七日臣等抵明郭宗，查此一带粮站已被贼番阻截。又据报阿思通、科多、新桥各处营卡俱被抢占，崇德亦有贼番滋扰。臣博清额即带兵三百先赴美诺策应，臣富勒浑在明郭宗竭力防范。"

谕军机大臣等："博清额、富勒浑奏，贼番竟敢如此肆扰，实为可恨。虽有海兰察等在彼，尚恐未能迅速妥办。前已有旨令温福、阿桂留兵在当噶尔拉、昔岭各处牵缀贼势，温福、阿桂即速驰赴底木达一带上紧克复。若不将此一带剿办全完，亦断不宜轻进，而于美诺沟断贼归路尤为第一要务。海兰察等必须选派勇干将领，拣择精兵五六百名，实力堵御。至温福、阿桂既移兵回击底木达一带之贼，其昔岭、当噶尔拉等处贼众断无不知，或因攻击稍疏，贼即将此两路守拒之众撤向底木达等处，添助势力，或即于向来进攻之处乘间出而滋扰，更有关系。至新添黔兵源源而进，已与伍岱会合，即当通知海兰察，将自明郭宗至登春之贼先行剿除，使簇拉角克一带略无阻滞。将此一并传谕知之。"

（高宗朝卷九三七·页一三上～一四下）

○乾隆三十八年（癸巳）六月己酉（1773.8.9）

谕（军机大臣等）曰："丰升额等奏，护军校扎特海前因打仗获伤，遣往成都调养，行至保崖地方亡故。著该部照阵亡例议恤。"

督理粮饷山西巡抚鄂宝奏："据卓克采站员禀称，六月初一日贼番从大板昭山口下来抢卡五处，初二日竟将大板昭营盘抢占。臣即驰回觉木交，督率防查。"

谕军机大臣等："贼番抢夺大板昭卡座营盘，正与底木达等处失事时日相同。是贼番竟敢设心截我后路，抢劫粮台，尤堪切齿。大板昭一带距党坝较近，今贼既至小金川，则党坝一路尚非要地。著传谕五福即速带兵驰赴大板昭，并谕卓克采土司派拨兵练，堵御贼番归路，勿使仍由此路窜回。并著温福等选派勇干将领，带兵驰往大板昭，堵截贼番去路，勿使外逸。总计贼众安得如许之多，必系将三路要隘守拒之贼潜行撤回应用。现据丰升额等奏，初五日午间贼番连放数枪，疑其或有埋伏夹坝暗号等语。是必抽减各路贼众同往底木达一路，或竟将空寨弃让，否则看守亦必疏懈。丰升额等原不妨乘便夺据，为得寸则寸之计。但不宜轻于深入，俟云南新调之二千兵全到军营，再筹进取。"

户部议准："四川总督刘秉恬等奏称，嗣后三杂谷等处土司买茶，以千斤为率，使仅敷自食，不能私行转售。"从之。

（高宗朝卷九三七·页一四下～一六上）

○乾隆三十八年（癸巳）六月庚戌（1773.8.10）

谕军机大臣等："富勒浑奏言，崇德、功噶尔拉一路，当乘贼番未集，带兵进攻，已飞咨博清额、伍岱兼程前进，与刘秉恬会合。其未起黔兵，拟留驻明郭宗守御。所办甚是。此时开通台站，使各路声息相通，最关紧要，而严守明郭宗，使贼番无从窥伺，亦为扼要先务。今惟富勒浑一人在彼，尚恐难于兼顾，文绶现在桃关，距明郭宗不远，即著驰赴随同筹办一切。文绶、伍岱均著赏授头等侍卫，至丰升额奏令五福带兵由大板昭径进之处，昨闻大板昭失防，已谕令五福带兵往彼。今思此路亦关紧要，五福恐尚不足恃，莫若留舒常于宜喜、日旁等处牵缀贼势，丰升额即带兵一二千驰赴大板昭，令五福为领队大臣统率前往。至温福、阿桂闻贼如此滋扰，自必迅赴该处剿击。一面选派将领于美卧沟断截贼番归路，并一面派人堵截大板昭之路，而两将军分兵搜剿喇嘛寺、帛噶尔角克一带占据台站之贼，随即分剿底木达、布朗郭宗两处侵据官寨之贼。果能似此严密布置，贼必全数就歼不能漏网。惟富勒浑折内称，据沃克什土司言，明郭宗后山寨落各番均带器械，听候贼番调遣等语。此或系土司气馁心疑草木皆兵之说，富勒浑总以静镇为主，断不可略涉惊惶。但番性反复不常，观望无定，亦不可不防其渐。将军等当设法晓谕各土司，令其深悉底里，不致为贼摇惑。至富勒浑处亦当照此谕示，并当令沃克什知之。再，丰升额领兵前赴大板昭，其后路粮台著鄂宝实力设法接续济用，毋稍延误。"

又谕："现在贼番截断将军后路，恐春宁、特成额仍拘泥从前所降谕旨，各赴将军营盘。伊等行至桃关，若道路未通，伊等即会同总督富勒浑，或将贵州、云南、湖广之兵带领速往救援。伊等皆系侍卫，凡剿杀贼番、开通站路俱属分内之事，务须加意奋勉。"

（高宗朝卷九三七·页一六上～一七下）

木果木温福大营溃散，美诺失守，阿桂率军自当噶尔拉退至翁古尔垄

○乾隆三十八年（癸巳）六月辛亥（1773.8.11）

参赞大臣都统海兰察奏："六月初七日夜，闻德尔森保等木栅已为贼踞，即赶回木果木大营。将军温福议暂撤昔岭附近之兵，移防后路，乃绿旗兵一闻此信即弃营私遁。初九日东北木栅被贼夺踞，初十日，后面木栅亦被抢夺。温福随率臣乘贼占踞未定带兵攻击，绿旗兵纷纷散乱。忽有贼千余，直犯温福，臣迎上鏖战，而温福胸左著枪殉节。贼众即入大营放火，臣带满兵越过山沟，夜半始至功噶尔拉牛天界营内。十一日带功噶尔拉之兵行至崇德，亥刻刘秉恬亦从登春奔至。十二日行至美诺，会博清额、伍岱、和隆武筹议，一面开通将军阿桂后路，一面从美诺至巴朗拉添兵固守。"

谕军机大臣等："温福等失事皆为绿旗兵所误，去年春朕已派定健锐等营精兵数千备调，因温福、阿桂奏以京兵较绿旗兵费几数倍，朕为其说

所游移，遂尔中止。今事已如此，悔亦无及。现降旨选派健锐、火器营兵各一千，黑龙江、吉林兵各一千，即日分拨起程，令色布腾巴勒珠尔以固伦额驸为参赞大臣统领前往。竟须另整规模，迅图进剿，此时海兰察已与刘秉恬、富勒浑会合一处，惟当示以静镇，即将美诺至明郭宗一带办理周密。其余各紧要处应开通者迅速开通，应剿杀者尽力剿杀，总须占住小金川、沃克什地方，整顿兵众，鼓励士气，以期另办。阿桂闻贼势猖獗，自必统领大兵撤回杀贼，只须阿桂与海兰察等会合，大局即定。至温福军营绿旗兵尽皆溃散，实堪发指。若不将倡首及附和者正法多人，军律安在？但现在军营尚未宁定，阿桂当留心查察，此时且不必宣露。至于宜喜一路，留舒常带兵驻守，丰升额即由该处径往阿桂军营，会商妥办。其党坝一路，仍令五福带兵千余在彼防守堵截。再，贵州续调之一千兵、云南续调之四千兵，又今日续调之陕甘兵二千，到川境后应赴何处，或在何处暂住听调，即著阿桂通盘筹画，檄知带兵将领遵照而行。至文绶已授为头等侍卫，应即驰赴明郭宗妥为帮办。"

（高宗朝卷九三七·页二〇上～二二下）

○乾隆三十八年（癸巳）六月壬子（1773.8.12）

又谕（军机大臣等）曰："海兰察奏新溃出之绿营兵丁，交刘秉恬令其回籍等语，所办甚是。此项兵丁大约川省居多，盖川兵近在本地，回家便易。今既将伊沙汰，自不容其漏网。但据云多至数千，系合夫役统计之词。其中站夫、跟役及贸易人等，原不必办及。所有现交刘秉恬遣令回籍之兵，若为数太多，亦当量为分别，刘秉恬亲加诘问。其有一闻遣放如获更生者，即为临阵溃逃无疑。若闻遣放之信仍欲告求在营效力，情词诚恳者，尚未尽丧天良，于回营后交该管大员重加责处，革除名粮，以示惩儆。照此查讯分别，密咨富勒浑于回至成都后详晰严办。倘富勒浑回省稍迟，此项兵丁有先过省者，即著钱銮尽数拘留羁管，候富勒浑回省查办。再，春宁、特成额至成都，即著暂行留省，会同富勒浑办理此事完毕再赴军营。富勒浑于办竣后，将正法兵丁各姓名、情节移咨将军等，于军营遍行晓谕，庶使稍知儆惧。"

又谕曰："海兰察现在开通将军阿桂等后路，办理接站等事，最为紧要，难以稍离，福兴亦同系被围打仗出来之人，即速驰驿赶赴热河。如其体有病，沿途或乘车轿连夜行走亦可。朕欲询问彼处情形，问毕，仍将伊遣回。将此传谕知之。"

又谕："前令德尔森保驻扎木果木北山梁，因此处系将军等后路，防守贼番潜出截后甚关紧要，曾经降旨询谕。而贼番竟尔突出，致将山梁夺占，德尔森保所司何事？先既未能瞭望贼踪，预报将军防范，而于贼番夺占之时，德尔森保如何抵敌？海兰察折内虽未提及，谅无不知。领队等带兵征剿规避亦所常有，著阿桂询问海兰察，据实奏闻。"

（高宗朝卷九三七·页二八下～三〇下）

○乾隆三十八年（癸巳）六月癸丑（1773.8.13）

谕："前据将军大学士温福奏，接刘秉恬札，知六月初一日夜三更时，有贼人从美卧沟袭侵底木达等处，董提督不知下落。当经温福拨兵一千名令海兰察飞赴应援。嗣据海兰察奏报，初十日卯刻，贼从木果木山后猝至，温福军营绿旗兵纷纷溃散。温福随带满洲兵百余人迎击，杀贼数人，身受枪伤阵亡等语。实为骇异。上年攻克小金川时，逆酋僧格桑窜往金川，将军等统兵进剿，因念军营后路最关紧要，特派董天弼于底木达、布朗郭宗等处驻守，并巡防美卧沟一路要隘。其温福所攻昔岭之木果木后山梁，派有侍卫德尔森保带兵驻守。乃先据温福奏，董天弼竟退住美诺，经温福严札饬催始回驻底木达，仍另立一小营居住，不阅数日致贼觇其疏懈，得肆侵扰。而德尔森保自移驻木果木山梁后，其作何巡防之处，并未有只字奏及。可见其全无设备，致贼众闯入温福军营。是温福之失事实由董天弼、德尔森保二人所误。董天弼死有余辜，德尔森保亦罪无可逭，现在查明另办。至温福军营绿旗兵一见贼至，尽皆奔溃，实堪发指。现已有旨，令刘秉恬、富勒浑等逐一严查倡首及附和之众，尽法诛戮，以肃军纪而示惩儆。总之，此次溃变皆由未用满洲兵，致军营无可倚仗，遂尔偾事。去年朕原已派健锐等营精兵数千备用，因温福、阿桂奏京兵较绿旗兵费几数倍，朕亦为其说所游移，因而中止，亦事机合有此小挫，以致于此，悔已无及。现在选派健锐、火器营兵二千，吉林、黑龙江兵二千，伊犁厄鲁特兵一千，简励将士，用壮军声。今据阿桂奏，现在派兵防守，杀贼多人，并设法将叛逆降番羁其头人，歼其丑类。剿清后路军营，军心镇定，一切储偫充余，铅药敷用等因一折，所办深合机宜，实为嘉慰。著即命阿桂为定边将军，另整规模，俟京兵到齐后，另筹进剿。务须扫荡贼巢，擒歼两逆，以雪愤恨而申威令。至温福自统兵进剿以来，身先士卒，奋勇杀贼，忠荩可嘉。方盼其剿洗金川，擒俘逆竖，以膺懋赏，不料功届垂成，仓猝遇变，临阵捐躯，深堪悼惜！温福著赏给一等伯爵，世袭罔替，入祀昭忠祠，并赏银二千两治丧。其应得恤典，仍著该部察例具奏。伊子永保随侍军营，见其父受伤，能奋不顾身射贼救护，抢夺父尸，以至得有石伤，甚可嘉悯，即著承袭伊父伯爵。所有临时捍卫将军力战阵亡之将弁兵丁，及跟随将军遇害之官员，已有旨令阿桂等查明分别议恤。再，僧格桑以服属土司，敢于抗拒王师，已属罪大恶极，乃于喙走稽诛之后复敢潜回故地，煽惑降番滋肆侵扰，尤为罪恶贯盈。其父泽旺本系大逆，例应缘坐正法之犯，今春械送京师，以其衰老待毙，且因僧格桑负罪潜逃，是以不即正法。今僧格桑如此肆逆，其父断不应稍稽显戮，著交刑部即将泽旺凌迟处死，悬首藁街，以彰国宪。将此通谕知之。"

（高宗朝卷九三七·页三二上～三五上）

○乾隆三十八年（癸巳）六月甲寅（1773.8.14）

谕："小金川逆酋僧格桑侵占底木达等处并扰及木果木军营之事，昨已有旨通谕矣。至温福军营失事，其罪不在刘秉恬，而小金川一带后路不能妥密预防，及不查参董天弼之处，刘秉恬实不能辞咎。本年春间，因将军等分路进攻金川，所有美卧沟等处通连贼境要隘，随谕令刘秉恬悉心筹画，酌量派兵防守，并令刘秉恬在美诺弹压，又令其移驻簇拉角克往来巡防。若果兵少不敷防守，即当早奏调兵，今贼人仍从美卧沟潜出侵扰，则刘秉恬所设法严防者何事？又，前令董天弼于底木达、布朗郭宗驻守，并巡防美卧沟一带，又以董天弼懦弱无能，复交刘秉恬随时查察，倘不实心出力，即据实严参治罪。乃前据温福奏，董天弼退住美诺，冀耽安逸。经温福严饬札催始回底木达，其另立一小营，并不在官寨驻守，不阅数日旋致失事，则系刘秉恬于事后始奏明者。温福身在军营攻剿，尚知董天弼措置乖方之处，即行饬责，刘秉恬近在簇拉角克，岂转毫无闻见，何不早为参奏？则该督之驻彼经理又属何事？此次贼匪滋扰皆由董天弼玩误所致，实属死有余辜，而刘秉恬之罪亦与董天弼相去无几。前因刘秉恬在军营督办粮运诸务，颇能奋勉出力，不辞劳瘁，是以加恩授为总督，并赏戴孔雀翎，晋阶太子少保。今以防守后路紧要大事贻误若此，实不能复为宽解，若不加以惩儆，转似朕有意曲庇，何以服众人之心？即刘秉恬自问，亦何颜复戴花翎，忝任总督乎？此事若在他人，即当重治其罪，第念刘秉恬系初经任用之汉人，且平日办理他事尚属认真，姑从宽典，刘秉恬毋庸俟该部严加议处，即将伊总督及所加官衔概行革退，拔去孔雀翎，以示炯戒。仍加恩赏给按察使衔，在军营随同办事，俾励后效。所有四川总督员缺，即著富勒浑调补，在美诺等处办事，照刘秉恬例用钦差大臣关防。文绶去年获咎之由系沾染外省袒护恶习，尚无大罪。在当时不得不加以创惩。念其向来颇能办事，尚可弃瑕录用，文绶著加恩补授湖广总督。仍照富勒浑之例，署理四川总督印务，在省办理地方事务。如有关系军需之事，仍著往来查办。其湖广总督印务，仍著陈辉祖暂行署理。至此次富勒浑本因查办粮运出口，继以山水涨发，留驻督办桥道。一闻贼人侵占底木达之信，即带领头二起已到黔兵驰赴蒙固桥，策应防守，料理俱能妥协。博清额系派往审事之人，亦即同富勒浑带兵驰守蒙固桥。彼时贼势鸱张，若非富勒浑、博清额二人统兵在彼防范，更不知成何事体！而博清额旋即前往美诺，与海兰察督兵声援。连日海兰察奏到诸折具有条理，必系博清额为军机章京办事年久，熟习机宜，故能周到若此。富勒浑、博清额均属可嘉，俱著交部议叙。博清额并著赏戴孔雀翎。朕于诸臣功罪，办理一秉大公。至军旅重务，赏罚尤不肯丝毫假借。轻重权衡，悉视其人之自取。将此传谕刘秉恬，使知感愧，并通谕中外知之。"

（高宗朝卷九三七·页三六上～三九上）

○乾隆三十八年（癸巳）六月乙卯（1773.8.15）

谕（军机大臣等）曰："李煦、常保住前因攻当噶尔拉营卡被贼番黍夜抢劫伤人一案，捏词妄报系小金川、沃克什换班番人所为，经温福、刘秉恬查明参奏，将伊等革职拿问，于簇拉角克枷号。并著博清额前往会同刘秉恬审明实在情节，按律治罪。昨据海兰察、刘秉恬因贼番滋扰，将李煦、常保住释枷，令其带兵杀贼，即批谕自应如此办理，并令将二人之事毋庸再审。李煦、常保住在营已久，兵丁尚听其调度，且其获罪亦非若董天弼之死有余辜者可比。著加恩李煦赏给游击，常保住赏给三等侍卫，随阿桂军营差遣委用，以观后效。"

谕军机大臣等："昨丰升额奏番人供词有'索诺木带兵由噶拉依往巴旺、布拉克底'之语。其地为阿桂军营后路，且与章谷一带相近，所关甚重，不可不留意稽防。再，当噶尔拉军营著明亮留兵驻守。若其地非多兵不能据扼，即当令明亮统兵驻僧格宗，与美诺为犄角之势，则当噶尔拉一路贼自无从窜入，即达乌至章谷一带亦可控制无虞。阿桂当就该处情形悉心筹画。又，昨据刘秉恬奏，木果木军营民散在前，兵溃在后，究系未能先事预防所致。且营中枪炮、火药若早派重兵严守，炮局何致为贼抢劫？而客民、匠役数千亦当收之营内，备人数以助军威未为不可，不应坚闭营门，听其散去，既示贼番以弱，且徒摇惑众心。是温福未免仓皇失算。至其营中兵众不下一万数千，当时溃散若干，著交阿桂即行确查具奏。再，将领中实系阵亡，与巴朗相似者，均应奏闻予恤。其随将军冲出之满洲兵一百余名，有阵亡者，亦一体查明议恤。若所列未出人数内，或有踪迹未明不能定其存亡者，亦开具姓名奏明，交部备核。"

（高宗朝卷九三七·页四一下～四三下）

○ 乾隆三十八年（癸巳）六月丙辰（1773.8.16）

谕军机大臣等："富勒浑奏路顶宗以内之达木巴宗、巴朗拉、山神沟一带，派兵防范。所办亦属周到。但巴朗拉为我军粮台后路，今逆番尚在布朗郭宗等处，而大板昭一路，贼复由彼窜入，计距别斯满等处甚近，若由彼潜出抄截，所关不小。现在富勒浑所派防守兵数无多，不可不严密防范。至沃克什官寨，最有关系，必当派勇干将领带兵严守。其资哩寨亦须驻兵防守，使声势联络，则巴朗拉一路便可无虞，实为此时即需筹办之事。若阿桂尚未到，即著富勒浑、刘秉恬会同海兰察、博清额悉心筹度。又，富勒浑奏明郭宗、美诺仅存粮一千余石，现在沿途督催接济。所办甚好。军粮最为军营要务，现据富勒浑奏请令原任布政司李本在巴朗拉一路总催粮运。已批令酌予职衔，令该员将此事实力妥办，以励后效。又，丰升额所需军粮应从何路军往接济，鄂宝即行妥办奏闻。至现在最急最要之务，必须将小金川地面肃清，驻兵以待再进。著再传谕阿桂迅即统兵回美诺，速办剿贼事宜。丰升额等遄程前赴大板昭攻剿贼众，以收夹击之益，仍即驰往美诺，与阿桂会合筹办一切。"

（高宗朝卷九三七·页四三下~四四下）

○乾隆三十八年（癸巳）六月丁巳（1773.8.17）

又谕（军机大臣等）："据阿桂奏，于当噶尔拉至章谷后路一带，将小金川精壮男番歼灭，碉寨尽行烧毁，并派兵在达乌、翁古尔垄等处防剿。其色木则一处，令奎林、崔文杰堵截，扑杀多人；又添兵防护纳围粮站，将河以南之拉约寨痛加剿戮，焚烧寨落，并杀死金川贼人；又令崔文杰攻剿僧格宗对河之荣寨，杀贼五六十人，焚烧碉房三四十座；其余寨男番俱经洗尽，金川遣来之贼三起并皆擒杀。即日与海兰察等会合，剿除河北之彭鲁尔等寨，则美诺一带之余孽便可扫清等语。阿桂所办甚合机宜，且杀贼亦多，殊属可嘉，著交部议叙。所有在事出力之将弁兵丁等，并著阿桂查明咨部议叙，以示鼓励。"

又谕曰："富德著授为领队大臣，带领头起兵丁前往四川军营。其末起兵丁，著派蓝翎侍卫讷苏肯带往。"

定边将军尚书阿桂奏："两金川贼酋甚为猖獗，木果木一带大经挫损，不得不添兵办理。俟悉彼处确实情形，并应调何处兵，另筹具奏。"

谕军机大臣等："阿桂奏称，俟定有应调之兵，另行具奏。看来阿桂此时亦知从前伊等所奏无需满洲兵之错矣。今统计现调兵有一万三千名，兵力甚壮。复缮写谕旨晓谕各土司，伊等接到后，通行晓谕各番。一面扬言，已调十余万精兵前来合剿，则贼酋闻之，丧胆震动，而各土司闻此，亦可定其游移之志。"

敕谕各部落土司曰："从前金川土司莎罗奔、郎卡等不遵法令，欺侮小金川，夺取土司印信，拘囚泽旺父子，复扰明正、革布什咱地方，是以出兵征讨。莎罗奔、郎卡等闻威震惧，计穷祈命，至经略忠勇公大学士傅恒前叩头求款。朕仰体上天好生之德，念伊等既已抒诚知罪，宽其既往，准其请降，仍为土司如故。并颁恩命，敕伊等安居守法，永勿侵犯邻封。

番酋等理宜感朕不诛之恩，恪遵法纪，讵意数年之后背恩蠢动，又于邻近部落渐行扰害，俱为川省总督办理寝息，并未奏闻。至近日金川逆酋索诺木与小金川逆酋僧格桑狼狈为奸，索诺木既将革布什咱土司用计杀害，占夺地方，僧格桑亦将沃克什地方夺取，肆行猖獗，直至明正土司之境。始经总督具奏，是以发兵问罪，乃僧格桑胆敢抗拒天兵，而索诺木又助凶同逆。朕思此二贼酋若不尽加俘戮，则国家之法令不彰，而附近各土司地方必至皆为所据。是以命将军、大臣等统率雄师，先将小金川荡平，而逆酋僧格桑逃赴金川。此时索诺木若将僧格桑擒献，亲赴将军营盘乞恩请罪，朕尚可加之曲宥。乃转将逃贼容留，负隅抗拒，是核其罪恶较甚于僧格桑，必须剿除，始可永清边徼，俾各部落长得宁居。是以屡谕将军、大臣等声罪致讨，以迄天诛。今僧格桑憨不畏死，与索诺木等商同潜出，煽惑旧属丑徒断截台站，以致将军、大臣等殉难阵亡。此其罪大恶极，万无可恕。朕统御天下，善者必予奖赏，恶者必示惩诛。如尔众土司内有实心出力、急公奋勉者，朕皆从优给赏，锡以缎匹、银两、花翎、名号，用示嘉予。今僧格桑与索诺木罪恶贯盈，神人共愤，此而不加惩治，何以统驭万方耶？朕现已降旨将副将军阿桂授为将军，督办讨贼事务。拣派满洲、索伦、厄鲁特等健锐兵丁并陕西、云南、贵州、湖广等处劲兵数十万，厚储粮饷转输接济，又运饷数千万两以备其用。如许兵力，如许军资，剿殄贼番易于反掌。朕所以如此筹办者，皆为尔众土司等，恐致失所耳。尔等自应努力并心，同期灭贼，以冀永受朕恩。逆酋所恃不过山路险峻、碉巢坚固，犹如潜穴之鼠，有何伎俩？计至今冬必当扫灭。设不能长驱深入，再俟二三年或四五年，将贼酋要隘四面奋攻，贼众不得耕作稍休，必至尽为饿殍，又何从逃死耶？今降旨晓谕尔等，各自保守地方，毋使逆酋逸出。并听将军等调遣，奋勉从事，早灭两金川逆酋，受朕恩眷。坚心助讨，永图乐业，不得稍有游移疏懈，勉之。特谕。"

（高宗朝卷九三七·页四五上～四九下）

○乾隆三十八年（癸巳）七月戊午（1773.8.18）

又谕（军机大臣等）："现在贼番占据布朗郭宗、底木达等寨，其帛噶尔角克、科多各处贼尚未退，而大板昭亦有贼占。恐贼众由别斯满山口潜出滋扰沃克什、资哩，于巴朗拉一带粮台后路所关不小。昨已谕令阿桂、富勒浑等酌派勇干将领，带兵驻守沃克什及资哩两寨，以资控扼。其巴朗拉一带，并须多派兵弁，往来严密防查，方为周妥。伊等自必遵照谕旨上紧筹办。至打箭炉一路与章谷相近，前据番人供词，有'索诺木带兵一枝，往巴旺、布拉克底'之语，恐其抄截当噶尔拉后路，已谕令阿桂设法严防。而阿桂现将附近该处降番尽力洗戮，以防其内应，所办甚好，朕心为之稍慰。惟打箭炉为控驭诸番要地，据索琳自西藏回京奏称，城内仅驻副将一员，尚有往来查办之事，所余兵亦无多，甚有关系，万一贼众突至彼处滋扰，成何事体？现在川省在营官兵有限，且大率怯懦无用，难以再拨。所有续调之贵州、湖广、云南、陕甘兵共九千名，已当陆续起身赴川。著富勒浑、文绶通盘筹画，于续调兵内酌留一千兵驻打箭炉，极少亦须五百名，并选勇练将领一员带兵驻守，方为有益。阿桂此时若已至美诺，富勒浑等即将此事会同商酌。如尚未到，即与海兰察等斟酌而行。一面办理，一面奏闻。又查四川共有总兵四员，俱在军营，于职任难以兼顾。其本镇事务现系何员署理，营伍诸务是否不致贻误废弛，各镇标实存额兵若干，其夔远镇营边隘是否足敷防御，并著查明具奏。"

又谕："美诺、明郭宗等处地方紧要，海兰察等带兵驻扎，清厘一切地方，剿杀贼众，办理接续台站事务，皆合机宜。前经降旨，令海兰察暂驻美诺办事，俟阿桂回美诺后，海兰察再带兵攻剿。今阅伊等奏折，南路一带之贼，额森特等已经痛歼前进，而留兵看守之桥仍被贼占。虽因留兵数少，不能敌御，以致被夺，但额森特等去时业将贼众俱行剿杀，并烧毁寨落，则此项贼番又从何来？或于剿杀时躲避，俟伊等过后复出侵扰乎？抑或他处贼番来夺此桥乎？今普尔普自沃克什带到贵州兵三百名，即派其前往夺桥杀贼。普尔普人诚实，汉仗亦好，海兰察等酌量领兵接应，所办甚是。至沃克什土司与两金川素有仇隙，虽自当固守地方，但力弱不能御贼。今防守沃克什之事仅刘秉恬一人前往，恐不能济事。著海兰察于满洲领队大臣侍卫等择其曾经历练之人派令前往，方为有益。"

又谕："此时最要之事惟在阿桂即从军营回至美诺，筹办剿贼事宜。第恐阿桂未肯退兵，然军营大局当务其切要者。阿桂此时驻守当噶尔拉亦属无益，且又须防守后路，徒使朕多一番悬注。自六月二十三日以来，屡次谕令阿桂回兵美诺，阿桂接奉前旨，谅即遵照撤回，或留明亮仍驻当噶尔拉，或令驻守僧格宗，自必妥协筹办。今贼番现占布朗郭宗等处，实为美诺肘腋之患，不可不急速剿除上紧收复。其河北科多、新桥等处之贼，阿桂赴布朗郭宗时，即可令海兰察统兵前往尽力剿杀，务将丑类尽歼，肃清小金川地面，以便屯驻官军，另筹进剿。至美诺官寨固属紧要，若阿桂到后，即统兵剿复布朗郭宗，声势甚大，而海兰察又带兵在河北剿贼，军威更整，贼自不敢轻觑美诺。但须派驻精兵，留博清额经理一切，即可无虞。至沃克什官寨尤为后路要隘，昨已详晰传谕，令派勇干将领，选拨重兵，驻守其地，并防守资哩隘口。伊等如能经理得当，则巴朗拉一带军台粮路便得安固。今据称，贼已由别斯满往沃克什，果如朕前旨所料，尤当急为防范。其看守沃克什寨之人将金川潜往之贼立时杀死，亦足以寒贼胆而挫其气。所有杀贼之人即当查明重赏，以示奖励。但带兵之员必须速往接应，方无后患。……"

（高宗朝卷九三八·页三上～七上）

○乾隆三十八年（癸巳）七月庚申（1773.8.20）

定边右副将军尚书丰升额奏："据知府盛英禀称，绰斯甲布土司工噶诺尔布告称，闻索诺木潜使人诱约三杂谷土司，令于智固山一路截断宜喜粮台。随行知五福、官达色、李天佑实力严防。并奖劝各土司，令其照前出力，并严守智固山地方。仍札谕优奖工噶诺尔布，示以信任之意，令其派人探听，随时报闻。又，沃克什土司色达拉所属人众俱随温福大营，所余惟有妇女老幼，已飞咨富勒浑妥为查办。"

谕军机大臣等："丰升额此次调度均属合宜，不意其竟能如此，为之稍慰。逆酋潜谋断路，实属可恨。计其为时已久，尚无动静，自可以保无虞，然究当留心防范。至沃克什一路关系紧要，已早谕富勒浑等酌派将领带兵往驻。今丰升额所办，与朕意适合。且计其移咨日期在朕降旨之前，富勒浑接到即办，自更妥速。目今急务惟盼阿桂速至美诺，整兵剿贼。恐阿桂以退兵为嫌，不肯轻撤，然朕自六月二十三日至今，已屡次详悉传谕，阿桂自应遵旨回兵美诺，迅即剿复布朗郭宗，尽歼群贼，廓清小金川。现在之事无有要于此者。旬余以来盼望阿桂信息，至废寝食。阿桂当善体朕意，将此一并传谕知之。"

又谕："美诺、明郭宗已俱失守，海兰察现退至日隆驻兵防守。贼众竟敢如此猖獗，殊堪痛恨。总由营中未派满洲兵，无可倚恃，致屡为怯懦不堪之绿营所误，实切愤懑。此时急务惟接济阿桂为要。美诺之路既断，阿桂难从原路退出，自应速由达乌一带回至章谷。已有旨令富勒浑、博清额、普尔普、成德四人带兵往迎阿桂。并飞谕图思德，将续调之黔兵一千星速起程遄进，径赴打箭炉一带接应。阿桂奉到此旨，即速整兵由章谷一路退出，毋稍迟疑。至僧格宗为当噶尔拉至章谷要路，阿桂前奏已派兵严守。昨额森特、伍岱复自美诺剿洗河南一带贼寨，与阿桂通路，想已至僧格宗守住。或当酌从深嘉布等处经由巴旺、布拉克底一路而出，阿桂自能妥酌办理。此时总以阿桂整军而出为要，他事皆可缓商也。至丰升额等一路，前已屡降谕旨，令其撤兵赴大板昭剿杀贼众，并断贼番后路。今美诺等处既不能守，贼势方炽，丰升额等不宜复往大板昭一路剿贼。计伊等接奉前旨，自已起程，若仍由正地一带原路退回，恐太迂远，自应由党坝、三杂谷一路回至巴朗拉等处暂驻。但须于撤兵时办理妥密，毋致绿营轻动。并谕各土司等，此时虽暂撤兵，俟新派之满洲劲旅到齐，即分路另筹进剿，仍须至该处进兵，该土司等毋得稍有疏懈。如此方为妥协。阿桂等即将何日退兵迅速加紧复奏，以慰注念。"

（高宗朝卷九三八·页一〇上～一三上）

○乾隆三十八年（癸巳）七月壬戌（1773.8.22）

又谕（军机大臣等）："昨木果木军营失事皆由绿旗兵溃逃所致，今美诺之不能守亦系绿营兵先溃。其情甚为可恶，悉行处斩亦不为过。但思此等溃兵通计不下数千，若皆骈首就戮，虽其罪由自取，朕心实有不忍。况绿营兵恇怯轻退，总由营中无满洲兵，绿营无可倚恃，遂尔见贼即溃。此实温福等从前倡议不调满洲兵，以致自误。朕亦未能计及于此，悔已无及。若将伊等全办，转似事后诿过于无能懦卒，更觉无谓，莫若概免其死。著富勒浑、文绶晓谕此项溃兵，以尔等临事溃窜，本当立时正法，以肃军纪。今奉旨念绿旗之溃由于营中无满洲兵可为观法，遂致仓皇摇动。其罪虽无可宥，但不忍令此数千人同受诛戮。特加恩免死，将营中所汰溃兵遣发各省安插，以示格外矜全。如此通谕，俾绿营兵共知感愧激劝。其已到成都之兵，现令文绶至四川省城办事，即著其遵旨传谕。其军营众兵，即著富勒浑传谕。并著文绶查明此项溃兵如系四川本省及云贵、湖广者，即发遣甘肃、两广；如系陕甘者，即发遣云贵、湖广。俱分起陆续解往，并须避京兵所经栈道及各省续调兵来之路，勿令相见。至此等溃兵虽云罚不及众，其为首溃窜者，亦不可不查明重办数人，申军法而昭炯戒。著于发遣各兵时，录朕此旨，转寄所发之各督、抚，于此等溃兵解到时，以次诘讯军营首先溃散实系何人。如即在发到该省兵内，将该犯即留省城讯实，奏闻正法。其余应发之人，皆分别各州、县安插，勿使聚集一处。饬令各属严行收管，如有脱逃者，拿获时照新疆改遣例即行正法。再，川省连年办理军需，运送粮械，派拨人夫，不能不用民力，屡降旨加恩蠲缓，以奖善良。但其中或有司办理不善，或胥役借端滋扰，皆恐不免。文绶自当留心整饬，有犯必实力严惩。亦有奸民遇事生风，如酆都县民蒋正中、吴捷元辈之惑众阻挠者，自不可不严加惩儆。但平时亦当抚驭宁帖，勿使丝毫滋事。文绶到川年余，于该省土俗民情亦已深悉，总宜不动声色，妥协经理，相安无事，以副委任。富勒浑前此带领黔兵径赴明郭宗，及安设章谷一带军台，通阿桂后路，所办俱合机宜，亦见其能实心任事，甚属可嘉。富勒浑身系满洲，今又用为四川总督，自当益加奋勉。昨谕令同博清额、普尔普、成德带兵往迎阿桂，自当迅速妥办。由章谷一带探听阿桂军营所在，即行迎往。务令阿桂及早整兵退回章谷等处，方为万妥。"

（高宗朝卷九三八・页一九下～二二上）

○乾隆三十八年（癸巳）七月癸亥（1773.8.23）

谕军机大臣等："阿桂奏当噶尔拉军营防剿贼匪情形，所办俱合机宜，朕心稍慰。贼匪敢于如此猖獗，阿桂现在鼓励众心，尚能坚守两三月，其志甚属可嘉。但美诺已不能守，海兰察俱撤兵退至日隆，阿桂即在当噶尔拉驻守，亦难急图攻剿，而小金川之地又难即时克复，且贼势方炽，我力稍单，阿桂自应速由章谷一路整兵而出为要。是以前日一闻海兰察退回日隆之信，即传谕阿桂迅速由章谷退兵。且俟新派京兵及续调陕、甘、云南、湖广各省绿营兵到齐，另筹分路进剿。并谕富勒浑、博清额、普尔普、成德带兵往迎阿桂。今复授富德为参赞大臣，谕令先行驰驿兼程赴川。如遇新派之西安驻防兵二千及自请赴营之成都驻防兵五百并贵州续调之一千、湖南已经起程之二千兵，有可带往者，即速带领前赴章谷迎接阿桂。并令色布腾巴勒珠尔亦按程赶赴成都，俟有陆续兵到，即行带领由打箭炉前往接应。但看阿桂之意不肯轻退者，必因营中兵力不足，在外又无应援，若急于撤兵，恐绿营军心易动，而贼人转得伺我之隙在后追蹑，所筹亦是。今富勒浑等及富德接续到彼，官军声势渐盛，阿桂自当趁伊等到后，即将当噶尔拉军营料理周妥，与富德等内外夹攻，以次整兵而出，回至内地，方慰悬注。至丰升额等一路，朕心亦深廑念。前谕其移兵往剿大板昭之贼，昨闻美诺退兵一事，复谕令即带兵由党坝、三杂谷一路回至巴朗拉。若此旨到时，丰升额等尚在宜喜，则自彼由革布什咱、巴旺、布拉克底之境至当噶尔拉军营，较为径捷。丰升额等就该处现在情形，斟酌万全行之。再，成德一员前已有旨补授川北镇总兵。所有镇远镇总兵员缺，著阿桂另拣军营出力之员奏请补授。至所请调兵之折，于阿桂未经奏到之时已分别派出。其山西兵，路既遥远，且亦不甚得力，自可无庸调往。今通计所调兵共一万七千，军势亦可大振。统俟到川后，阿桂等悉心妥议，另筹分路进剿，迅奏肤功。"

（高宗朝卷九三八·页二四下～二七上）

○乾隆三十八年（癸巳）七月乙丑（1773.8.25）

谕军机大臣等："现在军营之事惟接济阿桂最为紧要，前已谕令富勒浑、博清额等带兵往迎阿桂，复谕丰升额等速往阿桂处接应。伊等奉到谕旨，自即遵照速行。如到彼时，阿桂业已整兵击贼而出，自属最好；若尚未即出，自应速筹策应。但两处之兵若同路并进，未免拥挤，且恐贼番闻我应援，设碉守拒，则攻剿又需时日，必须分两路而行，方能迅速。一自章谷至达乌等处进兵，一自章谷经巴旺、布拉克底、深嘉布等处进兵，务期迅抵阿桂军营。阿桂即可酌量情形，不拘何路，两面夹攻，乘势冲出，方为万妥。或伊等到章谷时，酌看情形，除深嘉布一路之外，或更有便捷之径，即可取道遄往，不必拘泥此旨，惟在临时妥酌行之。至丰升额等两路进兵，又当分前后两队，丰升额等带兵前行，福康安带兵续进为一路；博清额、成德带兵前行，富勒浑、普尔普带兵续进为一路。则军声既壮，且各有后援，更为得力。又，前派伊犁、厄鲁特兵一千，令成果带往军营，今复添派索诺木策凌及车布登扎布一并前往，将此传谕阿桂、丰升额、舒常、富勒浑、博清额知之。"

（高宗朝卷九三八·页二九下～三〇下）

○乾隆三十八年（癸巳）七月丁卯（1773.8.27）

谕："前闻温福在木果木军营仓猝遇变，临阵捐躯，特加恩赏给一等伯爵，世袭罔替。嗣据刘秉恬奏，初九日未申时，忽有客民二三千并匠役人等奔赴登春，询称木果木炮局已被贼番抢劫，大营四门关闭，客民无可依倚，因各散回。初十日贼番悉众涌至，断截大营水道，绿营兵纷纷溃散，遂致失事等语。是温福军营民散在前，兵溃在后，实系温福未能先事预防所致。营中炮火系三军之命，若闻贼扰布朗郭宗之信，早派精兵严守后路，防护炮局，何至为贼抢劫？而客民、匠役数千亦当收之营内为彼护持，即备人数以助军威亦无不可，断无坚闭营门听其散去之理。既示贼人以弱，且致摇惑众心，则温福之仓皇失算，其死乃由自取。今复据海兰察、富勒浑等查奏，温福军营阵亡文武大小各员多至数十人，而将弁兵丁之未出者至三千余人。此皆温福乖方偾事，以致折将损兵。使其身尚在，即当立正典刑，以申军纪，岂可复膺五等之封？所有赏给伯爵著销去。但念其究系阵亡，仍著交部照例议恤。其应得何世职，即令伊子永保承袭。至刘秉恬身任总督，令在美诺弹压，又令其移驻簇拉角克往来巡防，并因董天弼懦弱无能，屡谕刘秉恬随时体察，倘不实心出力，即据实严参治罪。乃刘秉恬于美卧沟要隘并不及早奏请调兵驻守，设法严防，而于董天弼退居美诺，经温福严饬始回底木达，刘秉恬又并不查参，及董天弼另立一小营，不在官寨同众兵驻守，贼匪因得伺隙窜入，刘秉恬亦于事后始行奏及。是美卧沟之失守，致贼匪侵占肆扰，皆由董天弼所误，实属死有余辜。而平时措置失宜，又复漫无觉察酿成事端，刘秉恬之咎亦实无可逭。前降旨将伊革去总督，仍赏按察使衔，在军营随同办事，尚不足以抵其罪。刘秉恬著革职，留于军营，自备资斧，效力赎罪。如不知感激愧愤，复有贻误，一经将军、总督等奏闻，即行正法示众。至德尔森保系专驻木果木后山防守之人，乃不能实力防御，致贼匪冲突温福大营，兵溃失事。况德尔森保前随明瑞军营已获重谴，复经弃瑕录用，仍不知改悔奋勉，误事若此，其罪与董天弼等，不能因其已死曲为原宥。著将伊子拿交刑部治罪，并将家产查抄，以为负恩失律者戒。所有提督马全、牛天畀皆系出力有用之人，副都统巴朗、阿尔素纳屡经勇往立功，今皆力战死事，实堪轸惜。马全、牛天畀著交部照豆斌之例议恤，巴朗、阿尔素纳著照扎拉丰阿之例议恤。仍查明伊子，交御前大臣带领引见，候朕另降谕旨。总兵张大经虽未著有劳绩，而效命亦殊可悯，著照高天喜之例酌减议恤。其余阵亡武职兵丁及被害文员，著将海兰察、富勒浑查到原单，交该部查明，均照阵亡例一体议恤。此等殁于王事之人，在国家虽有优恤旌褒渥典以慰忠魂，而自将领至兵丁三千余人同时陷没，不惟心恻，亦且颜赧。国家百余年用兵多矣，从无此事，然温福军营溃出之兵，经海兰察等收集者，尚有一万数千，是其随征将士几及二万，兵力不为不足，何以贼番一至，手足无措，溃败竟至于此？总因营中无满洲兵可为倚恃，遂使绿营懦卒惊溃无存，亦由温福等倡议不用京兵所误。是温福之失策偾辕，实不能复为之讳。而朕之误任温福，又误信其不发劲旅，悔已无及，惟有引咎自责而已。朕之初用温福，原因其于军务尚曾经练，此外别无可任之人。当阿尔泰等屡次因循玩误，不可不急为整顿，遂命其由滇入蜀代阿尔泰统兵。伊甫至军营即攻克巴朗拉，收复达围等处，军势大有起色，因即授以将军，伊亦颇知感奋。初不料其昧于驭下，疏于自防，败绩丧师，轻以身殉。即起温福九原而问之，伊亦无能自解，非朕于事后诿过臣下也！至于征剿金川，并非朕有意穷兵黩武，念朕平定西域，拓地二万余里，武功已赫濯矣，岂复不知足！矧此蕞尔蛮陬久授土职，即尽划平其地，较之开辟西陲不及万分之一，何足言功！朕又有何贪冀，而必欲不吝帑金，不恤士卒，不惮焦劳，决计为此乎？总因从前莎罗奔、郎卡侵扰邻疆，其罪已不可逭。及命将申讨，两酋即穷蹙乞降，朕特格外包容，宥其一死，仍令备职土司。乃郎卡野性难驯，未及十年即与近境土司时相侵夺，屡经督臣等调停完事，朕亦概免深求，不欲复因蛮触相争劳师动众。即此次两逆酋滋事之始，经阿尔泰等奏闻，朕仍听督、提等往彼诫谕息争，不肯轻烦兵力。及至前岁夏间阿尔泰始将僧格桑不受教约，复攻占沃克什官寨，掳其人户，并侵明正司境壤，而索诺木亦占踞革布什咱之地，戕其土司各情节奏闻，并称两逆酋狼狈为奸，鸱张无忌，非复能以口舌化导，不可不慑以兵威。乃逆酋党恶梗化，公然抗拒王师，实难再为迁就，朕方深悔前此之姑息贻患，若复置之不问，必至众土司尽为蚕食，流毒无穷。此实不得已而用兵之苦心，军机大臣日在朕左右承旨，皆所深知。且屡经宣谕再三，谅亦人所共晓。若谓朕饰词愚众，吾谁欺？欺天乎？此时若再姑息了事，何以服众土司之意！且何以慰死事者之心！即谓温福毫无调度自丧其躯，不足深惜，而马全等将佐官员及三千余士卒之委命疆场，倘不为之报仇雪恨，于心实有所不忍，虽欲中止，其可得乎？朕自临御以来，宵旰勤劳，无日不以爱民为念，每遇灾歉，不惜数百万金钱、粟米赈济穷黎，即偶有用兵之事，丝毫不累闾阎，并且多方蠲缓。而于综理谳牍，虽匹夫匹妇之狱，亦必折衷至当，不使稍有含冤。如此次温福军营溃逃兵众，即立置典刑，亦不为枉。因其多至数千，若悉予骈诛，实觉不忍。特从宽概免其死，遣配以示矜全。而自西师大功告成以来，朕亦不敢意存自满，惟益兢兢业业，凛持盈保泰之心。返躬自问，实可以俯对天下臣民，仰邀上苍昭鉴者。至于两逆酋以内地土司，敢于背恩反噬，抗我颜行，害我兵将，罪恶贯盈，实为覆载所不容，神人所共愤，其灭亡自可立待。今特派八旗及各省劲兵数万，并简曾经立功之大臣等带赴川省军营，与阿桂等另筹进剿，使我军壁垒一新，所向克捷，扫穴擒渠，以快人心而申国法。著将此事原委及朕不欲用兵之本怀与此时不能已于征讨之深意，通谕中外知之。"

谕军机大臣等："富勒浑等奏，现将续调黔兵策应将军阿桂后路。所办甚好。前经谕令富勒浑、博清额等带兵由南路接应阿桂，并令富德赶赴打箭炉一带，不拘何项兵丁，即带领前进接应阿桂，俾得夹击杀贼，自当以次迅往。但英泰先已派令带兵策应，较之富勒浑等及富德到彼自更迅速。如英泰此次果能奋勇出力，开通阿桂军营后路，即属英泰之功，朕必加以优赏。英泰务须努力为之。至刘秉恬从前贻误之罪实难曲为宽贷。现又明降谕旨将伊革职。但伊现在巴朗拉一带办事，若即去其顶带，恐一切呼应不灵，著仍遵前旨暂留翎顶，令其奋勉自效。又，富勒浑现令赴南路带兵续进为阿桂声援，而巴朗拉一带亦有刘秉恬往来照料，文绶可即回至成都。该省现有照料过兵及筹办粮运等一切紧要之务，文绶到省城后务即实力综理，俾诸事妥协无误。至温福军营阵亡被害将士、官员，业经降旨议恤，其明正、巴旺、布拉克底土目兵练等有实系阵亡者，并著富勒浑、海兰察等查明奏闻，交部照例议恤。"

（高宗朝卷九三八·页三五上～四三上）

○乾隆三十八年（癸巳）七月戊辰（1773.8.28）

又谕（军机大臣等）："据丰升额、舒常奏，游击和伦等，于余丁张得贵脱逃，仅报川、楚两省总督，并不呈报将军、参赞，以致所报姓名不符。请将襄阳镇标右营游击和伦、竹山营游击常保、襄阳镇标前营都司官福、镇筸镇标前营守备万国泰、湖北抚标右营守备张虎臣、辰州协左营千总张云标等交部严加议处。署襄阳镇官达色未能查出，并请交部察议等语。和伦等均著交部严加议处，官达色著交部议处。"

谕军机大臣等："屡次传谕丰升额等，带兵接应阿桂最为紧要。计丰升额等奉到遵旨起程，应即驰赴打箭炉一带，并遵昨旨与福康安分为前后两起进兵接应阿桂，愈速愈佳。至其折内访得三杂谷土司希冀赏带花翎，随令李天佑申饬谕示，所办亦是。丰升额此次撤兵，若经由三杂谷，即应酌量驾驭该土司，带令随营行走，以好言抚慰，励其效顺之心，自为最要。至梭磨土妇，在三杂谷中行辈最尊，从噶克多听其指挥。该土妇自不为小金川流言所惑，据官达色报称，该土妇见伊时，密告金川贼众逆谋，其心甚觉真切，自应予以奖励。著即晓谕该土妇，以尔实心恭顺，节次奏闻，大皇帝深为嘉悦，特加恩赏尔'淑顺'名号并彩缎四匹，用示优奖。如此传谕，不特该土妇益当感恩图报，即其余土司等亦必共知激劝，冀得出力沾恩，亦属控驭番夷之一法。"

（高宗朝卷九三八·页四四上～四五下）

○乾隆三十八年（癸巳）七月癸酉（1773.9.2）

定边将军尚书阿桂、参赞大臣副都统明亮奏："色木则之旁有古噜一处，令参将富金保带兵分驻，贼番屡次侵扰，俱被官兵击退。其往攻色木则之兵，因贼番所据碉座地势较高，虽节次攻扑，究系仰攻不能得力。惟昼夜严防，使贼不能截断僧格宗往来之路。再，策尔丹色木、墨垄沟、卡丫、翁古尔垄等处皆与金川接壤，虽此一带叛番均经歼戮，其最关紧要之隘口亦拨兵防守，而其间道路丛杂，前后左右皆可偷越。此时最要事机莫急于撤出官兵先防后路，官兵均可安全无恙，而严守各隘，尚可待续到之兵为合力进攻之举。其后路中有前已经驻兵者，加兵助守，其前未驻兵者，酌量安设。且如章谷、吉地等处亦即为绰斯甲布后路，于此一带周防严密。臣等与丰升额信息相通，彼此筹办，于事机颇为有益。因于二十五日陆续撤兵，分拨于思纽、得里、翁古尔垄、阿仰及卡丫、邦科、约咱、索布、章谷等处严防。臣等带滇兵一千六百，于本月初一日亲自断后，徐徐撤出。现在翁古尔垄、思纽扼要地方暂为存驻，悉心筹办，以为再进之计。"

谕军机大臣等："连日盼望阿桂军营信息，甚为悬切，因屡谕富勒浑及富德等速往带兵接应。今阿桂自当噶尔拉军营将兵陆续撤出，在翁古尔垄等处暂驻，朕心稍慰。阿桂等业已全师而出，而翁古尔垄至章谷一带均经严加防守，自可无虞。逆酋以内地土司敢于如此鸱张，尤属神人共愤，实为天理所不容，恶贯满盈，灭亡必速。今已添派京兵二千、吉林兵二千、黑龙江兵一千，顷据海兰察奏，又添派索伦兵一千，合之西安、荆州驻防兵各一千、伊犁厄鲁特兵一千，是八旗劲旅有九千，并选能带兵之侍卫章京亦数十员。又续派之云贵、陕甘、湖广等绿营兵，催令赴川者共万余名。计其陆续到军营，通计二万数百名，阿桂即当酌定章程，另筹进剿，一面妥办，一面奏闻。至丰升额等一路，昨令驰赴阿桂军营策应，今阿桂既已回驻翁古尔垄等处，无庸丰升额接济，军营机宜移步换形，不可稍涉拘泥，亦非朕所能悬断。着传谕丰升额，如未起程，即留驻宜喜军营，以备再进，或已行至中途，亦不妨带兵仍回宜喜。并可随处谕知各土司，以将军现已整师而出，满洲劲旅及各路精兵十万亦俱陆续调派，即日复筹进剿，以此镇抚众番方为妥协。丰升额等即酌量该处情形，一切与阿桂札商而行。刘秉恬仍令在巴朗拉一带办事。文绶即驰赴成都，办理兵行事宜，并筹办溃兵以及地方要务。其桃关一带，即令富勒浑前驻往来照料，无庸再赴阿桂军营。"

又奏："臣等因贼匪蔓延四出，前敌既不能骤撤，后路更属可虞，正在筹办间，据前敌屯、土各弁禀称，金川贼番屡来恳求禀话，臣等欲借以窥测贼情，当饬将备等严加诘问。据贼禀称，'我金川系大皇帝家旧土司，如今官兵、百姓等，我金川一点不敢侵扰'等语。查贼番自侵扰木果木等处以来，所得枪炮、铅药、粮石、银两、器械等物为数甚多，业经志得意满，而以当噶尔拉官兵甚为劲锐，贼匪连次败衄，深知我兵未可动摇，转恐添兵攻剿，故为此狡诈之谋。且安冀大兵从此歇手，可以幸逃天讨，坐获小金川之地，实堪切齿！但此时兵力未齐，不能合力剿洗，而当噶尔拉后路险仄绵长，如翁古尔垄、策尔丹色木等处悬崖鸟道，只须数十人据截，虽有多兵，不能冲过。即如木果木一路，官兵二万有余，德尔森保一经失事，即不足恃。皆因后路一断，兵卒等慌张溃乱所致。今贼番不于此等要隘坐困官兵，而转来禀话，是在贼番已为失计，而在我兵撤居险要，现在则易防后路，将来仍易于进攻，于事转有把握。莫若将计就计，权为撤出，新兵一至，即可统率再进，为雪愤扫巢之策。惟是今昔情形迥殊，且此事关系甚大，皇上自必特简大臣来川，容臣阿桂等公同筹办，以定剿灭两金川之局。"

（高宗朝卷九三九·页一下～五下）

○乾隆三十八年（癸巳）七月甲戌（1773.9.3）

谕："昨据阿桂奏，当噶尔拉后路翁古尔垄至章谷、吉地等处并关紧要，均应严密防范，因于六月二十五至七月初一等日，将各营盘官兵次第徐徐撤退，亲自断后，振旅而出，现驻翁古尔垄等语。办理深合机宜，朕心实为欣慰，已将奏到各折宣示中外矣。阿桂自闻木果木军营之信，能镇静严防，鼓励将士，当贼人屡次侵扰，俱经官兵剿杀。今全师撤驻翁古尔垄，不独南路一带可以无虞，并可与丰升额等宜喜军营声息相通，以待新调之八旗劲旅及各省精兵陆续到营，收复美诺等处，另筹进剿金川，甚属可嘉。所有随阿桂自当噶尔拉撤出之兵，未尝非绿旗士卒，乃能与贼相持十余日，悉力拒击，凝然不动，整队撤回。较之温福营中绿旗兵，同为受国恩豢养之人，一则知方，一则非人类。著阿桂传旨，将在事之绿营、屯、土兵练各赏一月盐菜银两，以示奖劝。其中或有身虽在营而委靡不出力者，亦当查明扣出，毋令滥邀恩赏。至温福军营有兵不下二万，何至一闻贼至纷纷溃散，实出意料之外。将帅之于三军倚为捍卫，若猝遇有变，至弃将军于不顾，相率溃窜，以致主帅失众捐躯，按律应悉骈诛，罪在不赦。今特汰其甚者，从宽免死，量予遣戍，实出法外之仁。然朕究不免失之姑息，而此辈实为幸免。遣发省分之各该督、抚，俱应共深愤疾，于此辈不少姑息。有犯法者，即当立正典刑，庶以彰国法而申军纪。至现在随征之绿营兵众，并当闻而知耻，引以为戒，痛加改勉，以冀立功膺赏。设仍狃于怯懦之恶习，怙终不悛，将来或有临敌轻退易动之事，必当尽行诛戮。即人数略多，亦断不惑于罚不及众之说，曲为宽宥也！朕于军律赏罚严明，惟秉大公，以期平允。即将此通谕军营及中外知之。"

（高宗朝卷九三九·页八上～一〇上）

清廷调遣满洲劲旅、绿营新兵应急增援，谕令阿桂等密筹收复小金川，再图平定大金川

○乾隆三十八年（癸巳）六月辛亥（1773.8.11）

谕："现在征剿金川尚需兵力，著挑派键[健]锐营满洲兵一千名、火器营满洲兵一千名前往进剿。所有派出官兵应得之项，速即照例办给。色布腾巴勒珠尔著加恩仍为固伦额驸，授为参赞大臣，带兵前往。富德现系三等侍卫，著授为头等侍卫，领队行走。此次挑兵，著留京办事王大臣会同额驸色布腾巴勒珠尔并该管大臣挑选。其领兵之侍卫章京等，即著询问该管大臣等，视其汉仗好、曾经历练者挑取派往。至于兵丁行走以二百名为一起，其于何日起程之处，著王大臣等即行酌拟具奏。额驸色布腾巴勒珠尔、富德于挑兵事竣后，速赴热河请训，再行前往。"

又谕："现将健锐、火器两营兵二千名由京派赴四川军营。计每队二百人，分为十队。著色布腾巴勒珠尔带领头队先行，富德带领末队后行。其余八队兵丁，派乾清门侍卫保宁、伊达里、纳木扎、珠尔格德同派出之该营章京等分队带领行走。"

又谕："现今派出领兵前赴四川军营之乾清门侍卫保宁、伊达里、纳木扎、珠尔格德等每人著赏银一百两。其应赏银两，交大学士刘统勋即向内务府大臣等支领赏给。其余应得之项，仍照例办给。"

又谕："今进剿金川之兵，绿旗不甚得力，著富椿、傅玉等于吉林兵内派出一千，黑龙江兵内派出一千，黑龙江应派兵内派索伦五百、本城五百，速行备办。即著五百人为一队，作速起程。至挑选此项兵丁，务择其最精最劲者，始能得力。所有领兵之章京、营总等，亦须久经战阵，以资督率。并著派福珠礼领吉林兵，倭升额领黑龙江兵。伊等带兵由喜峰口来京，分队前往军营应用。"

又谕："现派调京兵二千，即日起程赴川。每起二百名，间二日一起行走。所有将弁官兵等应得之项，查例给发。又派有吉林兵一千、黑龙江兵一千，亦令即日起行，五百名为一起。到京后，仍按每起二百之数，分拨前进。此项兵丁，向在德胜门外安营驻扎，再行起程前往。所有预备事宜，著英廉、蒋赐棨照例妥办，俾得迅速遄行。并著传谕各该督、抚等，即饬沿途各属预备，俾无稽滞。并于司道大员中，各省特派一人，往来督办。"

又谕："此次派赴金川之京城满洲兵及吉林、黑龙江、索伦兵丁，俱系世受国家重恩，即或地方有司预备车辆、人夫稍有欠缺，亦应将带往之行李物件背负而行，抑或轮流携带。此系兵丁分内之事，俱无不可，惟期早抵军营。若向有司索取骚扰，即系不知感激。无心出力报效之人，非惟不能承受朕恩，亦且自取罪戾。著参赞领队大臣及侍卫等开导晓谕。倘致滋生事端，除将本人从重治罪外，其领队行走之大臣、侍卫官员等一并治罪。"

又谕曰："博清额即留川省军营，授为领队大臣，领兵行起。春宁、特成额俱无庸回京，交阿桂酌令领兵行走。"

又谕："金川贼番竟敢出截将军后路，抢掠驿站，如此猖獗，深为可恨。著交舒赫德于伊犁厄鲁特兵内视其汉仗精壮者，挑选一千，令副都统衔成果带至甘肃，由彼取道前往四川军营。"

（高宗朝卷九三七·页一九上～二四上）

○乾隆三十八年（癸巳）六月壬子（1773.8.12）

谕："现在派调京兵二千及吉林、黑龙江兵二千赴川省军营应用，一切经过地方停顿供亿，俱动用公帑，官为办理，丝毫不累闾阎。而挽运负任之劳，不能不稍借民力。朕每念百姓等之诚心奉公，深可嘉尚，屡示优恤。新正曾加恩将川省官兵经过各厅、州、县本年额征钱粮，俱缓至乾隆三十九年带征，其分办夫粮未经过兵地方蠲剩应带之项，亦展至三十九年再行带征。此次京兵过境，用宜再沛渥恩，著将川省乾隆三十九年额征钱粮，均再缓至次年带征，俾黎庶益臻宽裕。至陕甘过兵各州、县，亦经降旨于本年新赋内分别缓征，著再加恩将已缓五分者全予缓征，四分者加缓八分，三分者加缓六分。仍按照分数多寡，一体酌分年限带征。其直隶、河南二省京兵经过地方，并著加恩将本年应征钱粮，酌缓十分之五，令得一体均沾。再，迩年办理军务以来，小民趋事急公，共知踊跃无误，足见人具天良，倍宜爱惜。第恐不肖有司及奸胥蠹役借办差为由，妄以无名之项加派侵肥，凌以官势，使万姓奉上之忱转受墨吏滋扰之累，不可不实力查办，以安善良。著各该督、抚留心严行查察，设有借端累民之弊，立即据实严参。审明时，无论官吏即于该处正法示众，毋得稍为姑息。倘督、抚等惧干失察处分，意存徇庇回护，经朕另有访闻，或别经发觉，查讯确实，惟该督、抚是问。著将此即行通谕知之。"

又谕曰："色布腾巴勒珠尔已复固伦额驸，系贝子品级，著仍戴宝石顶三眼孔雀翎。"

谕军机大臣等："现在选派健锐、火器营兵二千，吉林、黑龙江兵二千，伊犁厄鲁特兵一千，前往军营。约计可供冬间进剿之用。阿桂等此时自可略为整顿，另定规模。并不妨于营中预行传布添派八旗劲旅数万克日来营之信，使先声壮盛，以作士气而寒贼胆。看来昔岭、当噶尔拉两路难于再进，即宜喜一路亦未必有益。或就美卧沟、大板昭、党坝等处及此外尚有何路，择其不借仰攻邋进得利者，酌定奏闻，分兵攻剿，动出万全。至温福军营如巴朗之临阵捐躯予以恤赏，其余若有因捍卫将军力战阵亡及跟随遇害者，亦应一体议恤。其或置将军于不顾，临时奔溃，为贼杀害者，此等岂可复邀恤典？著海兰察会同刘秉恬详查办理。至温福军营散出之兵，到明郭宗仍思逃溃，实为可恶，已降谕旨严办。其现随海兰察、伍岱等剿贼之兵亦系绿营，尚知奋勉打仗，即应酌赏，以示鼓励。或赏给一月盐菜银两，或半月饷银，其土兵土练并著一体酌赏。至丰升额、舒常既已移兵分剿，所有经行后路须留意防范，勿致疏虞。其丰升额一路粮台作何接应，著鄂宝妥协经理。其有应卷撤者，即酌量妥撤。又，据钱鋆奏，成都驻防满营协领六十一等告知，情愿将存营兵内再酌派五百名，驰赴西路协剿。察其情词朒切，已照例料理迅赴明郭宗听用等语。所办甚好。至所称'川省现在广招新兵，陆续遣发'之语，竟可不必。各省绿旗兵本不足恃，而川省尤属无能，即如向来逃兵被获讯明川省新募者居多，已可概见。将此一并传谕知之。"

又谕："现调京兵二千，吉林、黑龙江兵各一千，陆续前赴川省军营，以二百名为一起，间二日行走。昨已谕令沿途各督、抚妥协预备矣。惟自宝鸡入栈以后不能行车，一切军装等项须酌用夫役扛运，恐栈道内难以多集人夫。本年春间解送饷鞘入川，毕沅曾于栈内雇用骡头，按栈往回接替，甚属妥便。此项京兵等到栈，如可用骡往回接替，仿照办理，较之雇备夫役更觉妥便。著传谕毕沅，就该处情形何者最为便易，迅速预筹妥办。其川省南栈筹备之处，已另谕富勒浑酌办。毕沅可与富勒浑彼此酌商，妥速办理。"

又谕："昨已有旨派京兵二千名，吉林、黑龙江兵二千名分起前赴四川军营，沿途特派大员经管。其四川省已派出钱錞，但需用夫役较多，恐钱錞一人照料不及，富勒浑著回至成都，筹办送兵之事。其在陕西，自宝鸡入栈以后恐人夫供用稍繁，现谕毕沅或可仿照今春运饷时酌用骡头往来接替，以期便易。至入川后，富勒浑即当预为筹画。官兵行李等项需夫任负，为数不少，一时雇觅恐难遍给。且川省百姓连年运米等事，出力甚多，亦不可不加体恤。现已晓谕京兵等，以伊等皆满洲世仆，受恩深重，途中应付夫马如有不能周到之处，自无不可通融。即或稍需自用己力，亦不为过。惟期迅速成功，更见伊等感恩效用。如此宣谕，想京兵等必能恪遵朕旨，沿途不敢苛求。富勒浑惟当深体朕意，善为经理。使军行利捷，民无烦扰，方为妥协。"

（高宗朝卷九三七·页二五下～三二上）

○乾隆三十八年（癸巳）六月癸丑（1773.8.13）

又谕（军机大臣等）曰："浙江按察使郝硕著驰驿前往四川，帮办一应军需事务。其按察使印务，即著徐恕暂行署理。"

又谕曰："王进泰著驰驿前往四川，管理提督事务。"

（高宗朝卷九三七·页三五上～下）

○乾隆三十八年（癸巳）六月甲寅（1773.8.14）

又谕（军机大臣等）："据海兰察等奏称，美诺南山一带现已派兵前往，分别剿抚，道路易通等语。是南山一带之路，此时自已开通，惟北山科多、新桥等处贼众甚多，且系阿桂后路，最关紧要。阿桂须即将此一带贼番尽行剿灭，并即速赴底木达、布朗郭宗两处上紧克复。乘贼番占据未久，攻之尚易，逼令贼酋势迫，仍窜回金川。可先清小金川地界，将美卧沟、大板昭等要隘，选派将领分拨重兵防守，并将沃克什至卧龙关一带后路防范周密。官兵即可于小金川地方暂行屯住，为另筹进剿之计。又，富勒浑已实授四川总督，自应回至美诺、明郭宗等处总办一切。其巴朗拉一带，或令博清额，或令刘秉恬前往妥协经理。"

又谕："现因四川火药不敷，故于邻省办解。今京城所存火药甚多，既派满洲兵前往，著令预备十斤一包，交兵丁等带往，以省运费。领队之大臣、侍卫留心查管，毋使沿途或有潮湿遗失。又，钱鋆奏称现在西路军营每日约用火药万斤等语。杀贼虽以火药为要，何得用至如许之多？著谕将军大臣等晓谕兵丁，凡用火药、铅弹，务期破卡杀贼，切不可于无关紧要地方轻施枪炮，以致虚费。"

（高宗朝卷九三七·页四〇上～四一下）

○乾隆三十八年（癸巳）六月丁巳（1773.8.17）

又谕（军机大臣等）曰："富德著授为领队大臣，带领头起兵丁前往四川军营。其末起兵丁，著派蓝翎侍卫讷苏肯带往。"

定边将军尚书阿桂奏："两金川贼酋甚为猖獗，木果木一带大经挫损，不得不添兵办理。俟悉彼处确实情形，并应调何处兵，另筹具奏。"

谕军机大臣等："阿桂奏称，俟定有应调之兵，另行具奏。看来阿桂此时亦知从前伊等所奏无需满洲兵之错矣。今统计现调兵有一万三千名，兵力甚壮。复缮写谕旨晓谕各土司，伊等接到后，通行晓谕各番。一面扬言，已调十余万精兵前来合剿，则贼酋闻之，丧胆震动，而各土司闻此，亦可定其游移之志。"

（高宗朝卷九三七·页四六上～下）

○乾隆三十八年（癸巳）七月庚申（1773.8.20）

湖南巡抚梁国治奏："奉谕分路进攻，需添兵力。臣已札商署督臣陈辉祖于入川较近之澧州、常德、九溪、永定、岳州、辰州、衡州、镇筸等营并臣标、提标、长沙各营兵内，挑拨精壮鸟枪等兵共二千，分作四起，迅速起程，赴将军阿桂军营听用。"报闻。

（高宗朝卷九三八·页一三上）

○乾隆三十八年（癸巳）七月辛酉（1773.8.21）

又谕（军机大臣等）："昨据图思德奏，续调之黔兵一千名业已料理即日起程。今军营现在需兵接济，著传谕图思德饬令带兵将弁，迅即携带军火器械兼程赴川，星飞前往打箭炉一带听候调用。仍饬知沿途各站妥速照料遣发，毋致刻迟。并著谕令文绶，于川省经过各站一体遵照速办。此旨著由六百里加紧发往，图思德仍即将兵丁起程日期迅速复奏。"

寻奏："黔兵一千于六月二十一日各自本营陆续起程，于七月初三、四等日具报出境，至七月初九日全数出赤水河入川境，并檄饬带兵将官高璟等兼程速赴打箭炉。"报闻。

（高宗朝卷九三八·页一五上～下）

○乾隆三十八年（癸巳）七月壬戌（1773.8.22）

又谕（军机大臣等）："现在进剿金川，已派京城满洲兵及吉林、黑龙江兵前往。其西安驻防亦有满洲兵丁，此项兵内挑选一千名，并选派领队、协领等官。所有应得之项及军器等物妥为办给。派副都统书麟带领迅赴军营，交与色布腾巴勒珠尔、富德调遣应用。"

又谕："四川提督员缺已有旨令王进泰调补。绿营兵丁怯懦不堪，而川省尤甚，则将领等平时之不能约束训练，亦难辞咎。所谓兵不知将，将不知兵，安望其能得实用乎？王进泰久膺专阃，阅历有素，自能措置合宜，今授四川提督，前往军营，凡各省调到绿营皆可经管，而川省官兵尤其专辖。著传谕王进泰，先就川兵实力整顿，激其愧耻之心，作其勇敢之气，使人思自效，营伍改观。俾诸军有所观感奋发，方足以副委任。"

（高宗朝卷九三八·页一九上～二二下）

○乾隆三十八年（癸巳）七月癸亥（1773.8.23）

谕："湖南永州镇总兵员缺，前经谕令于军营出力人员内拣选升补。今据阿桂奏湖广副将扎拉芬在军营督兵攻剿，实为勇往，请以之升补永州镇等语。扎拉芬著即升补湖南永州镇总兵。所遗副将员缺，现据阿桂奏，参将刘辉祖奋击贼众，歼戮多人，甚为勇往出力。刘辉祖即著升补湖南长沙协副将，以示鼓励。"

定边将军尚书阿桂、参赞大臣副都统明亮奏："各军营所调之兵历时既久，而木果木、功噶尔拉官兵伤损颇多，所余不过数千，且新经挫折，难望振作。当噶尔拉后路绵长，贼番时刻觊觎，防兵亦觉单弱。臣等前请添兵五千为乘虚扫穴之用，目下情形又与从前迥异。自当通盘计议，速筹分头再进之兵，以定各路合攻之局。请于湖北、湖南额兵已调二千名外，再添调三千，山西与陕省毗连，可于近山居住之兵挑拨五千，连前所请昭通等处兵二千，计调绿营兵一万二千。恳敕下各督、抚即行挑备，分起迅速赴川。并请挑派健锐、火器二营满兵三千、吉林满兵四千、索伦兵三千，以备进剿。至木果木、功噶尔拉官兵既经撤出，而丰升额一路现又分拨官兵护粮防后，亦不能竭力进攻。所有贼番力量全注于当噶尔拉一路，此时别无官兵可调，而丰升额处又未能派兵前来接应，幸当噶尔拉一路军粮、火药尚为充裕，惟有悉力筹办，即贼匪百出侵扰，臣等鼓励众心，亦尚能坚守两三月。如有台站、文报阻隔数日之处，乞勿上廑慈怀。"

得旨："自以由打箭炉回军为要，已令富德飞速带兵接济，两路内外夹攻，以期安妥。回至内地，再筹进剿。"

（高宗朝卷九三八·页二三上～二四下）

○乾隆三十八年（癸巳）七月甲子（1773.8.24）

谕军机大臣等："长青曾在军营带兵，于军务尚为谙习。现在滇省防边无甚应办之事，而新调滇兵二千即须起程赴川，著长青驰驿遄行，赶及在途之兵，带赴打箭炉一路，听候将军等派用。"

又谕："现在所派京兵，头起于七月初七日起程，约计按站行走，极迟亦在八月初一二可抵西安。此后各起接续前进，且有吉林等兵三千随后继发。昨降旨所调之西安驻防兵二千，该将军等奉到谕旨，自即料理起程。计本月十三四日内，头起即可遄行，分起续进，算至八月初，只能行走十分之七。其时京兵已接踵到陕，并进既有所不能，又未便令京兵屯住守候，不可不预为筹画。著将军福僧阿及护抚毕沅公同酌量，或可于驻防兵起内，每起量为添搭数十名。俾京兵将到之先，该处驻防兵已俱全数启行，不致羁滞，固为甚善。倘以栈内路狭，势难多添人数，则京兵不能留待，而驻防兵在本地家居，尚不妨稍缓时日，自应先尽京兵及吉林等兵过竣后，再行接续前进。庶沿途不致拥挤，应付亦较便易。"

（高宗朝卷九三八·页二八上～二九上）

○乾隆三十八年（癸巳）七月乙丑（1773.8.25）

又谕（军机大臣等）："现在添派健锐、火器营兵及吉林、黑龙江并西安驻防兵，加以陕甘、云贵、湖广绿营兵，通计一万七千余人，厚集兵力，于今冬另筹进剿，以期迅奏肤功。但兵数既添，需粮亦增于昔，目今官兵接续赴川，一到即需支应，不可不早为筹备。川省产米素裕，且连年丰稔，购办非难，惟递运各路军营，任负既借多夫，脚值亦滋繁费。虽已预拨部库及各省协济银一千万两宽备军需用项，均经起解在途，以次抵川，计足供明年春夏之用，即尚需续拨，亦易为力。第长途转运，跋涉稍艰，自伊等奏请招商帮运以来，虽可佐官运之所不及，然间有领价而未经运到之粮，似立法尚未为尽善。因思乾隆十三年办理金川时，范毓馪、王鏳辈曾有助饷加衔之事，今或可仿其意而酌用之。如晋省殷实之户颇多，若有情切急公，愿赴川省运粮者，听其各备资本，前往雇夫自运，俟运到军营后，官为查收，按数计值，奏明交部议叙，视其粮石运价之多少，或给职衔加级，或予班次就铨，必多踊跃乐从者。以富民有余之资，济粮运不劳之费，似为两便。著富勒浑、文绶悉心筹酌。如其事属可行，即一面妥议复奏，一面移咨巴延三，令其不动声色饬属询问殷实之家，有愿往运粮自效，具名移咨川省。听其自办，不得官为勉强，亦不得稍涉张皇，并严禁胥役借端勒索，总期于事有益而于民无扰。"

又谕曰："毕沅奏办京兵驮载，预备长行骡四千头直送成都，可省站夫数万名。办理极为妥便。至所称栈道内恐京兵、跟役等或有不爱惜骡头，任意驰骤，以致倒毙之处，所虑亦是。昨已降旨领兵官员等，严饬各兵，毋许骚扰驿站，苦累夫马。今复传旨带兵大臣等，晓谕京兵及黑龙江兵，沿途严管跟役，倘有任性损毙骡头及殴打骡夫之事，带兵官查出，即于该处正法示众。并著传谕毕沅，严饬各站官员小心照管。如有此等不遵约束混行滋扰者，该站员立时禀报带兵之员，查明正法。其入川以后，并著文绶一体严饬查办，毋得稍有姑息容隐。"

（高宗朝卷九三八·页三〇下～三三上）

○乾隆三十八年（癸巳）七月丙寅（1773.8.26）

又谕（军机大臣等）："湖广与四川境壤相接，若派兵前往，较为近便。著派荆州驻防兵一千，即令绰和诺带领，由打箭炉一路前赴川省军营。所有料理一应起程事宜，著传谕陈辉祖妥为备办，俾官兵迅速遄行，并知会文绶于入川后饬属一体妥速办理。"

（高宗朝卷九三八·页三四下～三五上）

○乾隆三十八年（癸巳）七月丁卯（1773.8.27）

署云贵总督彰宝、云南巡抚李湖奏："上年选派滇兵三千赴川以后，臣等当于督、提等标及省北各营内挑选精壮兵二千专心训练，军械、火药等项亦逐一修备。今奉旨令于昭通各属拨兵协剿，臣等即将上年选定之兵分为四起，以次继进。俟军营调兵信至，即由入川要路飞速前往听用。"报闻。

（高宗朝卷九三八·页四三上～下）

○乾隆三十八年（癸巳）七月戊辰（1773.8.28）

又谕（军机大臣等）曰："常青奏，请派察哈尔兵五百名亲身带往军营效力。著照所请，挑派五百名前往听用。"

（署山西巡抚、陕西巡抚觉罗巴延三）又奏："准毕沅咨陕西旧存火药俱已解运，现委员赴晋购办净硝、硫磺。臣查晋省硫磺尚敷采买，惟每年所产硝斤，除供本省及陕西延绥镇各营采办外所余无几。此时即上紧购办，亦恐缓不济事。应于晋省各镇标营备操火药内，先行凑拨十五万斤，解陕接济，随后陆续制补供操。"

得旨:"嘉奖。"

（高宗朝卷九三八·页四五下～四六下）

○乾隆三十八年（癸巳）七月己巳（1773.8.29）

陕甘总督勒尔谨奏:"陕、甘、川省地界相连，恐军营尚须添兵接济，已分咨陕甘提臣，各选精壮兵一千以备调用。今奉谕旨，派兵二千赴川，已飞饬两省将弁即日分起带领起程，迅速前进。"

谕军机大臣等:"昨朕先令富德起身速赴成都，无论何处兵到，即带领由打箭炉、章谷一路往迎阿桂，复令色布腾巴勒珠尔亦即照此前往接应。计富德未到之前，所调贵州兵丁已陆续赴川，富德到时，著即遵旨带领往迎阿桂。至陕甘距四川甚近，所有勒尔谨派往之二千兵，色布腾巴勒珠尔至成都时亦必到齐，即将此项兵丁带领速行进发。并著伊等将先后到成都日期及带何项兵丁于何时起程前往之处，迅即奏闻。"

（高宗朝卷九三八·页四八上～四九上）

○乾隆三十八年（癸巳）七月庚午（1773.8.30）

谕:"据梁国治奏，湖南各营扣存公粮，岁有定额，今派兵赴川，费用较多，而各弁兵踊跃急公，克期无误，似应量为调剂。请将司库现存恩赏银内准借通省一年公粮，仍于公粮内，自明年为始，分作三年扣还等语。所办甚是。兵丁调赴川省，一切修理军装器械均须垫办，情形未免拮据，自应酌剂，以示体恤。梁国治此奏，著照所请行。其湖北、陕、甘、云、贵、四川等省俱有添派之兵，如有所存公粮不敷支用者，亦应仿照湖南酌量妥办。著各督、抚等实力查办具奏，该部即遵谕行。"

又谕曰:"梁国治奏，湖南派调赴川官兵，全数出境。同日又据陈辉祖奏，湖北添派兵二千，现已迅速料理等语。军营需兵接济，愈速愈佳。官兵等俱受平时豢养之恩，理应及时奋勉自效。著陈辉祖等檄知带兵将领，传谕兵丁，令各激发天良，踊跃遄行，以资援剿。"

户部议准:"本部侍郎范时纪奏称，四川省士民报捐贡监，应准其于本省上纳本色。其四川邻近之云南、贵州、湖广、陕西等省，亦准其一体暂于川省报捐。其封典加级以及降职捐复者，仍在部中收纳。"从之。

（高宗朝卷九三八·页四九上～五〇下）

○乾隆三十八年（癸巳）七月辛未（1773.8.31）

谕："据鄂宝奏，麻书、里塘两处运米番民在西山沟内牧放牲畜，忽被夹坝抢去牛马，当即派拨官兵并力追捕，虽经追获牛马，但贼匪未能弋获，请将疏防之外委马正雄、守备王一龙、参将金应安交部分别察议等语。马正雄、王一龙、金应安俱著交部分别察议。"

四川总督富勒浑、署四川总督湖广总督文绥奏："金川附近土司各头人、番众，臣富勒浑已明切晓谕以金川煽惑降番叛逆，罪在必诛。现加派官兵前来合剿，尔等亦须多拨番众将巴朗拉、山神沟等处占据要隘，俟大兵齐集，一举成功。该头人等环听领诺，当即酌量加赏，令各归汛地协同官兵严加防守。臣等于初一日准丰升额称，已派襄阳镇官达色带兵一千五百余前往梭磨、大板昭等处防御，又准抚臣鄂宝另派兵三百赴卓克采护守粮台。是党坝一路防范已属严密。又，同日准阿桂札知剿办小金川情形，现南路军威尚振，惟西路之兵退守日隆，距美诺已远，贼番势必合攻南路。臣等复催川省续调兵三百兼程驰赴南路，以资遣用，并就近先拨各州、县壮丁飞赴章谷一带护守粮台，务使每日有兵行走，以壮军威。再，当噶尔拉后路如章谷、约咱、僧格宗等处与贼境处处相通，现经阿桂添兵防守，但地广兵单，恐不敷用，俟黔、楚兵到，即令前赴南路听候调遣。至此次军行更宜迅速，沿途夫马均须早备。其京兵需用马匹尤繁，现上紧筹办。"

谕军机大臣等："连日盼望阿桂军营之信甚切。自七月初六日接到阿桂六月二十四日所拜之折，距今又已八日，尚未见有续奏，甚为悬注。不知章谷至当噶尔拉一带军台富勒浑曾否接续安妥，文报往来有无阻滞，富勒浑即速据实具奏。至富勒浑等所奏南路应速添兵，以资声援，现又飞调川兵三百，并催黔、楚各兵迅速来川，兼程驰赴南路等语，所办甚是。但现将添调各处之兵催令赴川，究属鞭长不及。今富勒浑在本地调兵自能应急，但为数甚少，且系绿旗，未必适用。前据钱錞奏，成都驻防兵五百名愿赴军营，已经料理起程。此项兵丁自可早到，即应带领前往，较之绿营更当得力。至所称就近先拨州、县壮丁飞赴章谷一带护守粮台，尤为紧要，应即妥协办理。又，富勒浑等奏称京兵需用马匹甚繁，尤须上紧筹办等语。京兵经由陕省，其驮载马匹，已据毕沅奏，雇备健骡四千，自宝鸡县起按站接替，直送成都。筹办甚属可嘉。其兵丁乘骑马匹，昨据勒尔谨奏，调甘省各镇营壮健马二千解赴陕省，协济栈道，分拨送兵之用。所办亦好。是陕西一路已俱料理妥协。即由入川首站至省所用驮载，并经陕省雇有骡头，毋庸另办。惟兵丁乘骑之马，该督等现在筹议，自必妥协。但每起为数较多，恐马匹不敷支拨。其跟役等不妨照例折价，可省多购马匹之劳。至兵丁自成都赴军营，路径陡仄者多，即给以马匹亦不得力。且沿途供支料草，又需馈运之劳。莫若按例折给马价，听各兵等自便，较为妥协。现在富勒浑往迎阿桂，已谕文绶在成都筹办诸务。计文绶接奉前旨，自即迅赴省城，此事即交伊实力妥办。再，现在京兵已于七月初七日起程，余俱以次继发，而各省所调之兵，亦催令速赴军营。官军源源而进，计日加增，除现谕富德等如遇各处先到之兵，即带往应援阿桂外，其余各处续到之兵甚多，若俱全赴章谷一路，未免拥挤。即阿桂将来另筹进剿，仍须由两路分进，莫若即于兵丁到成都时预为拨定。如京兵二千，两路各拨一千，余俱仿照分派。其南路在打箭炉一带，西路在维州一带酌量暂驻，俟进兵时按路调往，更为便捷。此事亦著文绶妥协经理。"

护陕西巡抚布政使毕沅奏："西安局储火药陆续调拨，余剩无多。已派佐杂前往豫、晋二省购买磺二十万斤，运回西安上紧配造，以备川省续调。"

得旨："是。"

前任四川总督刘秉恬奏："默资沟地方虽有官兵驻守，而其地出产磺斤，尤应严加防范。已派委将弁驰赴该处，留心查察，毋许偷漏。又，前经盘获私带铅子番民那木喀、旺勒丹、阿绷三名，起意偷窃铅丸，显有私相转售之弊，已将该番犯等三名正法。"报闻。

（高宗朝卷九三八·页五〇下～五五上）

○乾隆三十八年（癸巳）七月癸酉（1773.9.2）

谕军机大臣等："海兰察奏请将黑龙江八旗兵内挑选一二千人派往。著照所请，传谕将军傅玉，再挑一千名派往听用。"

谕军机大臣等："阿桂此次办理事事妥协，甚属可嘉。已授为定边将军，统办进剿之事，实堪倚任。此外大臣等亦罕有能出其右者，阿桂即当实力担承此事，不必稍存疑惑。惟进剿之路不可不通盘筹画，预为妥定。

看来昔岭、当噶尔拉及宜喜等三路皆系仰攻，未必有益。将来再进时，此等只可为牵缀贼势之用，必须另筹妥地，以期克捷制胜。因阅地图内金川之噶拉依、勒乌围两处险隘皆在河南，贼番悉力拒守，攻之非易。若于河北觅可进兵之路，一在革布什咱之境，由西而东，一在绰斯甲布或党坝之境，由东而西，攻其不备，自可易于得手。若能得其河北之地，则河南贼势自必动摇，并力夹击便可扫穴擒渠，克期奏绩。阿桂应即悉心筹度，密询熟悉道路之人，就该处山川形势详细酌量，是否可行，即速绘图、贴说，据实复奏，候朕定夺。"

又谕："现在添派索伦兵一千名前往军营，所有经过之直隶、河南、陕西、四川等省，著传谕周元理、何煟、毕沅、文绶等各饬所属，将车辆、马匹等项妥办应付，务俾迅速遄行。"

军机大臣等议复："四川总督富勒浑、署四川总督湖广总督文绶奏称，现在京兵陆续来川，照向例折给夫马价，办理章程未能画一，请按本地情形酌筹一切等语。查京兵入川，沿途应付骑驮，前据毕沅奏明，毋庸另行办理。该督等只应饬令站员，将陕省所备长骡小心照料，毋任兵役等驰骤损伤。其自成都赴西、南两路分站，现经该督议以口内给与骑马，口外官员各给马一匹，其兵丁跟役折给马价。自属照例酌办，与谕旨相符。其雅州、灌县以外酌添人夫，及映秀湾另立正站之处，亦属妥协。均应如所请行。惟所称在口内各站兵丁跟役步行不给马匹一节，查从前由黔赴滇京兵，其跟役每站折给马价二钱。此次自广元至成都，程站较近，应照滇省之例，酌量节减，每站折给马价一钱。余均照例办理，饬属一体迅速妥备。"从之。

（高宗朝卷九三九·页一下～八上）

○乾隆三十八年（癸巳）七月甲戌（1773.9.3）

谕军机大臣等："阿桂自当噶尔拉全师而出，此时大局已定，一俟兵力略振，即可收复小金川，剿捕逆酋，歼戮贼众，并另筹分路进剿金川，此皆阿桂应行次第筹办。至温福军营失事时，众几二万，兵数不为不多。虽云疏于预防，亦何至溃败若此！即绿旗懦卒畏贼惊奔，而将领各统所部，岂尽漫无纪律听其相率窜逃，致温福独领百人冲出，殁于战阵？其事为向来所无，其理亦太不可解。特因事属既往竟置不问。著阿桂将温福军营因何偾事确情，查明秉公据实具奏。再，从前所获番众供词俱称僧格桑移居科思果木地方，仅携其妾及头目数人，莎罗奔、索诺木皆不与款洽，并令其自行谋食，相随贼众尽皆散去。果尔，则是僧格桑甚为失势，几于自顾不暇，何以能与金川逆酋通谋率众复行猖獗若此？其故又不可晓。或系所获番众捏词欺饰，抑其中另有情由，并著阿桂访明具奏。至丰升额等在宜喜军营原属三路并剿，及闻僧格桑复占小金川故地，温福军营失事，美诺、明郭宗等处亦皆失守，不可不急援阿桂，是以屡谕其急速撤兵。今阿桂既退据得地，军气复伸，且章谷等处皆拨兵严防，与丰升额后路声息相通，而各土司中如从噶克辈闻知阿桂既出，与丰升额遥为犄角，亦断不敢复萌动摇之念，并可因以镇抚绰斯甲布众心。又，况其地军粮充裕，炮火坚完，再进之图不烦另起炉灶。丰升额等必当仍驻宜喜军营为是。著再谕丰升额等善体朕旨，妥协行之。再，此项续调各省绿旗兵共有九千，现皆节次起程，统计不过八月初、中二旬俱可陆续全抵军营。按西、南两路分拨，每路可得生力军四千有余。阿桂审酌情形，于各省新调兵到后，约可敷用，即宜分西、南两路，先剿小金川。其南路自系阿桂统兵，色布腾巴勒珠尔为参赞。西路虽有海兰察在彼，殊不足恃。若丰升额已至巴朗拉，即著丰升额带兵进剿，或丰升额仍驻宜喜，则俟富德到阿桂军营后与之面为讲论，即令富德由成都取道至日隆统兵进剿。如此两路夹击，贼众自难兼顾，我兵即收复小金川全境，尽歼叛逆降番，廓清其地，并于美卧沟、大板昭等要隘各派重兵屯驻。令王进泰、长清分镇要处，另筹进剿金川，则我武既扬，声势甚盛，自可迅速扫荡贼巢，克期奏绩。此事乃全局转关之机，甚有关系，是否应如此办理，著阿桂悉心妥筹，将作何酌办机宜详晰复奏。"

又谕："现在添派京兵及吉林、索伦、厄鲁特并荆、陕、成都驻防兵九千五百名，又续调云贵、湖广、陕甘绿营兵一万一千，通计共二万有余，兵数较今春更多。军粮等项不可不预为筹核。至节年所调成都驻防及各省兵丁已三万九千，合之本省川兵暨屯、土兵练，总共七万有余，月支粮饷更为不少。今已两项合计，每月实需盐菜、口粮等项约若干万两，著富勒浑、文绶详核细数，并以续拨之军营银一千万两按数核算，足敷几月之用，可以供至明岁何时，或尚需续拨备用，即当据实奏闻，以便再行敕部拨往。至原有之七万余兵，除温福军营未出者三千余及溃而遣戍者二千余不计外，其余节次打仗阵亡及伤废遣回并在营脱逃者各有若干，均应一一开除，将各路现今实存数目，分晰开单，呈阅备核。至温福军营此次损折之兵实有若干，亦当核其细数。或兵丁溃散之后复行脱逃，其罪更不可逭，尤应查明奏闻。令各督、抚一体实力缉拿，就所获之处即行正法，以示炯戒。再，温福军营兵溃偾事后，失去粮米若干石，枪炮军械若干件，火药、铅丸若干斤，备用银若干两，亦不可不逐项核明实数，一并开单具奏。至现在添运粮石作何筹办，需用火药作何赶制，务使源源接济，勿致稍有迟误之处，并著据实速行复奏。"

（高宗朝卷九三九·页一〇上～一四上）

○乾隆三十八年（癸巳）七月乙亥（1773.9.4）

谕军机大臣等："前丰升额奏，与舒常约会同日进攻宜喜、日旁。此时即使攻得碉卡，亦只可在山梁驻守，断不宜乘胜轻进，致贼番邀截后路，屡降谕旨甚明。至阿桂现已全师而出，并将章谷一带派兵严防，无庸丰升额复行前往，业经屡谕丰升额仍驻宜喜军营，镇抚绰斯甲布，以俟另筹进剿。昨据阿桂奏，已咨丰升额，令其不必前赴党坝。丰升额接到咨文，自仍驻兵不动，即或已经撤兵起程，接奉朕七月十六日所降之谕，务当遵旨即回宜喜。但当噶尔拉、昔岭两路俱无进攻之兵，恐贼番注意于宜喜一路，不可不及早预防。丰升额等应将所有营卡妥为措置，如有应防隘口，加紧严防，勿使贼番逸至。设或贼番潜窥营卡，必须尽力御击，歼戮无遗，使之不敢轻视。至宜喜后路必当加意防御，而党坝一带尤为紧要，即可令五福、官达色带兵在彼驻守，实力严防，毋稍疏懈。此时计距大兵进剿金川之期尚有数月，惟当严密部署，实力防御，并留心驾驭绰斯甲布，为现今应办要务。前谕鄂宝同丰升额等以次撤回，今令丰升额仍驻宜喜，则鄂宝亦当仍在觉木交驻办粮务。虽据称宜喜军粮足支五月，此后仍当源源接济，使之充裕。著富勒浑、文绶各将接运军粮事宜上紧筹办，鄂宝亦须实力经理。"

（高宗朝卷九三九·页一四上～一五下）

○乾隆三十八年（癸巳）七月丙子（1773.9.5）

军机大臣等议复："前任四川总督刘秉恬奏称：'木果木军营撤出之兵应需帐房、锣锅、鸟枪、腰刀、长矛、弓箭等项，现飞饬军需局如数制造，迅速解营应用。但鸟枪一项，为攻剿所必需，刻不可缓，一面饬局尽力制办，先行赶解，一面飞咨护陕西抚臣毕沅将该省各营鸟枪调集四五千杆，解川应用。至腰刀一项，亦咨明运送四五千把，较川省打造需时实为捷便。此项枪刀，并由该省雇备长骡直送四川。至现在咨取之数未免浮于所需之数。但此时正值大兵云集，即宽为备贮，不嫌多余，且将来亦可拨还各营，以备平时操练。'均应如所奏办理。"从之。

（高宗朝卷九三九·页一七上～下）

○乾隆三十八年（癸巳）七月丁丑（1773.9.6）

定边右副将军尚书公丰升额、参赞大臣副都统舒常奏："臣等查绰斯甲布一路内分宜喜、日旁两处。所有两营兵除分守要隘及阵亡、受伤、患病遣回外，其打仗应差兵约计不足六千。臣丰升额若遵旨于此路兵内再带二千，前往大板昭会兵攻剿，则绰斯甲布一路兵力更单，且温福、阿桂两处均未能发兵前往剿洗。是布朗郭宗、大板昭一带已为贼番占据，此刻既不能成夹攻之势，而五福处除分防各隘外，所余官兵仅有七八百，虽添此一二千兵，亦不足长驱深入。且绰斯甲布至大板昭，迅速赶行亦需四五日，莫若俟新调滇兵二千得有抵川信息，臣丰升额再将此处官兵酌量抽撤数百前赴大板昭，并将滇兵截住，即由彼处相机进取，似于攻剿可收实效。"

又，四川松潘镇总兵五福奏："前据卓克采粮员报称，防守大板昭官兵被贼冲散，投至卓克采地方。当令副将李天佑星赴三杂谷查察情形，驾驭该土司等派拨土兵严加防范。于驻防兵内酌派七百余，令副将李天佑、参将索尔泰、都司长春带领驻扎党坝、玛让地方防守。至嘉觉格江为绰斯甲布进兵后路，臣量拨兵二百，饬交候补参将留住带领驻扎，加谨防范。所余一千二百余名，遵旨同候补副将西得布、丰盛阿、候补参将伊常阿分起带领，于七月初七日自党坝起程，前往大板昭相机筹办。"

谕军机大臣等："前此原因美诺尚系官兵驻守，阿桂必赴彼处剿贼，因令丰升额住大板昭为夹攻之计。今既与前此情事不同，所谓移步换形，自不可冒昧轻往，已经节次谕知。今丰升额未奉停止之旨，即能审度事宜，不拘于遵旨即往，可谓具有见识。又，前因阿桂孤军悬驻贼境，势急待援，屡谕丰升额等带兵接应；继闻阿桂全师而出，即谕令丰升额仍驻宜喜，毋庸前往。现在丰升额已知阿桂撤兵退出，自仍在宜喜驻兵。至党坝一路亦关紧要，是以昨谕五福、官达色同带兵驻彼防守。今五福于奉到前旨，随带兵前赴大板昭。丰升额闻之，即当迅速檄令停止，不应听其竟往。且五福带兵无多，而大板昭之贼未退，五福若去，不但无济，并恐有碍。著星速传知五福，令其即遵昨日之旨，速回驻守党坝，毋致羁延贻误。此一节并令五福知之。"

又谕："现在仍须先攻小金川，令阿桂在南路，富德在西路，统兵进剿，收复其地。所有一切机宜，昨已传谕阿桂酌量妥办，并密谕阿桂除现剿金川三路外，另于河北一带访觅妥路，攻其无备。今思阿桂在南路必仍由僧格宗一路进攻，若僧格宗尚能守住，自为便易，即或张玉琦亦已带兵退出，究系轻车熟路，攻取亦较上年省力。但既至僧格宗，必仍俟攻复美诺后再行收剿底木达等处，恐逆酋僧格桑闻信，预行窜逸，岂不失此机会？著谕阿桂于富德到营后与之讲论明晰，令其由成都驰赴日隆带兵同海兰察进剿，于攻得资哩后，即带兵往截美卧沟，断绝贼酋归路。或由沃克什、明郭宗前进，或由别斯满一路前进，临时酌量而行。俟富德等截住美卧沟之路，阿桂速侦访逆酋下落，若在美诺，即统兵先剿美诺，若仍在底木达、布朗郭宗，即先剿底木达等处，与富德成夹击之势，方为万妥。今西安驻防兵二千已于七月十四日至二十一日全数起程，到营必速。已谕文绶俟其到省时，南路、西路各分一半，令即驰赴。其各省所调之兵，贵州一千最早，余如湖南、云南、陕、甘、湖北亦具可陆续到川，各按两路分拨前往。阿桂于此各处生力兵到后，约敷两路之用，即通知富德等同时进兵。总须于今冬将小金川全行克复，仍分路进剿金川，愈速愈妙。看来两金川气候冬令尚多晴霁，是以前此攻克巴朗拉、美诺等处皆于冬底成功，此皆已事之可见者。阿桂务须竭力熟筹妥协，并即预筹将进剿金川之路，分兵进攻，出其不意，以期克捷。"

护陕西巡抚布政使毕沅奏："西安满兵一名原有拴马一匹，应令骑本身马外，另给每一匹马价银十五两。仍代雇长骡五百头，搭运军装，于本月十四日全数起程。"

得旨："嘉奖。"

（高宗朝卷九三九·页一八上～二二上）

○乾隆三十八年（癸巳）七月戊寅（1773.9.7）

谕："据阿桂奏，自当噶尔拉军营撤回时，见沿途各险隘皆有土兵把守接应。查系布拉克底、巴旺土司及革布什咱土都司亦俱添兵前来，较原派之数加多。察看各土司尚知报效，不肯为贼番眩惑等语。各土司如此实力奋勉，甚属可嘉。著阿桂传旨，将布拉克底、巴旺、明正土司，革布什咱土都司各赏彩缎八匹。其出力之头人，查明各赏缎二匹。其派出防守之土兵，并照在当噶尔拉军营撤出土兵之例，赏给一月盐菜银两，以示奖励。"

定边将军尚书阿桂、参赞大臣副都统明亮奏："两金川贼人自侵轶底木达、布朗郭宗以来，牵连肆扰，致木果木、美诺一带台站地方皆不能固守。以各路大兵进讨，彼即竭力负隅，猖獗何至于此，实由董天弼本系衰庸，疏于防范，且不守碉卡，另立营盘，贼番窥伺已久。而各处台站兵本无多，又皆怯懦，是以底木达等寨一经失守，各处军台望风奔溃。至该督等查拿夹坝，并不于贼番出没之处督兵擒剿，转照内地缉捕之例分派兵于降番各寨逐一搜查，以致番众惊疑生怨，贼匪得易于勾引，一处煽动，各处皆因而滋扰。木果木一路，每次进攻未曾得利，徒致损伤，而所拿卡栅零星分布，其中仅有十余人及二三十人者，贼番窥破，并力于一二处，则其余各处相继溃散。至木果木失事时，登春、牛厂贼众尚属无多，惟因散出客民、兵夫从此经行，兵即不战而逃，而美诺、沃克什相继失守。核其溃败之由，实因兵自逃散，并非贼番之力能至于此。且据功噶尔拉、木果木脱出兵供称，贼番分头抢扑，于木果木、登春一带所获铅药、枪炮、军器、米粮等项为数虽甚多，而其打仗贼番止有此数，实无可加添，即小金川降番剿杀之余，俱依附金川亦不过千余人。臣等一面俟派调满汉官兵来川，一面将续办进攻情形通盘筹画，并将西路各兵设法鼓励以作其气，申明军律以悚其心。务痛剿贼番，先清美诺，进扫金川，誓必不令凶狡两逆酋幸逃法网。"

又奏："六月二十九日准丰升额来咨，询当噶尔拉一路是否需兵应援，臣等以现在南路防范严密无庸接应。惟西路官兵除新调黔兵一千数百并臣等南路派往千余外，其余出来之兵均不足恃。新调黔兵应令即赴巴朗拉、达木巴宗等处，以资防守，并已飞咨刘秉恬、富勒浑等办理。至臣等带兵殿后撤出时，见沿途各隘皆有土兵驻守接应，始知巴旺、布拉克底土司已将得力头人尽数派出，并攒集土兵把守后路。其明正土司及革布什咱土都司亦各尚知报效，不肯为贼番等所眩惑。此次后路防范严密，贼番不敢前来窥伺，甚为得力。"

又，阿桂奏："查从前底木达、布朗郭宗等寨为贼所占，其时未久，自不能即为坚拒，上紧攻剿或可期其速得。今美诺扼要之地已经失守，而小金川、沃克什地方官兵经年所攻克者均为所占，南北阻绝不通。此际情形与从前迥不相同，已无分攻底木达、布朗郭宗之路，而南路兵力仅敷堵守，亦不能更攻开此路。至奉旨令丰升额、舒常由大板昭剿贼之处，查收复底木达及布朗郭宗地方自应于别斯满及大板昭等处分路进攻，但此时西路非俟新兵到日不能举动，而各省所调新兵非三四月不能全到。现既未能遽攻底木达、布朗郭宗，则丰升额等此时亦尚可无庸移驻，致启绰斯甲布土司之疑。计绰斯甲布距大板昭路途不远，俟将届进兵之期，或仍酌留舒常在日旁、宜喜等处牵缀贼势，再令丰升额统兵前赴大板昭一带合力攻剿，似为妥善，臣已札知丰升额商酌妥办。至满洲劲旅自较绿营为足恃，今蒙派调健锐、火器两营及吉林、索伦、厄鲁特兵五千陆续前来，于攻剿既为得力，而此时失事之余，军心亦借以自壮。臣遵旨将现派满洲劲旅数万添剿之处晓谕各营兵，并传知各土兵等，使共知贼酋势在必灭，庶足以作其勇往之气。其新调官兵应赴何处备用，亦俟筹定全局后，檄知带兵将领。遵照分进。"

又奏："昨准海兰察、刘秉恬等将美诺、明郭宗、沃克什等处失守情形咨会前来。绿营兵本多怯懦，而西路又失于抚恤，以致人无战心。但自木果木而美诺，自美诺、明郭宗而沃克什，望风退避，处处皆成瓦解。此时海兰察退守日隆，刘秉恬先至巴朗拉。查自巴朗拉以至美诺，此路实为进剿小金川正路，但道路延长，其间如斯底叶安、资哩、沃克什、路顶宗、明郭宗形势均为险绝。自前岁进剿以来，官兵节节力攻，如资哩攻至三月有余，沃克什攻至五月有余，路顶宗、明郭宗二处亦皆攻至两三月有余，而资哩尚以截后而得，沃克什尚以设计而取，历时一载始能逐次开通。其大板昭一路，董天弼亦攻至三月之久，并无寸进。直至美诺既破，然后底木达、布朗郭宗望风而下。今此数处既复被贼番占据，则其备御愈严，守死愈力，而大兵进剿事宜亦当早为预备。美诺、木坪两处道路不通，文报皆由省城来往，动至旬余，于实在消息既难迅速相通，且于紧要事宜更难乘机酌办。当噶尔拉后路险隘之所均为我兵所据，如翁古尔垄以前之思纽、迤西之真登、梅列等处悉已防守严密，或与僧格宗碉寨相望，或据其上游，俟新兵调至，攻取尚为不难。至明亮于此一路甚为熟习，自应遵旨令其带兵驻守，以缓贼势。臣将各处防守事宜督催办竣，轻骑简从，拟于数日内自南路起程驰赴巴朗拉、达木巴宗一带察看情形，与诸大臣等亟整兵力，熟筹进取之策，并与督臣等将拨夫运粮接济等事悉心经理。约计尔时，色布腾巴勒珠尔亦抵军营，更可将一切机宜公同商酌，再行详悉奏请训示。"

又，四川总督富勒浑奏："查色达克拉携带眷口驻守达木巴宗。雅满塔尔前随臣于巴朗拉一带设卡巡防，现在驻守日隆。其小金川头人穆塔尔，经松茂道查礼给与口粮安置资哩、日隆等处。查资哩、日隆处处与贼境相连，此等降番未便安在紧要隘口，复滋勾结。穆塔尔系帛噶尔角克碉头人，该处于初一、初二等日失守，穆塔尔于初四日始来乞降，形迹亦有可疑。臣因饬粮员将穆塔尔严加拘守，其跟役衮布木等十六名分起解省收禁候办。至老弱妇女，分交沃克什、瓦寺两土司收管。嗣据查礼禀称，海兰察调取穆塔尔至军营听用，已经刘秉恬将穆塔尔解交海兰察收讫。"

谕军机大臣等："阿桂奏复查办军营事宜及陈明贼番滋扰缘由，皆与朕节次所降谕旨吻合。美卧沟失事之故，皆为董天弼所误，实属死有余辜。而刘秉恬不早参奏，其罪亦无可逭。现在添兵易将，气象一新，从此举动顺利，自可仰邀天佑，迅速成功，阿桂等当实力勉为之。至现筹收复小金川，自须仍由西、南两路进攻，而西路多系木果木溃出委靡之兵，不可不急为整顿。阿桂亲往经理，于事更为有益。兹已另谕色布腾巴勒珠尔、富德俱驰赴日隆一路，与阿桂会商诸事，西、南两路何者尤为紧要，阿桂即同色布腾巴勒珠尔进攻，其一路则令富德同明亮进剿。至大板昭一路，或令舒常带兵，或另派人前往，均著阿桂详晰妥筹，悉心调度。又，前据阿桂奏，一闻贼番侵扰底木达等处之信，料其必有小金川番人为内应，即察各寨头人内之迹涉可疑者羁留营中，不令回寨。所办甚为得要。此等头人看守军营，作何处治，未据奏及，亦著阿桂附折奏闻。又，阿桂另折奏请将后调黔兵一千令赴巴朗拉、达木巴宗等处，以资防守，已飞咨刘秉恬、富勒浑办理等语。所办甚是。西路溃出之兵㩜颓不振，不可不酌添新兵，另为措置，以冀改观。现在添调满汉各兵几及二万，已分两路前往备用。阿桂可悉心斟酌，令于各兵到省后，即按两路分拨照料前往。至丰升额等军营现兵不及六千，力太单弱，且又无满洲得力之兵。著阿桂于新到各兵内酌量拨给，并须筹及进剿金川时，或应仍在宜喜一带另觅进攻之路，亦预为拨往备用，以省临时更调之劳。其阿桂现驻之翁古尔垄一带后路均已派兵严防，可无他虑，惟丰升额等在宜喜军营，其后路未经办及，恐贼番见阿桂现已撤兵，海兰察等又退至日隆，料小金川地方尚无攻剿之事，或注意丰升额一路，潜出滋扰，不可不预为防范。昨已谕令丰升额饬令各营卡尽力严守。设有贼至，必须奋力歼除，使之破胆。但其后路毗连贼境之处颇多，均须设法防守。著阿桂一并筹画，派员带兵分防，以期万妥。至所奏巴旺、布拉克底土司派出土兵把守后路，其明正土司及革布什咱土都司亦经添派土兵前来，甚属可嘉。现已明降谕旨，酌赏彩缎以示奖励，令其益加奋勉。至头人穆塔尔于帛噶尔角克碉既破数日后率其眷属来降，似无他意，富勒浑未免过于疑惑。或实系诚心投顺，不肯从贼，亦未可知。又不应不分皂白，转将跟役拘囚，妻孥系累，致使失所。阿桂到彼，亲加察讯，均不难得其底里。如穆塔尔形迹果有可疑，即派员解京候讯。若降顺属实，仍应将其跟役、家属给还，另为安插。亦著阿桂妥办具奏。"

又谕："现在添派满洲、吉林、索伦及驻防等兵共九千，各省绿营兵又九千，与阿桂请调之数多少相仿。阿桂需如许兵众作何派拨调度，其胸中必有成算，此事惟阿桂是仗。就伊所见，以此兵力剿灭金川，能实有把握否？又，今年分剿之当噶尔拉、昔岭、宜喜三路俱系仰攻，半载未能寸进，大炮轰击徒耗火药，而兵丁逼近坚碉，轻冒枪石，以致屡有伤损，实为可惜。虽舍此更无别法，然明知其无益而为之，殊非善策。攻剿之事以知地利为先，贼番各处岂尽碉卡林立，别无罅隙可乘之地？阿桂当及此时留心密访，默筹胜算，妥酌密奏。再，前据温福等奏，拟进攻共有七路：其一路由革布什咱至正地，前抵勒乌围，约三站，据称此路稍平；其一路从绰斯甲布之俄坡至勒乌围，仅两大站，据称路近山平，行走较易。此两路何以未用？是否如原奏所云抑另有情形？并著阿桂一并查明复奏。至新拟进剿之路，或有紧要机宜，以冀攻其无备，尤宜慎密筹办，不可丝毫漏泄。"

四川总督富勒浑、署四川总督湖广总督文绶奏："查西路兵先退至美诺时，经臣富勒浑以明郭宗为咽喉要口，路顶宗为沃克什门户，派兵驻守。复因沃克什、兜乌山梁直逼帛噶尔角克碉及底木达等处最为紧要，亦派兵数百在彼拒守。复于达木巴宗、木耳宗、日隆，以及巴朗拉、山神沟等处，酌量派兵据守要隘。嗣因大兵退守日隆，则巴朗拉、山神沟俱系后路，且与小金川别斯满各寨相通，复添派兵五百，以防贼番潜入，并令守卡将备占据隘口，以备将来添兵夹攻别斯满、底木达之用。其自山神沟、卧龙关至草坡凡有与贼相通路径，均详询瓦寺土司，酌派壮兵协同土兵严加防守。又令各台站铺户、民夫各备长矛，每日派出健丁二三十，昼则往来巡逻，夜则轮流支更，以壮声势。其南路打箭炉实为要地，臣富勒浑前因贼番滋扰西路，即派游击任景前往打箭炉，会同驿盐道杜玉林筹办台站，并督率明正土司拨兵加意防御。嗣因兵退日隆，西路离当噶尔拉军营愈远，复将原调川兵三百及新兵民壮尽数改赴打箭炉、章谷，听杜玉林就近分拨各站护守粮台。至川省总兵四员均在军营，所有营伍事务均委妥员代办，尚无错误。其通省额兵三万三千八百余名，除调出外，尚存九千余。所有城池、塘汛以及饷鞘、军火经由之处，足资防范。其沿边隘口，如附近西路之青云营、北路之松潘镇维州协、南路之建昌镇泰宁协，均关紧要。现存营兵数自七百余至一千不等，尚可以供防御。至省城内现存驻防满兵数百，堪资守护。惟绿营兵虽有八百余名，而分防墩汛以及轮流护解军装、火药、铅弹、饷鞘、人犯等项，差使纷繁，实属不敷。应俟各省大兵到齐后，臣等将续派之守卡川兵酌量撤回遣用。"报闻。

（高宗朝卷九三九・页二二上～三五上）

○乾隆三十八年（癸巳）七月己卯（1773.9.8）

谕军机大臣等："丰升额等奏，仍驻宜喜军营，并未移动，与朕屡次所降谕旨吻合，甚属可嘉。但据称，访得贼因西、南两路官兵已撤，均聚于绰斯甲布一路，日夜窥伺等语。此事甚有关系。丰升额处现兵不满六千，力量单弱，而觉木交一带军火、粮储甚多，不可不加意严防，业已谕令丰升额等严饬各营卡实力防范，并谕阿桂派兵防其后路。今丰升额既称贼番日夜窥伺，势甚紧急，尤须速为筹备。所有续调之黔兵一千计可先到军营，昨因阿桂奏请将此项兵丁先往西路，已降旨允行，但现在宜喜军营较西路需兵尤急，又当令前项黔兵到成都后即行遄往，或在宜喜添助防剿，或觉木交一带防守后路。并著阿桂迅速妥酌，行知富勒浑、文绶照料前往。此外，滇、楚、陕、甘添派绿营兵尚有八千名，又西安驻防二千，计俱陆续可到。阿桂当通盘筹画，将西、南两路现办收剿小金川之事约需兵若干，分路拨往，其余仍拨给宜喜一路，令其兵力充足，士气奋扬。至新调之兵到营，应仿古人号称十万之意，以壮军威而破贼胆。并据海兰察等奏，现派乌什哈达在资哩、斯底叶安、达木巴宗等处要隘驻守等语。资哩在日隆宗之前，其地险隘，足以控扼。既系官兵驻守，海兰察等自应移驻资哩，以收得寸则寸之益，即将来从此进兵，亦为省便。著阿桂到彼，查明妥办奏闻。"

又谕曰："海兰察奏，据沃克什土司色达克拉称，探得沃克什、路顶宗、明郭宗等寨来往之贼亦不甚多等语。看来贼众初至底木达时系僧格桑在彼号召小金川降番肆行侵占，其扰木果木后路则系金川之贼。及木果木军营溃散，所失火药、粮食等项，金川之贼据为己有，未必复肯分给小金川。此时谅已各散回巢，分赃自顾，其美诺等处仍系小金川贼番占住，所以沃克什一带往来之贼甚少。若能及此进兵收服，计僧格桑贼志方骄，未必如前此坚于守御，而金川贼众亦不能即为帮助，自是极好机会。阿桂至西路时察看形势，扬言于众，须俟冬间兵力齐全另筹进剿，使在营之人闻之互相传布，以懈贼心。阿桂于西安满洲兵二千及滇、楚、陕、甘四省先到之兵，约计足以敷用，即两路密约进兵，出其不意，使贼猝不及防。仍酌量于别斯满一路往截美卧沟，断贼归路。并先会舒常，另派员于大板昭一路带兵往截其后，使贼无可逃。而南路之兵亦由僧格宗乘胜直入，先断美诺通噶尔萨尔一带之路,以截金川应援。总须将小金川地界廓清,官军屯驻,再筹进剿金川之事。著阿桂悉心熟筹,密为布置,以期迅速制胜,并将所办机宜速行复奏。"

(高宗朝卷九三九·页三五下~三八下)

○乾隆三十八年(癸巳)七月庚辰(1773.9.9)

又谕(军机大臣等):"现在满洲、索伦等劲旅并皆调集,又添有各省生力兵丁,正当壁垒一新之时。将军等统率进剿,务须筹度得宜,使我兵所向克捷。而于初次攻战时,尤须大得利益,多歼贼众,以扬我武。俾知旗兵之勇锐莫敌,贼皆破胆,方为能操胜算。至军营固以枪炮为先,而制运火药亦非易事,用之自当稍知爱惜。如果察看情形,必须大炮轰摧,用之即能攻破,或贼番已露踪影,放枪击毙,是用所当用,即可借以见功。若碉远而坚,或从下击上,炮自不能得势,徒循大炮攻碉之名。每日轰击,十不中一,贼番习以为常,不知畏惧,即偶损其卡墙、碉垛,仍即乘间修补,终不能制其死命。是我徒耗数千斤有用之火药,贼以不费力之一二石块缮完,实为非计。嗣后凡用炮攻碉,须度其得地得势,用必获利,不致轻发妄费,方为妥协。至于攻碉之道,亦非一例。若仅守成法进攻,贼番易于准备。或虚张疑兵,使贼惊觉,放枪抵御,以耗其火药。若数次之后,贼番知系探试,忽而不顾,又可乘隙进剿,使之猝不及防,以期得手。又或指东击西,令贼无从窥测。皆随机应变之法,所谓虚虚实实,奇正相生,惟在将军等之临时决胜,善于运筹,非六七千里外所能一一为之指示也。又如攻剿紧要机宜,亦当慎密,惟于所派之带兵得力数人,授之以意,俾识遵循,不必令兵众尽明其故,自当有济。若一有举动,阖营皆知,土练与贼番声息相通,岂能不泄!是兵未行而贼知有备,徒劳罔效,又复何裨!或注意在此,而扬言在彼,故使传播以眩惑贼番,偶一行之,亦无不可,惟在伊等神明于规矩之中耳!至丰升额等军营后路甚有关系,朕此时悬注,觉防守丰升额等后路,较之收复小金川尤为紧要。阿桂可于此续到之兵再拨数千,迅往宜喜,以资攻剿。丰升额等在营惟当鼓励将士,设法严防,使贼众不能侵扰,以待添兵助力,勉之,慎之。又,各路军营夫役一项,为转运粮饷、军火之用,自不能不听其随营行走。其余负贩客民,俱系毫无管束之人,不应令其依附军营聚处。即如木果木失事之前,由客民等畏惧先逃,以致绿营心皆摇惑,相率溃散。覆辙具在,不可不引以为鉴也。"

又谕曰:"图思德处续调黔兵一千,已于七月初九日全数赴川。此项兵丁,昨令遄赴宜喜军营,计其行程,此时已过成都。著再传谕富勒浑、文绶,速饬带兵将领,令其兼程迅赴,听候丰升额派用,毋稍迟缓。……"

（高宗朝卷九三九·页三九下～四二上）

○乾隆三十八年（癸巳）七月辛巳（1773.9.10）

军机大臣等议复:"署湖广总督湖北巡抚陈辉祖奏称:'筹办驻防官兵赴川,按数拨马三千,似觉过多,与各省供应京兵骑驮之例不符。但荆州、宜昌一路入川,俱系山僻小路,并无驿站,议给长马以供骑驮。又,川省各路军营路多陡仄,即给马亦不得力,而口外供运料草,殊费周章。请将荆州兵所带马,到成都后交与文绶分拨各台站,以供差使。俟凯旋之日,所有荆州兵酌由水路回程。至此项动用荆州马,应于原扣马价内照例买补。'均应如所请。"从之。

（高宗朝卷九三九·页四三上～下）

○乾隆三十八年（癸巳）七月壬午（1773.9.11）

又谕（军机大臣等）曰:"巴雅尔到此,称贼番前闻色布腾巴勒珠尔到川,云伊系蒙古,不肯杀人,即赴军营求降。今闻复派色布腾巴勒珠尔前往,窃恐贼必仍前求抚。以此等不经意处观之,可见众人皆乐于迁就完事。一存此心,必以主受降之说者为好人,而督之攻战者为不恤下,则将军等统兵进剿更难以策其勇往。现已严切饬谕色布腾巴勒珠尔,令其勿蹈前辙。但人情大都好逸而恶劳,且当承平日久,征战之事尤非所愿。不独绿营为然,即满洲、索伦等虽勇敢足恃,而畏难之意亦恐不免,且谁能深明敌忾大义者?现在军营绿旗兵心多懈散,不可不为联属整顿,以冀改观。其满洲官兵渐次到营,亦当设法鼓舞,使之励勇图功,断不可令为绿营懦卒浮言所惑。阿桂等当以朕不得已而用兵之苦心,告谕众兵。且令其知木果木军营失事关系大体，而诸将士之殁于王事者多至数千，岂可不为报仇泄愤？如何尚能提及降抚了局之说？伊等各具天良，谅亦共为切齿。惟期我兵皆坚持此念，自可乘机制胜，迅速成功，早膺茂赏，并非欲令我士卒久劳在外。如此开诚宣示，必皆踊跃激昂。此时军营正当转关之机，务使士气奋扬，日有起色，所赖于将军者甚重。将军等平时抚视兵众，必当令其明知体恤之心，隐寓笼络之法，庶能联为腹心，而使如臂指。然此亦惟阿桂尚能为之，若丰升额止知勇往直前，不暇旁顾，即恐计不及此。自当以阿桂为法，留心仿习，勉为成材。至舒常人稍精细，此等节目似较丰升额为优。果有所见，不妨与之尽言，丰升额亦当虚心听从，和衷共济，期于公事有裨。闻温福在军营性褊而愎，参赞以下之言概置不听，人多怨之，而彼亦以此受累，深当引以为戒。将军膺专阃重寄，体统固尊，至筹办军国重务，不但参赞大臣当与彼此商榷，即领队偏裨所言果当，亦应随时采纳，以收集思广益之效。且如朕办理机务，遇有应咨诹之事，尚不难下询臣工，执中而用，况将军乎？又闻温福营盘离水二里，致水道为贼所断。此即昧于行军机要，安营必就水泉，不但携汲甚便，即防护亦易周。此更当为前车之鉴者。至将来进剿金川，受降一说，断无是理。将军等不但不可存之于心，并不当宣之于口，若收复小金川时，僧格桑等业已就擒，固属甚善；设逆酋仍然窜逸，而金川复有献出之言，尚不妨听其送来，用计袭取，切勿拒而不纳，转为彼助之党羽也。然此一事，当随机筹办，不可稍著痕迹，方为妥协。至于不灭贼不休之说，惟在将军等胸有成见，非但不当令贼番与闻，致坚其死守之心，即众兵等亦不当与之言及，转令其怀遥遥莫必之虑。所谓'民可使由，不可使知'，将军等各当善体此意。若毫无克敌胜算，徒为夸张大言，果何益乎？至攻剿两金川之事，实在万难歇手。但扑碉既为非计，而一味慎重，又如何能进？若仅与贼相持不战，贼更得休息耕种，以逸待劳。究竟何法可以成功，何时可以藏事，又，今年进兵之三路皆仰攻无效，此外何路可以易进，皆当逐一熟筹，务期及早集事。现在添兵易将实为事机最要转关。凡有从前办理未善者，皆当就此时悉心更正，以期万妥。"

（高宗朝卷九三九·页四五上～四八下）

○乾隆三十八年（癸巳）七月癸未（1773.9.12）

又谕（军机大臣等）："闻贼人碉墙皆系斜眼，贼在碉内由上望下，窥视我兵放枪，甚便而准。我兵在外放枪击打，为上口里层斜墙所挡，不能直透。是攻碉之法，徒令士卒轻冒枪石，不能得手，实为非计，只可相机而办。或能断其水道，绝其外援，使碉内之贼窘而自溃，庶可得利。阿桂等当留心斟酌妥办。又闻金川贼人屡在寨外喊叫求降，其实并非真意，不过欲借此以懈我军心，且使我兵闻乞降不允，必皆抱怨将军，各无斗志。其设心实为可恶。再，阅昨日索诺木与阿桂禀云：'分付两金川人众，凡阿将军处出来兵丁、百姓，断不可稍有伤损。'贼酋之意不但欲于阿桂处见情，并计及此禀递与阿桂，必然上闻，朕见其禀，必心疑阿桂。是其奸谋更为险恶，阿桂不可不知。至丰升额军营兵力稍单，并闻贼番注意在彼窥伺，是其后路尤关紧要。已屡谕阿桂即为妥酌经理，并将黔兵一千先行调往。今丰升额处四日未有折奏，朕心深为廑念。其营中不但兵少，且无满洲可恃之兵。现在西安驻防兵二千，于七月二十一日以前全数起程，而绰和诺亦奏荆州驻防兵一千，于七月二十日启行。是此两处旗兵到川较速，阿桂可即拨给丰升额若干，以资防剿，其余分拨西、南两路应用。一面酌定具奏，一面行知文绶料理各兵遄往。"

（高宗朝卷九三九·页四九下～五〇下）

○乾隆三十八年（癸巳）七月甲申（1773.9.13）

谕军机大臣等："贼番屡在卡外求降，并无投降实事，不过欲借此以懈我军心，其计实为险恶。而将军等又不将乞降不可信之故明谕兵众，惟饬各卡营不许通贼禀词，任其喊叫，概置不理，众兵疑惑日积，更中贼酋奸计，殊为失算。著传谕阿桂、丰升额等，嗣后进攻时贼番若再有求降之说，不妨将计就计，示期令其来降。倘贼酋果来，设法擒获，更为省力。或金川逆酋不来，仅遣其头人到营，则擒而戮之，亦可剪其党羽。若与贼示期准降之后贼仍违期不至，即将此故明示众兵，使知贼番求降本属诳语，即可释众兵之疑，兼可破贼番之计。阿桂、丰升额务须随时酌办，以期妥协。至丰升额军营兵力稍单，已屡谕丰升额留心防守，并谕阿桂即将黔兵一千先行调往，计此时黔兵亦将抵宜喜军营。设或黔兵未到之前急于需兵应用，前据丰升额等奏，派官达色带兵一千五百赴卓克采一路，原为进剿大板昭而设，既未进兵，官达色自当仍带兵回至宜喜军营备用。又，丰升额一路虽已添兵，而能带兵得力之人尚少，著派伍岱前往为领队侍卫，带领新到黔兵，如宜喜一带后路有应严防之处，令其实力妥办。此时阿桂自已前赴日隆，即著传谕明亮，于奉到此旨后令伍岱迅往宜喜军营，毋稍迟缓。"

又谕："前降旨将刘秉恬革职，留于军营，自备资斧，效力赎罪。刘秉恬从前原系派同鄂宝分路督办粮运，今鄂宝现在觉木交办理丰升额军营粮务，其南路粮运尚可遥为照应，至西路则难于兼顾。刘秉恬前此督办粮务尚属奋勉妥协，且在川年余，道路情形已熟，而曾为总督，川省文武皆其属员，委以专办，自当听其调度。但伊系革职之员，奏折行文诸多未便，著派按察使郝硕前往，同刘秉恬督办西路粮运。刘秉恬益当感激朕恩，努力自效，务使粮运源源接济，以裕军储。"

前任四川总督刘秉恬奏："臣于七月二十日自巴朗拉至日隆军营。查日隆现驻兵三千余，木耳宗现驻兵二千，达木巴宗现驻兵二千，惟雅州木坪之甲金达亦系紧要隘口，业经海兰察等派兵五百防守。各处兵心较前稍为安定，军粮亦不至缺乏。"报闻。

（高宗朝卷九三九·页五〇下～五三下）

○乾隆三十八年（癸巳）七月乙酉（1773.9.14）

又谕："打箭炉一带亦系绰斯甲布后路，阿桂至打箭炉，设或丰升额军营有应照料之处，阿桂易于得信，自必即为经理。至丰升额处应行添调兵丁严密防范等事宜，俱经节次传谕，自当逐一妥办。惟是丰升额军营距今六日尚无续奏之折，深为廑念耳！至阿桂前奏，请派京城满洲兵三千、吉林兵四千、索伦兵三千，共一万名，今已派健锐、火器营兵二千，吉林、索伦兵各二千，又西安、荆州驻防兵共三千，较阿桂所请之数仅短一千。其所需绿营兵数，除黔兵外，又请调湖广兵五千、山西兵五千、云南兵二千，共一万二千，今已调湖北、湖南兵四千，云南兵二千，陕甘兵二千，较阿桂所请之数仅短四千。通计满汉兵一万七千，已不为少。如阿桂以为必须照伊所请之数方敷办理，朕亦断不靳惜添费。现今察哈尔兵已经预备，如必须添足，不妨即行奏闻，再为发往。至就两金川形势而论，收复小金川似为较易。其攻剿金川，当用何法制胜，何路进攻，究竟有无把握，已屡谕阿桂熟筹入告。著即据实筹核，迅速奏闻。"

护陕西巡抚布政使毕沅奏："臣办长行驮骡四千，俱雇办齐全。现核定兵行起数并抵栈日期，令各属雇骡，分起前往宝鸡，随到随行。每骡悬小木牌一，书写兵及骡夫姓名，以便沿途记认。至续派吉林兵一千，现因驮运京饷，雇骡二千五百头，约计八月内即可运竣。俟此项骡头倒回，再挑选一千，在宝鸡、凤翔一带加意喂养，临期一律应付，毋庸另雇。再，此项骡头雇自民间，遵旨严饬在站文武员弁妥为照料，不准兵役人等稍有损伤。每起遣派强干千、把一员照管骡头，日与站员协同收放，稽查喂饲。直送成都，令将原骡缓程押回陕省，各回本家收养。沿途州、县不准捉拿支差，以免倒毙散失。"

得旨："诸凡皆妥。"

（高宗朝卷九三九·页五四下～五六下）

○乾隆三十八年（癸巳）七月丙戌（1773.9.15）

又谕（军机大臣等）："据阿桂参奏，安笼镇标左营游击翁际盛，由美诺前来开通道路，带有劈山炮一位，交守备王世英派员管解。王世英复派定广协把总何经带兵抬运，乃因路滑失足，将炮位滚跌下崖，寻觅毫无踪迹。该员等运送炮位漫不经心，辗转委卸，以致遗失，非寻常疏忽可比。请将翁际盛等革职示惩等语。翁际盛、王世英、何经均著革职。"

谕军机大臣等："阿桂奏，饬谕各土司以天朝新添满汉精兵数万，务在必灭金川，俾安番众之心，并可仍资其力。甚属合宜。至所称新兵渐集，应分三路进取，此时先须收复小金川。自当如此筹办。看此三路中，沃克什既为正路，尤关紧要。且日隆等处现有之兵多系溃退之余，心多怯懦，尤不可不亟为振作鼓舞，以期奋励。阿桂自应在此一路领兵，令色布腾巴勒珠尔为参赞大臣。其别斯满一路，令副将军丰升额统兵，以海兰察为参赞，带兵进攻。至南路统兵尚需副将军一人，如阿桂因明亮在营办事年余，于各土司已能驾驭，可胜此任，即令明亮为副将军，富德为参赞大臣。若阿桂以富德久经练习，于统兵之事相宜，即令富德为副将军，明亮为参赞大臣，带兵由河南一路攻打美诺。惟在阿桂熟思妥酌，总期于事有益，据实奏闻请旨。其攻打美诺，似当从后山由上压下，前已于图内贴说谕商，阿桂当临时酌量妥办。至进攻沃克什之兵一经攻得，亦应量度彼时情形，或即进取明郭宗，与美诺一路会合，或明郭宗已经克复，即并攻底木达、布朗郭宗，亦为甚便，总在阿桂相机妥酌而行。又所称绰斯甲布一处酌留大员攻打，并为牵缀金川之势，现今宜喜军营仍令驻兵不动，以镇抚绰斯甲布，兼就所有粮台、炮局在彼防护，以待分路进剿金川之计，自为一举两得。今丰升额既令往别斯满一路统兵，其宜喜军营自当令舒常在彼驻守。昨已谕令伍岱驰赴丰升额军营，丰升额往别斯满进攻时，或带伍岱，或带马彪同往，听其酌量带用。其大板昭一路，前恐僧格桑尚在小金川，自当派兵断其归路。今阿桂又闻其已回金川，若果其言可信，大板昭系通金川之路，只须于要隘派兵防御，即无虞贼人逸出滋事。设或僧格桑仍在小金川，则大板昭仍须派员带兵堵截，勿使窜逸，亦在阿桂确访行之。又，五福奏，先令副将西德布等带兵速回党坝，分驻防守。五福仍前赴梭磨一带查察粮站，并驾驭土妇卓尔玛及大小头人百姓安静住牧，并令将通金川卡隘派兵加意防范等语。所办甚好。前谕赏给卓尔玛名号、彩缎，令大员往彼传谕奖励，计五福到彼，正可办此事。俟此事毕后，仍回党坝驻守，实力严防。又，新调黔兵一千，屡经传谕，令赴丰升额军营备用。今据文绶奏，头起黔兵于七月十六日到省，已照阿桂所奏陆续赴西路听用等语。计此时可抵日隆，自不应调往宜喜，致令往来仆仆，想阿桂到彼必能妥办。若阿桂未到时，黔兵业已改赴宜喜，亦即听之。若留而未行，则令阿桂于湖南、云南两省兵量其先到川省者派拨一千速赴宜喜，其西安、荆州满洲兵，亦就其先到者撤一千往宜喜。丰升额处添此二千新兵，亦可敷用。候将来分路进剿金川，应拨若干赴绰斯甲布一路，阿桂至时再行酌办。至现在收复小金川，三路进兵，每路应添派兵若干，并著阿桂妥酌派拨。"

又谕曰："文绶奏称，西路新旧运到明郭宗等站之粮悉已焚弃，其中有已到未收者，商人被累裹足等语。此项军粮前经富勒浑查奏，共有四千余石。当大兵撤回时，仓皇焚弃，以致米价、运价均无著落，应于各员名下分别著赔。业经降旨，交该督等查办。至商人等业已运送到站，第因未经验收,致各商运价无著,令受赔垫之累,既非所以示体恤,于理亦未平允。所有各员赔还之项,自应查明原运商人,令其领给,毋许吏胥从中克扣。但恐各员未能全数赔还,拖延日久,徒使众商受虚名而无实惠。该督等转不妨照运价酌量减半,或减去几成,俾各员迅速赔完,而商人得早到手。该督等并当明切晓谕众商:'此系意外之失,无可如何。皇上不忍尔等赔垫,令于承办各员名下偿还。又恐为数过多,该员等不能一时清楚,仍令尔等久累,是以本部堂等酌量减数给还。此等优恤之意,尔等得之望外,自不得复锱铢计较。'如此剀切宣谕,现在之商自必感悦,向后商运亦不至观望不前。并著富勒浑、文绶妥协筹办具奏。"

军机大臣等议复:"署四川总督湖广总督文绶奏称,吉林、西安、荆州驻防兵前赴军营需马甚多,而川省马不敷,且往来驰送为日甚长,恐劳伤倒毙,办理不无竭蹶。已饬各属,除多雇民马应用外,再宽备人夫。倘站马不敷,将行李用夫抬送,替出陕骡,凑给兵乘骑。其官员等长马,应照川例实给。约需购马一千数百等语。查陕省骡头本系雇向民间,抵成都后自应以夫替骡,俾得回家收养。至带领满兵官员,若照川省旧例按品给马,运供草料,转多繁费,自应酌量折给马价。设或所需马在途疲瘦,应行备换,川省不及购办,应将前留成都之荆州驻防兵骑驮原马一千五百通融备用,交与该督遵照前奉谕旨及臣等原议,酌量妥办。"从之。

定边将军尚书阿桂、参赞大臣副都统明亮奏:"臣等询问脱出之土兵等,均称贼酋兄弟侵占底木达、布朗郭宗,即挟僧格桑同来,至一得各处,随派金川贼目监领小金川番人一同驻守。及窥伺当噶尔拉,亦与僧格桑同行。比至回巢之日,将金川贼众分守各隘,仍挈僧格桑以归。且闻贼酋兄弟此时待僧格桑虽照常给与口食,而其左右已尽换金川之人。是贼酋令僧格桑来至小金川故地,不过为勾煽降番之计,其实已将小金川自行占据,而视僧格桑若孤豚腐鼠。贼番于西路一带所得银、缎、铅药、马匹、粮米物件为数甚多。小金川全境,除僧格宗以南尚为我兵驻守外,其余已均被占。且当噶尔拉后路均驻多兵,如来滋扰,断难得利。因思尽力死斗,不如诡词恳求,冀万一撤兵,便可保其所有,并可永占小金川地,且以此夸压各土司,实堪痛恨。并据各土司头人等称,天朝威力,贼酋原所稔知。今已志得意满,自不肯再为速祸之事,如果逛出,既可先行诛磔逆酋,而小金川亦更易收复等语。是各土司等志在必灭金川,以除后患,于臣等不灭金川不休之心颇能深信。现将分路进剿机宜预行筹办,俟新兵续到即可并力进攻。"报闻。

前任四川总督刘秉恬奏:"臣前因沃克什非扼塞之区,将兵数十名带至日耳寨南北山梁安设。又因明郭宗存贮大炮体质坚重,撤兵时人力难以转运,恐为贼所得,嘱建昌镇总兵英泰设法将炮口、火门打坏,挖地深埋,不露痕迹,并不敢全撤官兵,亦未销毁炮位。"

得旨:"汝罪亦不在此。但有此奏,亦不可不查明。"

(高宗朝卷九三九·页五七上~六四下)

对将领兵弁、土司土兵的议赏、议叙、议恤

○乾隆三十七年(壬辰)四月丙寅(1772.5.3)

又谕(军机大臣等)曰:"桂林等奏分兵四路,连日攻得阿仰东山梁、墨垄沟、达乌各地方。是处为贼紧要门户,峻险异常。桂林调度深合机宜,鼓励将兵得此要地,实属可嘉。在事之将领弁兵,并著交部从优议叙。"

谕军机大臣等:"桂林等奏设法进取,分路奋攻。调度甚合机宜,将领弁兵等亦俱奋勇出力,深为欣慰,已有旨交部从优议叙矣。桂林从未经历军务,乃能筹办妥协若此,特赏御用玉镵以示嘉奖。铁保、汪腾龙亦各赏荷包一对。益当加意奋勉,迅成大功。其将弁等出力攻碉杀贼者,著桂林将备赏花翎分别赏戴。其中如有勇往超众,不拘满洲、绿营,并奏闻赏给巴图鲁号,俾将士等益加鼓励。王万邦、英泰亦著赏戴花翎。……"

(高宗朝卷九〇六·页一下~二下)

○乾隆三十七年(壬辰)四月己卯(1772.5.16)

又谕(军机大臣等)曰:"……又,桂林称,革布什咱大头人嘉噶尔邦、策尔结二人诚心效用,各赏给蓝翎,并给与土守备职衔。此二人似属可用。伊等于金川路径必能熟悉,令为向导,于进兵自属有益。现在该处甫经收复,当留一人在彼,抚辖众番。择其中尤明练者一人,令随桂林军营听候遣委。如果能奋勉出力,不妨更予加恩,或赏以侍卫衔,或授为绿

营守备、都、游，均令桂林酌量奏闻办理。使诸番见降顺者如此蒙恩，则众心必生羡慕，乐为我用。……"

（高宗朝卷九〇六·页三〇上～三二上）

○乾隆三十七年（壬辰）四月甲午（1772.5.31）

又谕（军机大臣等）曰："桂林奏攻达乌东岸山梁，官兵奋勇扑栅，侍卫六十一、参领普宁俱受伤阵亡。又攻剿甲尔木之时，参将薛琮被枪滚崖阵亡。此次官兵直前攻栅，杀贼甚多，颇著奋勇。所有阵亡之六十一、普宁、薛琮及兵丁等，俱著桂林查明咨部，从优议恤。至薛琮近在军营，甚属出力，尤为可惜，该员有无子嗣，查明具奏，候朕降旨加恩。其迷失之侍卫拉汉保、参领西兰保曾否查有著落？及受伤之侍卫额勒金、华善、额林普尔、伊尔苏拉等曾否调理平复？并查明咨部，分别奖赏。"

（高宗朝卷九〇七·页四二上～四三上）

○乾隆三十七年（壬辰）五月壬寅（1772.6.8）

谕（军机大臣等）曰："温福等奏，额森特击败尾袭贼番，歼毙东北来援贼众，并夺取山峰下碉卡。国兴静俟贼番来犯，猝起剿击，歼戮多人，均为出力奋勉。额森特著补授头等侍卫，国兴著赏给蓝翎。其出力及伤亡之官兵，亦著温福查明，分别造册，送部议叙。"

（高宗朝卷九〇八·页一一下）

○乾隆三十七年（壬辰）五月丙辰（1772.6.22）

又谕（军机大臣等）："番地虽与雪山相近，然四、五月间尚有大雪，其为扎答无疑。温福所奏邪不胜正之说极是。此等邪术不过欲使人怖畏，人若见而生怯，则其术愈逞；惟能处以镇定，视之淡然，其技穷而法亦不灵。所谓见怪不怪，其怪自败也。温福、阿桂当晓谕营中将士等，令其共知此意。至遇连阴积雨，官兵等单帐栖身，亦不可不加之体恤。若见伊等实有疲困情形，不妨酌加赏赉。或值伊等匮乏之时，口粮等项并不妨暂从优给。以此鼓励众心，俾知欢欣鼓舞，于军务亦为有益。果能抚恤士众，为国宣劳，朕从不稍存靳惜。况军需备项已拨至六百万两，支给亦无虑不敷。温福等断不可为慎重钱粮起见，惟知按例，不知体朕惠爱士卒之深心也。至两路抗拒之贼，金川帮助者居多，每恃劫营为长技。幸而官兵善备，屡经奋勇杀退。但恐贼伺我军略懈，故智辄萌。若当久雨之时，更当严加防范。而火药一项尤属要需，温福、阿桂务当预饬将弁留心防护，以期有备无患。"

（高宗朝卷九〇九·页一三上～一四上）

○ 乾隆三十七年（壬辰）五月壬戌（1772.6.28）

又谕（军机大臣等）："军营入夏以来雨水过多，官兵未免劳苦。现在西路进剿之兵，据温福等奏称颇为出力。至南路为桂林耽误月余，未能攻剿，而兵丁等之疲乏则同，朕心深为轸念。著加恩将所有官兵各赏给一月钱粮，以示体恤。西路著温福传朕谕旨赏给，南路著福隆安同阿尔泰、阿桂传旨赏给。"

（高宗朝卷九〇九·页二三上～下）

○ 乾隆三十七年（壬辰）五月甲子（1772.6.30）

谕军机大臣等："桂林奏会同温福等议赏土司缎匹一折。在南路者，著交福隆安同阿尔泰、阿桂传旨赏给；在西路者，交温福等传旨赏给，以示奖励。"

（高宗朝卷九〇九·页二五下）

○ 乾隆三十七年（壬辰）六月乙丑（1772.7.1）

谕（军机大臣等）曰："额森特在军营一切奋勇出力，而攻取东玛寨，又因奋勇得伤，著赏给副都统职衔。"

又谕曰："温福等奏攻克东玛贼寨，丰升额、马彪调度颇协机宜，俱著交部议叙。在事侍卫将弁等亦皆奋勇立功，并著查明咨部议叙。其兵丁等量加赏赉，以示鼓励。"

谕军机大臣等："丰升额等带兵冒突枪石，攻取东玛。官兵如此奋勉出力，则色尔渠、美美卡等处不久俱可攻克，朕惟伫望捷音。又据温福奏，富勒浑等带兵夺获数碉，并据山绝顶向下攻取木阑坝。富勒浑著赏戴孔雀翎，仍俟攻得木阑坝加恩议叙。"

（高宗朝卷九一〇·页一上～二上）

○乾隆三十七年（壬辰）六月癸酉（1772.7.9）

谕（军机大臣等）曰："温福等奏分拨官兵夺取贼番石卡，都司袁国璜首先奋勇，受伤阵亡。甚属可悯，著交部议恤。仍将此次打仗阵亡、受伤兵练查明造册送部，照例议恤。"

（高宗朝卷九一〇·页一一下）

○乾隆三十七年（壬辰）六月庚辰（1772.7.16）

又谕（军机大臣等）曰："富勒浑自抵军营，夺碉杀贼，诸凡奋勉。今忽病故，深堪轸惜！著照乌三泰之例加恩议恤。仍俟伊子服满之日带领引见。"

谕军机大臣等："……再，温福等将超异出力之都司马诏蛟、辛大勇赏戴孔雀翎，委署土都司巴勒达尔吉日朋、委署土守备穆塔尔赏戴蓝翎，深得鼓励官兵之道。嗣后有似此超众出力者，即一体赏戴。再，官兵夺取碉卡亦俱尽力，著温福、丰升额将阵亡、受伤及出力人员查明造册，送部议叙。"

（高宗朝卷九一一·页二上～三上）

○乾隆三十七年（壬辰）六月辛巳（1772.7.17）

谕军机大臣等："李煦在川省军营颇为出力，今拜凌阿升授江宁将军，即用李煦为贵州提督。俟军务告竣，再赴新任。著温福传谕该提督，俾益知感奋自励。至古州总兵员缺，著温福、阿桂于川省军营之贵州副将内，查明出力人员堪胜总兵者，即行奏闻，候朕酌量补放。"

（高宗朝卷九一一·页五下）

○乾隆三十七年（壬辰）七月丁酉（1772.8.2）

谕："据温福等奏报攻剿小金川情形，于北山攻得美美卡旁碉卡二处，南山攻得固布济石卡、木城二处等语。温福、丰升额实力督率，其将领弁兵等奋勉出力，均属可嘉。著交部一并议叙。又据奏攻美美卡之第二卡时，有固原兵丁陈世宝由卡外之沟首先缘上，贼众惊见掷石，陈世宝中石滚下，旋复超跃出沟，同众登上，遂得贼卡等语。陈世宝实属奋勉出力，著赏给千总，遇缺即补。并赏银五十两，以示奖励。"

（高宗朝卷九一二·页六上～下）

○乾隆三十七年（壬辰）七月癸卯（1772.8.8）

谕："陕、甘、贵州各省调赴进剿金川官兵，在营均知奋勉出力。节经降旨，加赏钱粮，以示鼓励。现在时交秋令，兵丁等均须皮棉衣具御寒。且到营已久，鞋帽亦须添换。兹据文绶奏，甘省各营已饬令将弁等于各兵应得钱粮内制办运往。念其程途较远，运送稍艰，已传谕勒尔谨妥协办理，并交该地方官速行运送军营。所有运价，著加恩赏给，准入军需项下报销。其陕西、贵州调往之兵，并著一体办理。即湖广、云南及陕甘续调之兵虽系初派，该督、抚等亦当于起程前后酌量妥办。俾军营将士人人有挟纩之欢，以期感奋集事，该部即遵谕行。"

（高宗朝卷九一二·页一三下～一四下）

○乾隆三十七年（壬辰）七月戊申（1772.8.13）

又谕（军机大臣等）曰："文绶自去岁以来，办事俱属妥协，现又经理军务，著赏戴花翎，以示鼓励。"

又谕曰："阿桂此次办理甚属用心奋勉，著加恩赏戴花翎。至绰斯甲布等差人投禀，尤为极好机会，自当速筹进取。所有该处军粮饬令阿尔泰即行趱运，并著文绶加紧督催，毋稍迟缓。"

（高宗朝卷九一二·页三〇下～三一上）

○乾隆三十七年（壬辰）八月丙寅（1772.8.31）

定边右副将军大学士温福等奏："木坪土司甲勒参纳木卡、瓦寺土舍索诺木雍中并续派土兵协剿，恳请酌量奖励。"

谕军机大臣等："甲勒参纳木卡、索诺木雍中俱著加恩赏戴花翎，并赏甲勒参纳木卡'诚勤'名号，索诺木雍中'谨慎'名号，以示鼓励。"

（高宗朝卷九一四·页八上～下）

○乾隆三十七年（壬辰）九月壬寅（1772.10.6）

谕（军机大臣等）曰："温福等奏八月二十等日官军进攻美美卡，兵丁土练等阵亡者六名，受伤五十余名，著温福查明送部议恤。其受伤之土弁游击衔班第嘉勒、守备衔纳木嘉勒，亦著交部议叙。"

（高宗朝卷九一六·页一九下～二〇上）

○乾隆三十七年（壬辰）九月壬子（1772.10.16）

又谕（军机大臣等）："四川松潘镇总兵员缺，著五福补授，其维州协副将员缺，即著李天佑调补。所有陕西洮岷协副将一缺，著温福、阿桂于现在军营之陕、甘两省出力参将内拣选一员。奏请补授。"

（高宗朝卷九一七·页一〇下）

○乾隆三十七年（壬辰）十月乙丑（1772.10.29）

谕（军机大臣等）曰："原任甘肃西宁镇总兵高天喜前在西路军营奋勉出力，临阵捐躯，成劳可悯。伊子守备高仁因预保引见，奏恳四川军营效力。著加恩赏银五十两，驰驿前赴军营，交与温福，听候差委。遇有都司缺出，即行补用。其次子武举高人杰现在会试未经中式，并著加恩准与新科中式武举一体殿试。"

（高宗朝卷九一八·页七下～八上）

○乾隆三十七年（壬辰）十月丁卯（1772.10.31）

又谕（军机大臣等）："川省办理军务以来，所有派往军营之八旗大臣、侍卫、官员、兵丁等各名下应扣借项银两，俱著照从前金川及西陲用兵之例，暂行停扣。俟军务告竣后，再行照例办理。"

（高宗朝卷九一八·页一一上）

○乾隆三十七年（壬辰）十月己巳（1772.11.2）

谕军机大臣等："昨温福奏攻克巴朗拉案内应行议叙之云南官兵，于查复后复经兵部议驳，拘泥而不当理。其过自在兵部。今据兵部奏，温福尚有攻克资哩，请将官兵议叙一案。原奏系三月初八、九等日之事，而册开官兵多至万余,系从上年十二月二十九日起,与原奏月日不符。此案兵部理应议驳,其过又在温福。资哩一寨攻围已历三月,及贼众弃寨溃逃,始能据有其地,与巴朗拉由兵力攻克者不同,本属无功可录。前此温福等折内,于贼番弃寨自退情节未经明晰声叙。并据称,南、北两山派令额森特等分路追击,歼贼数百。似属温福调度有方,将领等奋勉用命,因有旨敕部议叙。温福奉到此旨,止应照原奏出力官兵造册送部,何得以去冬攻围之日为始,列入一万余人?如果以万余官兵攻围一寨,自应无坚不摧,何致攻守多延时日?其数实未足凭信。倘因官兵数月以来均属劳苦,亦应另折奏明,略予奖励,岂得于议叙册内添列?军功若可如此滥邀,既非所以示公,亦将何以示劝?着温福明白回奏。嗣后遇有议叙时,务须各归各案,毋稍牵混。将此并谕阿桂知之。"

(高宗朝卷九一八·页一九上~二〇下)

○乾隆三十七年(壬辰)十月辛未(1772.11.4)

又谕(军机大臣等):"兵部奏资哩议叙一案,温福等于接到部驳后,减去官兵土练九千余人,现请议叙者二千余人。此时既知核减,则原题之滥列更无可辩。其文内所称'逐日围寨打仗阵亡、受伤官兵应否议恤',则又过于拘泥。官兵效力捐躯,自应逐一咨部查办,原不当俟有议叙之案,始将阵亡附列。即该将军等统兵进剿,不暇随时咨报,亦应每月汇咨一次,以恤勤事而励戎行。至受伤官兵,又当分别核办。如受有头等重伤者,除附折具奏外,并应按月咨部议赏。其二等以下之伤,止须记明册档,遇有议叙时,量其劳绩咨部酌议。若浮伤无关肢体,不过册内登记,不没其劳,仍视其奋勉出力与否,统行核定,并不得与轻伤一例。温福等当照此妥办,并谕阿桂知之。"

(高宗朝卷九一八·页二一上~二二上)

○乾隆三十七年(壬辰)十月壬申(1772.11.5)

谕:"据董天弼奏报,于九月二十四至二十八等日,带兵攻得穆阳冈及木丫山梁等处,克取石卡三十余座、大卡木城三座,杀贼百余人等语。董天弼等督率官兵分路奋勇攻剿,甚属可嘉。董天弼、富瑚、明仁、佛逊、沈宽及旗营各员并打仗官兵等，均著温福查明咨部议叙。至游击沈宽自派赴党坝以来，颇为奋勉出力，并著温福遇有参将缺出，即行奏请补授，以示鼓励。"

又谕曰："参将薛琮前于进攻墨垄沟时阵亡，曾经谕令桂林查明议恤，并令将该员有无子嗣确查具奏，听朕酌量加恩。嗣因桂林革职离任，未据奏复。薛琮带兵进剿，效命捐躯，甚属可悯，著加恩照副将衔交部议恤。并著文绶查明薛琮如有子嗣，即行送部引见。所有墨垄沟阵亡官兵，著即一并确查，咨部议恤。"

（高宗朝卷九一八·页二二上～二三上）

○乾隆三十七年（壬辰）十月壬午（1772.11.15）

谕："据阿桂奏报，于十月初四至初八等日分四路进攻，将甲尔木山梁全行占据，并前此未得之第四峰、第五峰碉卡石城，亦俱攻克，杀死贼番百余名，并杀红衣贼目三名，抢获木城一座、碉卡二十余座等语。明亮等带领官兵不避雨雪破卡杀贼，甚属奋勉。所有此次打仗之侍卫、员弁、兵丁等，均著阿桂查明咨部议叙，以示鼓励。"

（高宗朝卷九一九·页一〇上～下）

○乾隆三十七年（壬辰）十一月乙未（1772.11.28）

谕："据温福等奏报，十月二十二、三等日攻克路顶宗及喀木色尔贼寨，共攻破大小卡寨五十余座、碉房三百余间，杀死贼番数百名，俘获金川贼人九名，夺得大炮三座及军械、火药、粮食甚多一折。此次温福、丰升额督率将士，调度有方。海兰察、哈国兴、额森特及在事攻剿之将佐、弁兵、土练等均各奋勉出力，甚属可嘉，俱著交部查明分别议叙。其将弁内实在奋勇出众者，不拘满汉，并著温福等确查奏闻，赏给巴图鲁号。即绿营兵丁内果有勇往超群者，亦著破格查赏，以示鼓励。至海兰察、额森特带兵甚为奋勉，海兰察著交兵部，遇有蒙古都统缺出，即行奏请补授。其所遗副都统员缺，即令额森特补授。所有温福等奏折并著译汉发抄。"

（高宗朝卷九二〇·页一一上～一二上）

○乾隆三十七年（壬辰）十一月己亥（1772.12.2）

定边右副将军大学士温福、参赞大臣尚书公丰升额奏："十月二十四至二十八等日，官兵进攻兜乌山梁及附近贼寨。哈国兴、额森特、巴雅尔、阿尔苏纳等攻取穆拉斯郭大寨，占据兜乌山顶，与马彪合兵，悉夺兜乌附近碉卡。翘苏勒带兵从沃克什旧寨之北鼎达实诺尔山夺取碉卡，海兰察带兵从色木僧格山前进至格实迪，连夺碉卡，进取木城。现在据守要隘，取路进攻明郭宗。"

谕："此次在事奋勉之头等侍卫阿尔苏纳著赏给副都统职衔，三等侍卫巴雅尔著授为二等侍卫。"

谕军机大臣等："温福等奏，瓦寺土舍索诺木雍中，请将伊所赏名号、花翎移给伊叔土司索诺木旺丹等语。索诺木旺丹感戴朕恩，因年迈不能从军，令索诺木雍中带领所属人等随营效力，殊属可嘉。著加恩于现在职衔上加升一级，并赏戴花翎，给与名号，以示优奖。其索诺木雍中现在军营出力，所有原给名号、花翎毋庸移给。"

（高宗朝卷九二〇·页一七下～一八下）

○乾隆三十七年（壬辰）十一月庚子（1772.12.3）

谕："户部议奏：'续调赴川之昭通兵三千名所需御寒衣帽，在滇已每名折给银两，令其自制。及到川后，复经文绶办给，事属重复。今议将川省制就衣帽准其按名给与，其价银在于各兵坐饷内分扣归款。'自应如此办理。但念该兵丁等现在随营效力，其应得坐饷为养赡家口所必需，且近据阿桂奏，昭通兵连日打仗尤为勇锐争先，著加恩将此项衣帽价银俟凯旋后再行坐扣。并著阿桂晓谕在营滇兵知之。"

（高宗朝卷九二〇·页一九上～下）

○乾隆三十七年（壬辰）十一月壬寅（1772.12.5）

又谕（军机大臣等）曰："西安提督哈国兴现在川省军营尚属奋勉出力，其长子哈文虎著该部行文本籍，令其来京引见。"

（高宗朝卷九二〇·页二二下～二三上）

○乾隆三十七年（壬辰）十一月甲辰（1772.12.7）

谕（军机大臣等）曰："阿桂奏前锋校喜当阿、登色保于攻夺甲尔木山梁时奋勇杀贼。著照所请，均赏戴花翎。俟有委署前锋参领缺出，即著喜当阿补授；委署前锋侍卫缺出，即著登色保补授。"

又谕曰："阿桂奏云南曲寻协守备国士豪身先士卒，杀贼夺碉。东川营千总杨大山挟炮击贼，逾险乘高。虽各得伤，不肯在营调理，实为奋勇出众。国士豪著赏戴花翎，杨大山著赏戴蓝翎。"

（高宗朝卷九二〇·页二七下）

○乾隆三十七年（壬辰）十一月丙午（1772.12.9）

又谕曰："温福之子原任归化城同知勒保，前因审办偷马一案迟延不结，经该将军等咨参，部议革职，原属咎所应得。今念温福自攻剿路顶宗、兜乌、喀木色尔以来，连次克捷，兹复攻得西北山梁玛觉乌诸碉卡，现拟攻取明郭宗，进剿美诺贼巢。督率将弁，奋勉宣劳，种种甚合机宜，朕心深为嘉悦。伊子勒保著加恩以主事用。"

又谕曰："温福等奏，攻取路顶宗、喀木色尔时，乌什哈达及富尔赛等八人均各奋勉。乌什哈达著升授头等侍卫，其革职留任之案并著开复；富尔赛、巴达玛、固勒德、岱森保、那萨拉、硕多尔海、楚巴什、博果勒岱均著授为蓝翎侍卫。以上各员及其余奋勇出众官兵，有应赏巴图鲁名号者，无论满洲、绿营、土练，查明挑选二三人，奏请赏给。"

（高宗朝卷九二〇·页二九下～三一上）

○乾隆三十七年（壬辰）十一月戊申（1772.12.11）

谕："据阿桂奏称，本月初三日督率将弁黑夜渡河，分路攀援，占据山顶及各处要隘，攻破东面之翁古尔垄、西面之布拉克尼德古及纽寨各地方，计夺得大木城一座、碉寨一百余间、石卡五十余处，杀贼二百余名，生擒活口一名，并获军械、口粮各物等语。此次阿桂实心筹画，调度有方，甚属可嘉。阿桂及在事出力之将领弁兵，并著查明交部议叙。至攻取大木城时，有贵州千总郭士才首先拔开木栅，腾身跃入，以致阵亡，实堪悯惜。著加恩赠都司衔，交部照例议恤；仍著赏银一百两，给付其家；并著阿桂查明郭士才有无子嗣，如年已及岁，即送部带领引见。"

又谕："据阿桂将奋勉出力之侍卫官兵查奏请旨，副参领图钦保著授为额外参领，俟本营前锋参领缺出坐补；游击谷生炎赏给功亲巴图鲁名号，并赏戴孔雀翎；护军额鲁特柏凌著授为蓝领侍卫，赏给冲前巴图鲁名号；三等侍卫委署营总哈清阿著授为二等侍卫。"

又谕曰："阿桂之子拜唐阿阿弥达，著加恩授为蓝翎侍卫。"

谕军机大臣等："前以阿桂攻克甲尔木山梁，赏给内大臣衔，随据具奏恳辞，因谕令俟攻得僧格宗，即传旨谢恩。……"

（高宗朝卷九二一·页四下～七下）

○ 乾隆三十七年（壬辰）十一月癸丑（1772.12.16）

又谕（军机大臣等）："据阿桂奏，官兵续攻西山梁，连克得里、日寨、扎觉木等处碉卡甚多。伊常阿并于初六日四更，督兵潜上岳鲁山梁，将卡栅全行夺得。其甲尔木一带，明亮等亦于初六日督兵进攻，更余尚未能克。明亮等以贼人抵御疲乏，且料我兵必不连夜进攻，正可乘其不备，因分队派兵于三更后潜往，直攻真登梅列高峰。同时奋力扑上，贼人不能相顾，各自弃碉惊溃。共得碉卡三十余处、平石房五十余处。德赫布等亦于初六日早攻得格鲁克古山顶大小卡十余座，并杀毙贼人，夺获枪械等语。阿桂此次分兵越险，攻夺贼碉甚众，董率有方。明亮、伊常阿、德赫布倍著奋勉，在事将弁兵练亦甚出力，深为嘉悦，均著交部查明议叙。再，明亮、德赫布已另旨各赏副都统衔。所有伊常阿总兵任内降级留任之案，并著加恩开复。守备崔文杰等均属奋勇出力，崔文杰业照阿桂所请，准其升补都司。其守备马廷亮、范玉光并著量加一等升用，以示鼓励。阿桂折并发。西山梁甲尔木及正地山口各处打仗官兵间有伤亡者，并著阿桂核实报部，照例议恤。"

又谕曰："德赫布、明亮领兵进剿，连克碉卡，奋勇可嘉。德赫布著赏给副都统衔，明亮著授为头等侍卫，仍赏给副都统衔。绥库带兵亦属奋勉，著授为二等侍卫。"

（高宗朝卷九二一·页一五上～一六下）

○乾隆三十七年（壬辰）十一月丙辰（1772.12.19）

谕军机大臣等：“西路军营自攻破路顶宗、兜乌进攻明郭宗，可以径抵美诺；南路则由翁古尔垄及甲尔木等处，直压僧格宗。而各路分剿之兵亦皆奋勇克捷。平定小金川之事，计日自可告蒇。……两路官兵当此天寒，越险奋攻，所至奏绩，朕心深为廑念，现降旨加赏一月盐菜银两。将此谕令温福、阿桂，传知各路汉、土兵练，俾共喻恤劳鼓勇之意。”

（高宗朝卷九二一·页二四上～二五上）

○乾隆三十七年（壬辰）十一月丁巳（1772.12.20）

谕："据阿桂奏报，攻克东、西山梁之邦甲、拉宗等十数处，所得石城大卡碉房数百座，剿杀贼番多人，余各跪恳投降，其分兵攻克之宅垄番人亦复哀求投顺，并收获粮石、牛羊甚多等语。览奏深为嘉悦。阿桂连日屡报克捷，今又攻得邦甲、拉宗等处，在事官兵俱奋勇直前，所向无阻，实属可嘉。皆由阿桂董率有方，故能叠著劳绩。均著交部议叙。其打仗受伤弁兵及阵亡之土司头目等，并著查明咨部照例赏恤。"

（高宗朝卷九二一·页二六上～二七上）

○乾隆三十七年（壬辰）十一月己未（1772.12.22）

谕："据温福等奏，于本月十五日派拨官兵分路进攻，将附近明郭宗一带之山沟及沿路所有番贼碉卡共九十余座尽行攻得，杀贼甚多，擒拿番贼十一名，所得军器、火药、牛羊、粮食等件无算。现在乘胜用大炮轰摧明郭宗等语。此次官兵俱能奋勇出力，所向无前，皆由温福等董率有方，于分攻合剿机宜无不谙练，是以随宜运用，迅速奏功，甚属可嘉，均著交部议叙。其有打仗阵亡、受伤兵练，并著查明咨部，分别照例恤赏。"

（高宗朝卷九二一·页三一下～三二上）

○乾隆三十七年（壬辰）十二月癸亥（1772.12.26）

又谕（军机大臣等）曰："明亮著加恩授为副都统，遇有缺出即补。"

又谕曰："阿桂奏，云南镇雄营外委王攀龙前进攻真登梅列高峰大碉，首先冲跃。凡遇打仗之处，无不在前。又，贵州大定协左营外委詹玉书前在扎哇棄遇贼时身受矛伤，犹砍伤贼众。此次攻打邦甲，被贼攻围，毫无退怯，又能杀贼直前。均为出众奋勇，请给与千总顶带，并赏戴蓝翎等语。外委王攀龙、詹玉书于每次接仗之时冲碉杀贼，实能鼓勇争先，自宜破格超擢，以示奖励。王攀龙、詹玉书俱著加恩以守备补用，仍赏戴蓝翎。"

又谕曰："明正土司甲勒参得沁带领所属人等奋勉出力，著加恩赏戴花翎，并赏给佳木拜屯名号，以示奖励。"

又谕："向来提督总兵缺出，俱就记名及应升人员内简放。第现在川省西、南两路连次克捷，军营打仗出力将领甚多，若只循例以年资擢用，伊等不过在营循分供职，竟得安坐超迁，而行间效力之人转不能与，殊非奖励戎行之道。……所有浙江提督员缺，此时暂缓简放，俟有军营劳绩出众人员，候朕酌量升用。"

又谕："自上年征剿小金川以来，其派调随征土司等俱踊跃从公，同绿旗官兵一体出力，自宜优加渥泽，以示鼓励。惟向例土兵土练于接仗时遇有阵亡、受伤者，照绿营兵丁减半赏恤。至土司土职，部中向无议恤之条，但念同一尽瘁戎行，不得并邀恩恤，其情殊为可悯。所有土司土职遇有阵亡、受伤应如何酌定加恩赏恤之处，著该部即行详悉定议具奏。"

（参赞大臣署四川提督阿桂）又奏："查果洲山后系四月间参将薛琮等失事之地，兹经官兵攻得。察看山岩河滩间，尚有前次阵亡官兵骸骨。当令通行埋葬，并令总兵英泰、王万邦前往祭奠。"

得旨："是。当为共冢，如叶尔羌之例祀薛琮等。"

（高宗朝卷九二二·页四下～八下）

○ 乾隆三十七年（壬辰）十二月乙丑（1772.12.28）

谕军机大臣等："温福等攻取明郭宗西南公雅山，在事大小官兵均属奋勉。著暂交军机大臣存记，俟攻得明郭宗一并议叙。其阵亡、受伤人员，即著确查造册送部议恤。至阵亡之护军校阿哈拉克、护军博和勒岱有无子嗣，并交军机大臣查奏。……"

（高宗朝卷九二二·页一〇下～一一上）

○乾隆三十七年（壬辰）十二月庚午（1773.1.2）

谕军机大臣等："阿桂督率官兵，不日攻取贼巢，克建大勋，自有酬庸之典，此时且不必交部议叙。惟此次打仗官兵有出色效力者，著即查明咨部，分别议叙。都司许世亨、千总刘世勋奋勉出众，均著赏给巴图鲁号。许世亨遇有参将缺出，即行奏补。其另折所奏，雍忠尔结、色尔奔并著赏给巴图鲁号，仍加守备职衔，赏戴花翎，以示优奖。……"

（高宗朝卷九二二·页二二上～下）

○乾隆三十七年（壬辰）十二月辛未（1773.1.3）

谕："陕甘余丁于炎暑随同征兵赴川，未经携带皮衣，较之他处余丁情形不同，时值冬令，御寒在所必需，自应准其给与。其应扣皮衣价银，著加恩于各兵凯旋后再行扣还。"

又谕曰："温福等奏委署章京瑚尔东阿、巴克清阿于攻取路顶宗时奋勉出众，著授为本营副章京，遇缺坐补。"

又谕曰："温福等奏乾清门二等侍卫巴雅尔、章京富尔赛、都司曹顺、土司职衔什朋随营打仗，奋勉出众，均著赏给巴图鲁名号。"

（高宗朝卷九二二·页二三下～二六下）

○乾隆三十七年（壬辰）十二月癸酉（1773.1.5）

又谕（军机大臣等）曰："舒常奏前次进攻日旁碉卡，守备马雄奋勇扑碉，受伤身故等语。马雄奋力攻碉，以致伤重捐躯，甚属可悯，著加恩交部即照阵亡例议恤。"

又谕曰："绰斯甲布土司工噶诺尔布，此次进兵以来，诚心奋勉，毫无瞻顾，甚可嘉尚。著加恩赏给缎六匹，仍给'尊追归丹'名号，以示奖励。天朝用兵讨贼，捣穴擒酋，理无中止。今僧格桑、索诺木扰害各土司，其罪甚重。若一日不灭，各土司一日不安。此番剿贼，正使各土司永远安生。著将此意晓谕工噶诺尔布，俾知感戴，竭力一心，以期扫殄，永受天朝有加无已之恩。"

（高宗朝卷九二二·页二九下～三二下）

○乾隆三十七年（壬辰）十二月丙子（1773.1.8）

又谕（军机大臣等）："据温福等奏，十二月初五日分兵四路，乘贼不备，攻取明郭宗。普尔普等带兵奋勇先登，克其碉卡，杀死贼番甚众。惟西南贼寨有念经楼一座，内有红衣贼目抵死守拒，我兵复攻围，断贼去路，并堆聚木柴、火药焚烧贼楼，将贼目及守碉贼番俱行焚死。此次共杀贼三四百人，擒获活口二十七名，夺取牛羊马骡、粮食、军械火药无算。现在整兵直捣美诺贼巢等语。温福等屡经攻得木尔古鲁及公雅等处山梁，前经降旨，俟攻取明郭宗后再行议叙。今温福等督兵进剿，调度有方，将贼人紧要门户既行克获，且歼贼甚多，贼皆胆落。从此乘胜直捣美诺，自可迅奏肤功。温福、丰升额俱著交部从优议叙。其余在事将领、满汉土练官兵亦俱奋勇出力，并著温福等查明咨部，从优议叙。其间有阵亡、受伤之兵练，亦著咨部赏恤。再，瓦寺土司都司职衔噶实布随官兵一体奋勉，效瘁行间，今闻其临阵捐躯，情殊可悯。昨曾谕部议定土司加恩之例，所有噶实布应得恤典，即著照新例行。"

又谕曰："普尔普、巴雅尔领兵先登，克取明郭宗南寨大碉，乌什哈达、额尔特向下攻击，均属奋勉出众。普尔普、乌什哈达著加恩赏给副都统职衔，巴雅尔著授为头等侍卫，额尔特著授为二等侍卫。"

（高宗朝卷九二三·页二上～三下）

○乾隆三十七年（壬辰）十二月丁丑（1773.1.9）

又谕（军机大臣等）："据阿桂奏，前经带往办事之主事王昶，由云南军营效力，复带赴四川军营，一切奏折文移皆其承办，颇为出力。又，骁骑校良柱亦先经随往云南，复带赴四川军营办事，俱能实心奋勉，不辞劳瘁各等语。王昶著加恩以吏部员外郎用，良柱以六部主事用，俱遇缺即补。"

又谕曰："土守备阿忠保，于此次攻取美都喇嘛寺手刃贼众十余，身受石伤数处。著加恩赏戴孔雀翎，并给与巴图鲁名号。"

又谕曰："阿桂奏，副前锋参领扎什、三等侍卫科玛自翁古尔垄至美诺领兵奋力进攻。厄鲁特披甲贡楚克于攻取邦甲山梁时，因贼放枪抵御，夺枪杀贼等语。扎什著授为正前锋参领，遇缺坐补；贡楚克著授为蓝领侍卫；扎什、科玛、贡楚克并著加恩赏给巴图鲁名号。"

又谕曰:"刘秉恬自派赴南路办粮以来,一切均能奋勉。且由达乌亲往美诺督率挽运,不辞劳瘁。鄂宝在西路经理粮运,亦能悉心筹办,妥速无误,并著加恩赏戴花翎。现今两路大军会合,温福等带兵追擒逆竖,即当乘胜直剿金川,粮糈尤关紧要。该侍郎等益宜和衷商榷,加紧转运。再,前已降旨令刘秉恬同李煦留驻美诺办理降番等事。此旨谅可先到。当此贼巢初克,该侍郎更当加意妥办。从此实力宣勤,茂著劳绩,朕必加渥恩,用昭奖劝,将此传谕知之。"

(高宗朝卷九二三·页六下~一〇上)

○乾隆三十七年(壬辰)十二月庚寅(1773.1.22)

是年,予金川出师阵亡之参领纳兰图一员、副将色伦泰一员、参将薛琮等二员、三等侍卫哈尔赳一员、都司袁国琏一员、蓝翎侍卫三达勒一员、守备和纯武等二员、云骑尉占辟纳等二员、千总赵全柱等三员、把总陈起龙等二员、外委张启明等六员、护军马步兵三百五十七名祭葬恤赏如例,俱入祀昭忠祠。

(高宗朝卷九二三·页五三下~五四上)

○乾隆三十八年(癸巳)正月癸巳(1773.1.25)

又谕(军机大臣等)曰:"温福奏提督哈国兴在军营病故。哈国兴……上年调赴四川西路军营,擢任提督,带兵攻剿,叠著劳绩。是以特加恩授为参赞大臣,并将伊子用为守备。现在小金川全境荡平,正值进剿金川需人之际,倚任方殷,遽闻溘逝,深为轸惜!著赏银一千两,存恤其家,并加赠太子太保,以示悯劳饰终至意。所有应得恤典,仍著该部察例具奏。"

(高宗朝卷九二四·页一〇上~下)

○乾隆三十八年(癸巳)正月甲午(1773.1.26)

又谕(军机大臣等)曰:"舒常奏,绰斯甲布随营土练二千余名,察其出力不出力,分别加赏。所见虽亦近是,但令独抱向隅,未必能激其愧奋之志。丰升额、舒常当传齐绰斯甲布众土练,谕以尔等随征以来,尚未见实心出力，本不应滥叨恩赏。但此次大皇帝恩旨，凡随营土兵概行加赏。我等因仰体大皇帝一视同仁，仍概赏尔等。嗣后惟当倍加奋勉，以图报效。如此晓谕，番夷等既得加赏，感而且畏，向后自可冀其得力。"

（高宗朝卷九二四·页一五上～下）

○乾隆三十八年（癸巳）正月乙未（1773.1.27）

（定边右副将军内大臣阿桂）又奏："土弁雍中尔结、色勒奔蒙恩赏戴花翎。但查土舍布拉克底甫经给与空顶花翎，而土弁亦即蒙赏，恐番人等易生满足之心，是以未给。察其此后出力如何，再为请旨。"

（高宗朝卷九二四·页一九上～下）

○乾隆三十八年（癸巳）正月丁未（1773.2.8）

谕军机大臣等："丰升额等奏，丹津扎布愿督率土兵出力，可否赏给土都司职衔。著照所请行。仍视其果否感恩报效，据实具奏。……"

（高宗朝卷九二五·页四下）

○乾隆三十八年（癸巳）正月乙卯（1773.2.16）

谕："据丰升额等奏，攻剿达尔图贼寨，总兵马虎、参将西凌阿等奋勇杀贼，受伤阵亡等语。马虎自调赴军营以来甚属奋勉。此次攻打贼卡，身先士卒，陷阵捐躯，殊堪悯恻！著加恩照王玉廷、李全之例交部议恤。其同时阵亡之参将西凌阿及把总外委各员，并著该部查明，一并议恤。"

又谕曰："襄阳镇总兵马虎阵亡，所遗员缺，著温福等于军营出力副将内拣选一员，奏请升补。其副将员缺，并参将西凌阿阵亡各员缺，俱著一体拣选奋勇立功之员递行奏补，以示鼓励。"

（高宗朝卷九二五·页一五上～一七下）

○乾隆三十八年（癸巳）正月戊午（1773.2.19）

谕（军机大臣等）曰："阿桂著补授礼部尚书。阿桂未到任之前，著素尔讷署理。其户部尚书事务，著永贵署理。"

（高宗朝卷九二五·页二〇上～下）

○乾隆三十八年（癸巳）二月丙寅（1773.2.27）

谕："据阿桂等奏，进攻金川当噶尔拉山梁，于正月二十日分路派兵乘风雪前进，夺其大小石卡十座，用炮轰毙贼众甚多。二十四日晚，复派兵分路攻击，歼其大头人二名、小头人四名，并枪毙贼尸三十余具，负伤者五十余名各等语。此次官兵进剿当噶尔拉，虽未能全克贼寨，而阿桂等调度有方，带兵之将领俱能奋勇出力，夺碉歼贼，甚属可嘉。阿桂、明亮著交部议叙。其在事之将领弁兵，著阿桂等查明核定功绩等差，咨部分别议叙。又据奏，云南寻沾营马兵田元庆于迎敌时奋勇赶杀贼目，马兵涂登必越众前迎砍毙贼人等语。田元庆、涂登必尤为绿营兵丁内勇往出色之人，宜加优奖。著交与温福、阿桂等，遇有军营千总缺出即行坐补，并各赏银五十两，以示鼓励。"

又谕："据阿桂奏，此次各省调征绿营官兵，接仗奋勉为向来所无，而受伤残废者亦复不少。业经亲行查验，伤轻易愈者，仍令留营调养，实在难以向愈者，遣回原营。第恐各省督、提因该兵不能操演，即将名粮开除，转因勇往受伤，无以资其养赡，其情似属可悯等语。所奏甚是。此次征剿金川，调到各省绿营官兵，颇知冲锋打仗，越险进攻，屡著劳绩。业经随时降旨擢赏。而其中临阵受伤及在山梁冻损手足者，均属勇往出力之人，与寻常因病遣回者不同。今以残废回营，若该管官遽将伊等名粮开除，使其不能借升斗以自给，殊非所以示体恤。著谕令云贵、陕甘、四川、湖广各督、提等，查明此项因伤遣回残废兵丁，如实在不能操演技艺者，不妨令其充当看守门库等项差使。如并此不堪驱遣者，即令其子弟顶补名粮。若并无子弟可补者，仍给与守粮一分，以赡其家。俾得共资饩给，安养余年，用昭格外加恩至意。该部即遵谕行。"

（高宗朝卷九二六·页一八下～二〇上）

○乾隆三十八年（癸巳）二月辛未（1773.3.4）

谕（军机大臣等）曰："阿桂著在议政处行走。"

（高宗朝卷九二六·页二七上）

○乾隆三十八年（癸巳）三月丙申（1773.3.29）

又谕（军机大臣等）："据阿桂奏，总兵马彪升任提督，所遗云南昭通镇总兵员缺，查有云南腾越副将斐慎现在军营带领滇兵，该员自上年进剿甲尔木以至攻克美诺，节经打仗，奋勉向前。请即以升署昭通镇总兵印务，俟再有奋勉出力之处，另请实授。至所遗腾越协副将，系滇省沿边最要之缺，与他处不同，应听云贵督臣拣员奏补等语。斐慎著即升署昭通镇总兵，以示鼓励。俟续有功绩，再行实授。其腾越协副将员缺，著彰宝拣选一员，奏请补授。"

又谕曰："头等侍卫三宝，经阿桂等差派，带领官兵直赴纳围西山夺取碉楼，不避枪炮，剿杀多贼，甚属可嘉。除另降谕旨将三宝及本队官兵俱交部从优议叙外，三宝前在军营效力著有劳绩，此次尤为奋勉，著加恩赏给副都统职衔。"

又谕曰："阿桂等奏此次打仗百灵阿颏下枪伤，虽云调养无妨，而朕心殊为廑念。著传谕阿桂等将百灵阿所受枪伤曾否平复之处，即行奏闻。"

（高宗朝卷九二八·页八上～九下）

○乾隆三十八年（癸巳）三月丁酉（1773.3.30）

谕（军机大臣等）曰："温福等奏，于二月二十五日，分兵五路攻取昔岭贼碉。内额森特、巴雅尔率领官兵进攻第九、第十两碉，将火弹抛入贼碉，乘贼惊溃，官兵一拥向前，杀贼四十余名，余俱被火烧毙。又海兰察与额森特、乌什哈达、普尔普、马全、阿尔素纳复合力连攻数碉，贼退避碉内，因借撤回之势引贼出碉，回身杀死一二百人，并获口粮、铅药等物。现已夺住九、十两碉，仍乘胜攻剿等语。此次官兵不避枪石，破碉杀贼，均属可嘉。其中海兰察、额森特、巴雅尔、乌什哈达、普尔普、马全、阿尔素纳尤为奋勇出力，著交部从优议叙。温福董率有方，其余将领亦俱奋勇，均著交部议叙。其官兵内有实在出色应加优奖者，并著温福查明，分别咨部查办，以示鼓励。"

又谕："此次温福、阿桂、丰升额等三路军营自进剿金川以来，攻坚破险，所向克捷。固由带兵之人实力奋勉，董率有方，而兵丁等亦均知勇往出力，甚属可嘉。所有随营打仗之各营兵丁及土兵、土练、番众等，均著加恩赏给一月钱粮，以示鼓励。其看营守卡、樵汲供役各兵，虽与冲锋破敌者有间，而效力军营亦属劳勚，并著赏给一月盐菜银两，俾得一体均沾恩泽。该部遵谕速行。"

（高宗朝卷九二八·页一〇上～一一下）

○乾隆三十八年（癸巳）三月甲辰（1773.4.6）

谕军机大臣等："温福等奏，分派官兵猝攻功噶尔拉山口，都司曹顺及赏戴花翎司馨托尔托保奋勇杀贼，实为可嘉。著各赏缎二匹，土兵七八名各赏银两，即从彼处支给。"

（高宗朝卷九二八·页二四上）

○乾隆三十八年（癸巳）三月丙午（1773.4.8）

又谕（军机大臣等）曰："副都统百灵阿自出征以来，甚属出力奋勉。因抢夺贼碉，颔下中枪子冒风，喉舌俱肿，以致伤亡，甚属可悯。朕念其父子为朕出力，是以另降谕旨，于伊诸兄之子内拣择一人与百灵阿为嗣。应得世职照例办给，再加恩赏给百灵阿都统职衔。所有应得恤典，交该部照都统阵亡之例查办。"

又谕："据阿桂等（奏），将此次抢获当噶尔拉山梁中间贼碉并占据山足时，出众奋勉之三宝、绥库、密谭宝、博尔忠阿等保奏，请旨分别加恩等语。昨阿桂将攻得当噶尔拉山梁贼碉之处奏报时，朕即经赏给三宝副都统职衔矣。其二等侍卫绥库，著加恩赏给喇布济克巴图鲁名号，仍照赏给巴图鲁名号之例，即于本处赏银一百两。至戴奖赏蓝翎前锋密谭宝、博尔忠阿，俱著加恩补授蓝翎侍卫。"

又谕："据阿桂奏，发往军营效力之革职参将常格，自抵军营以来，屡次在当噶尔拉督兵攻打，均为出力。近复带兵进攻纳围山腿，杀贼攻碉，实属勇往向前。应用何项员缺，奏明请旨等语。常格著加恩以游击、都司等员补用。"

又谕："据阿桂等参奏，陕西阳平关参将刘廷、宁夏镇后营游击陈尧德，虽年纪不过六旬，而软弱臃肿，不能身先士卒、登山打仗，军营留此无用将官甚为无益，但该员等尚无别项劣迹，应请勒令休致等语。参、游等官在军营带兵打仗，乃其专责。该员等既不能奋勇率先，即属溺职。若仅令勒休，尚不足以作士气而肃戎行，刘廷、陈尧德俱著革职。所遗员缺，即著阿桂等于现在军营出力人员内拣选奏请补授。"

谕军机大臣等："据阿桂等奏，副都统百灵阿打仗受伤，旋即身故。百灵阿之父旺扎勒从前多著劳绩，伊又在军前伤亡，实堪悯恻！百灵阿并无子嗣，伊母年老，家事无人照料。著传谕官保、永贵，于伊兄乌尔图那逊、保宁、保泰、佛尔卿额子嗣内，同伊母酌选一人，与伊为嗣。"

（高宗朝卷九二九·页三上～五上）

○乾隆三十八年（癸巳）三月丁未（1773.4.9）

谕军机大臣等："丰升额等派兵攻剿，虽未能破其碉卡，各员内如佛伦泰等俱能鼓勇争先，击杀贼众，亦属奋勉。俟将贼碉攻得，再行议叙。其官弁兵丁内之受伤、阵亡者，俱著查明咨部，照例赏恤。……"

（高宗朝卷九二九·页八下）

○乾隆三十八年（癸巳）闰三月壬戌（1773.4.24）

又谕（军机大臣等）："据阿桂奏称，赏戴蓝翎之托克托霍在军营打仗甚属出力，应否授为蓝翎侍卫。又，跟随阿桂之厄鲁特德布星额与跟随齐哩克齐之厄鲁特鄂勒哲依，当攻夺贼碉时奋勇出力，可否将德布星额、鄂勒哲依二人编入旗分，赏给差使等语。著照所奏，托克托霍授为蓝翎侍卫，德布星额、鄂勒哲依俱准其入旗作为护军。伊等如果出力行走，著阿桂察看保奏，授为蓝翎侍卫。"

（高宗朝卷九三〇·页六下～七上）

○乾隆三十八年（癸巳）闰三月丙寅（1773.4.28）

谕："上年秋间，川省调取各省征兵，所需皮棉衣具等项，均令地方官代为办送，例应于各兵饷银内分季扣还。前曾降旨，将甘省兵丁借领办装银两俟凯旋后再扣，以纾兵力。所有陕省征兵制办衣履，借领司度银两，事同一例，并著加恩统俟该兵凯旋后再扣还项，俾各兵眷属养赡宽然。该部遵谕速行。"

谕军机大臣等："丰升额等奏进攻日旁碉卡杀贼情形。又，温福奏攻剿昔岭第五贼碉各折，在事官兵俱属勇往，著交将军等存记，俟全得该处碉卡时，查明交部议叙。其温福一路之都司曹顺杀死贼目，不期面带石伤，实为奋勇可嘉。著以游击用，遇有军营缺出，即行补授。其丰升额一路之都司释迦保屡逼贼寨，伤重捐躯，殊可悯惜。著照参将例咨部议恤。又，两路阵亡、受伤之弁兵，并著查明咨部，照例恤赏。"

又谕曰："玛尔占山行马倒，受伤甚重，尚以仍来军营效力为请，甚感戴朕恩，悃诚可念。著加恩授为二等侍卫，赏银五十两。将此寄知丰升额，如玛尔占调养可愈，仍令前往军营，以遂其愿。"

（高宗朝卷九三〇·页九上～一〇上）

○乾隆三十八年（癸巳）闰三月丁丑（1773.5.9）

予出征金川阵亡襄阳镇总兵马虎祭葬如例，入祀昭忠祠。

（高宗朝卷九三一·页四下）

○乾隆三十八年（癸巳）闰三月乙酉（1773.5.17）

又谕（军机大臣等）："觉木交一带驻防官兵，自应一体赏给盐菜银两。而鄂宝奏折故为婉转其辞，盖意在援照给赏，又以谕旨内未经指及后路兵丁一项，故不敢明白直陈。此由鄂宝见理未真，致折奏亦遂辞不达意，岂所以仰体朕一视同仁之道！且不独此，即如刘秉恬所统美诺等处兵丁、五福所统党坝一带兵丁，亦在应赏之列；又如打箭炉、维州沿边地方，除本处戍守之兵近在汛地毋庸滥及，若由别营调到者，远道奉差，即当例加优恤。总之，各兵俱为国家出力，其打仗与守巡不同之处，已于钱粮、盐菜示有区分，而同一执役奉公，不当拘泥三路军营之旨别生歧视。著传谕刘秉恬将各处应赏兵丁即行确查妥办，务使均沾恩泽。"

（高宗朝卷九三一·页一七下～一八上）

○乾隆三十八年（癸巳）闰三月丙戌（1773.5.18）

四川总督刘秉恬奏："屯兵一项与各土司土兵不同。缘乾隆十七年土司苍旺不法，经前任总督策楞、提督岳钟琪诛灭，于番众内挑选精壮三千名作为屯兵。平时任其力田佣工，岁纳杂粮六百余石，并不支给粮饷。遇有征调，最为勇往。此次进剿金川，于额设三千外已多派二百余名，此内阵亡、病故者共有一千余名。伊等改土归流，自知本系番人，不敢与官兵相埒。冲锋打仗，爬越山岭不让土兵，而又不屑与土兵为伍。历来攻得碉卡，屯兵之力颇多。"

谕军机大臣等："刘秉恬奏屯兵原委，看来竟为军营得力之人。各路将军等自应另加爱惜，遇有奋勇者随时奖慰。如实有出众功绩，并当奏闻赏录，以示鼓励。又奏当噶尔拉至功噶尔拉一带拨兵防守事宜，美诺虽止存兵二百，但各山沟可通金川之路俱已有兵驻守，则美诺竟成内地，原无借于多兵，或即于此现存二百名内量为拨派应用之处，著刘秉恬一面妥协经理，一面奏闻。"

（高宗朝卷九三一·页一八上～一九下）

○乾隆三十八年（癸巳）四月辛亥（1773.6.12）

又谕（军机大臣等）："现在进剿金川，其随征之屯练各兵，每遇攻碉夺隘无不勇往争先，历著劳绩，甚属出力可嘉。但念该屯练等每年所得犒赏有限，著加恩每屯练一名月给银五钱。其土都司、守备、千把、外委亦以次量给月饷，用示体恤。其作何定数增给之处，著刘秉恬、富勒浑会同妥议，一面赏给，一面奏闻。"

（高宗朝卷九三三·页一六下～一七上）

○乾隆三十八年（癸巳）四月戊午（1773.6.19）

谕："内外大臣中有奉职恪勤，扬历宣劳，并现在军营督率转饷劳绩懋著者，宜晋官衔，以示优眷。大学士温福、户部尚书舒赫德、工部尚书福隆安，俱加太子太保；礼部尚书王际华、工部尚书裘曰修，俱加太子少傅；礼部尚书阿桂、署兵部尚书丰升额、直隶总督周元理、闽浙总督钟音、四川总督刘秉恬，俱加太子少保。"

（高宗朝卷九三三·页三一上～下）

○乾隆三十八年（癸巳）五月己未（1773.6.20）

又谕（军机大臣等）："进剿金川官兵内间有阵亡、伤亡者，虽经交部从优议恤，但伊等俱殁于王事，而所遗家口养赡无资。著交各督、抚、提、镇查明，如有子弟，即令顶补名粮，其并无子弟亲老丁单者，给与半饷，以示体恤。该部即遵谕行。"

（高宗朝卷九三四·页二下～三上）

○乾隆三十八年（癸巳）五月甲子（1773.6.25）

谕军机大臣等："温福等奏称攻取昔岭情形及夺获达札克角水泉。所有受伤之头等侍卫巴雅尔，著赏给副都统衔；蓝翎侍卫岱森保，著授为三等侍卫。……"

（高宗朝卷九三四·页八上～下）

○乾隆三十八年（癸巳）五月己巳（1773.6.30）

谕："据丰升额等奏称，此次攻取日旁碉卡，二等侍卫明仁腮中枪伤等语。明仁勇往攻战，身受枪伤，甚属奋勉可悯。明仁著施恩授为头等侍卫。"

（高宗朝卷九三四·页一三上）

○乾隆三十八年（癸巳）五月丙子（1773.7.7）

谕（军机大臣等）曰："阿桂等奏称此次带兵攻夺卡栅，戮杀贼众。所有出力奋勉之三等侍卫科玛著补授二等侍卫，蓝翎侍卫衮楚克著补授三等侍卫，空蓝翎厄鲁特阿尔查、鄂勒哲依俱著补授蓝翎侍卫。至虎枪营前锋官德阵亡，著交该部照蓝翎侍卫例议恤。"

又谕曰："贵州把总张顺于枪石如雨之时踊跃濠沟，连杀二贼，实为奋勇出色。著即授为千总。又，守备詹玉书、瑚图礼因攻剿碉卡受伤，俱著加恩以都司升用。"

（高宗朝卷九三五·页八上～下）

○乾隆三十八年（癸巳）五月甲申（1773.7.15）

户部议复："四川总督刘秉恬等奏称：'遵议增给三杂谷屯兵月饷。该处土守备七、土千总十、土把总二十，饷银足资养赡，无庸议加。惟土外委四十，每名每年给银六两，而各兵亦按月领饷五钱，似无区别。请将土外委每名每年加银二两。'应如所奏。"从之。

（高宗朝卷九三五·二一上）

○乾隆三十八年（癸巳）六月丙申（1773.7.27）

又谕（军机大臣等）："据丰升额等奏，梭磨头人格斗结屡次督催土兵前进，右膀得有枪伤等语。头人如此出力，甚属可嘉。著照例咨部议赏，并著赏戴蓝翎，以示鼓励。又据奏，绰斯甲布土司之子土舍绰尔甲木灿督率土兵，甚为出力。著赏给土都司衔，并赏戴花翎，令其倍加奋勉。"

（高宗朝卷九三六·页一三下）

○乾隆三十八年（癸巳）六月丁酉（1773.7.28）

又谕（军机大臣等）："前因牛天畀升任贵州提督，所遗川北镇总兵员缺，传谕温福等在军营内拣选出力副将一员奏补。今据奏到，查有贵州定广协副将成德，每遇打仗勇往向前，屡著劳绩，请以升补四川川北镇总兵。所遗副将员缺，查有贵州丹江营参将握星泰，在玛尔迪克、功噶尔拉等处带兵，均能奋勉出力，请以升补副将。其参将员缺，又查有建武营游击沈宽，熟悉番情，打仗亦能奋勇，且系遇缺即用之员，应请即行补用等语。均著照所请，成德即升补四川川北镇总兵；握星泰即升补贵州定广协副将；其贵州丹江营参将员缺，即著沈宽补授，以示鼓励。"

（高宗朝卷九三六·页一五下～一六上）

○乾隆三十八年（癸巳）六月戊戌（1773.7.29）

谕军机大臣等："春宁、特成额著带荷包、奶饼往温福、阿桂军营分赏，并查看打仗情形，即回具奏。"

（高宗朝卷九三六·页二〇上～下）

○乾隆三十八年（癸巳）六月甲辰（1773.8.4）

又谕（军机大臣等）："据温福奏称昔岭、达扎克角二处攻碉杀贼情形。大臣、官员、兵丁俱各不避枪石，奋勇攻战，杀贼甚多。虽未得获碉卡，仍著记档，俟再攻获贼人地时一并议叙。此次打仗得伤、阵亡者，著温福查明造册咨部，照例议恤。"

（高宗朝卷九三七·页四上）

○乾隆三十八年（癸巳）六月甲寅（1773.8.14）

谕："小金川逆酋僧格桑侵占底木达等处并扰及木果木军营之事，昨已有旨通谕矣。至温福军营失事，其罪不在刘秉恬，而小金川一带后路不能妥密预防，及不查参董天弼之处，刘秉恬实不能辞咎。……此次贼匪滋扰皆由董天弼玩误所致，实属死有余辜，而刘秉恬之罪亦与董天弼相去无几。前因刘秉恬在军营督办粮运诸务，颇能奋勉出力，不辞劳瘁，是以加恩授为总督，并赏戴孔雀翎，晋阶太子少保。今以防守后路紧要大事贻误若此，实不能复为宽解，若不加以惩儆，转似朕有意曲庇，何以服众人之心？即刘秉恬自问，亦何颜复戴花翎，忝任总督乎？此事若在他人，即当重治其罪，第念刘秉恬系初经任用之汉人，且平日办理他事尚属认真，姑从宽典，刘秉恬毋庸俟该部严加议处，即将伊总督及所加官衔概行革退，拔去孔雀翎，以示炯戒。仍加恩赏给按察使衔，在军营随同办事，俾励后效。所有四川总督员缺，即著富勒浑调补，在美诺等处办事，照刘秉恬例用钦差大臣关防。文绶去年获咎之由系沾染外省祖护恶习，尚无大罪。在当时不得不加以创惩。念其向来颇能办事，尚可弃瑕录用，文绶著加恩补授湖广总督。仍照富勒浑之例，署理四川总督印务，在省办理地方事务。如有关系军需之事，仍著往来查办。其湖广总督印务，仍著陈辉祖暂行署理。至此次富勒浑本因查办粮运出口，继以山水涨发，留驻督办桥道。一闻贼人侵占底木达之信，即带领头二起已到黔兵驰赴蒙固桥，策应防守，料理俱能妥协。博清额系派往审事之人，亦即同富勒浑带兵驰守蒙固桥。彼时贼势鸱张，若非富勒浑、博清额二人统兵在彼防范，更不知成何事体！而博清额旋即前往美诺，与海兰察督兵声援。连日海兰察奏到诸折具有条理，必系博清额为军机章京办事年久，熟习机宜，故能周到若此。富勒浑、博清额均属可嘉，俱著交部议叙。博清额并著赏戴孔雀翎。朕于诸臣功罪，办理一秉大公。至军旅重务，赏罚尤不肯丝毫假借。轻重权衡，悉视其人之自取。将此传谕刘秉恬，使知感愧，并通谕中外知之。"

（高宗朝卷九三七·页三六上～三九上）

○乾隆三十八年（癸巳）七月壬戌（1773.8.22）

又谕（军机大臣等）："四川提督员缺已有旨令王进泰调补。绿营兵丁怯懦不堪，而川省尤甚，则将领等平时之不能约束训练，亦难辞咎。所谓兵不知将，将不知兵，安望其能得实用乎？王进泰久膺专阃，阅历有素，自能措置合宜，今授四川提督，前往军营，凡各省调到绿营皆可经管，而川省官兵尤其专辖。著传谕王进泰，先就川兵实力整顿，激其愧耻之心，作其勇敢之气，使人思自效，营伍改观。俾诸军有所观感奋发，方足以副委任。"

（高宗朝卷九三八·页二二上～下）

○乾隆三十八年（癸巳）七月癸亥（1773.8.23）

谕："湖南永州镇总兵员缺，前经谕令于军营出力人员内拣选升补。今据阿桂奏湖广副将扎拉芬在军营督兵攻剿，实为勇往，请以之升补永州镇等语。扎拉芬著即升补湖南永州镇总兵。所遗副将员缺，现据阿桂奏，参将刘辉祖奋击贼众，殄戮多人，甚为勇往出力。刘辉祖即著升补湖南长沙协副将，以示鼓励。"

（高宗朝卷九三八·页二三上～下）

○乾隆三十八年（癸巳）七月甲子（1773.8.24）

以户部尚书舒赫德为大学士。调礼部尚书阿桂为户部尚书。以署兵部尚书永贵为礼部尚书，仍署户部事务。理藩院尚书索尔讷兼署礼部尚书。以固伦额驸色布腾巴勒珠尔为正黄旗领侍卫内大臣。调镶白旗满洲副都统富德为镶白旗蒙古副都统。

（高宗朝卷九三八·页二九上～下）

○乾隆三十八年（癸巳）七月丁卯（1773.8.27）

谕："……今复据海兰察、富勒浑等查奏，温福军营阵亡文武大小各员多至数十人，而将弁兵丁之未出者至三千余人。此皆温福乖方偾事，以致折将损兵。使其身尚在，即当立正典刑，以申军纪，岂可复膺五等之封？所有赏给伯爵著销去。但念其究系阵亡，仍著交部照例议恤。其应得何世职，即令伊子永保承袭。……所有提督马全、牛天畀皆系出力有用之人，副都统巴朗、阿尔素纳屡经勇往立功，今皆力战死事，实堪轸惜。马全、牛天畀著交部照豆斌之例议恤，巴朗、阿尔素纳著照扎拉丰阿之例议恤。仍查明伊子，交御前大臣带领引见，候朕另降谕旨。总兵张大经虽未著有劳绩，而效命亦殊可悯，著照高天喜之例酌减议恤。其余阵亡武职兵丁及被害文员，著将海兰察、富勒浑查到原单，交该部查明，均照阵亡例一体议恤。……"

谕军机大臣等："……至温福军营阵亡被害将士、官员，业经降旨议恤，其明正、巴旺、布拉克底土目兵练等有实系阵亡者，并著富勒浑、海兰察等查明奏闻，交部照例议恤。"

（高宗朝卷九三八·页三五上～四三上）

○乾隆三十八年（癸巳）七月戊辰（1773.8.28）

谕军机大臣等："屡次传谕丰升额等，带兵接应阿桂最为紧要。计丰升额等奉到遵旨起程，应即驰赴打箭炉一带，并遵昨旨与福康安分为前后两起进兵接应阿桂，愈速愈佳。至其折内访得三杂谷土司希冀赏带花翎，随令李天佑申饬谕示，所办亦是。丰升额此次撤兵，若经由三杂谷，即应酌量驾驭该土司，带令随营行走，以好言抚慰，励其效顺之心，自为最要。至梭磨土妇，在三杂谷中行辈最尊，从噶克多听其指挥。该土妇自不为小金川流言所惑，据官达色报称，该土妇见伊时，密告金川贼众逆谋，其心甚觉真切，自应予以奖励。著即晓谕该土妇，以尔实心恭顺，节次奏闻，大皇帝深为嘉悦，特加恩赏尔'淑顺'名号并彩缎四匹，用示优奖。如此传谕，不特该土妇益当感恩图报，即其余土司等亦必共知激劝，冀得出力沾恩，亦属控驭番夷之一法。"

（高宗朝卷九三八·页四四下～四五下）

○乾隆三十八年（癸巳）七月戊寅（1773.9.7）

谕："据阿桂奏，自当噶尔拉军营撤回时，见沿途各险隘皆有土兵把守接应。查系布拉克底、巴旺土司及革布什咱土都司亦俱添兵前来，较原派之数加多。察看各土司尚知报效，不肯为贼番眩惑等语。各土司如此实力奋勉，甚属可嘉。著阿桂传旨，将布拉克底、巴旺、明正土司，革布什咱土都司各赏彩缎八匹。其出力之头人，查明各赏缎二匹。其派出防守之土兵，并照在当噶尔拉军营撤出土兵之例，赏给一月盐菜银两，以示奖励。"

（高宗朝卷九三九·页二二上～下）

○乾隆三十八年（癸巳）七月丙戌（1773.9.15）

谕："据阿桂等奏，革职留任之甘肃提标中营参将富金保，屡次打仗出力，并于驻守古噜时防范严密，悉力守御，殄戮贼番，且身受枪石伤，实属奋勇可嘉。可否将该员革职之处准予开复等语。富金保著加恩准其开复。"

（高宗朝卷九三九·页五六下～五七上）

蠲免、缓征官兵经过之地方及旁近州县钱粮

○乾隆三十七年（壬辰）六月壬申（1772.7.8）

谕："昨岁进剿小金川以来，一切军行储偫俱支官帑，丝毫不累闾阎，而粮运转输不无稍资民力。今春曾降旨，将官兵经过之各州、县所有本年钱粮先行缓征，俟凯旋后分别等第加恩。今两路军营现在分兵进讨，务为捣穴擒渠之计。小民转运兵粮，颇为急公出力，若于军务告藏后始行加恩，未免尚需时日，朕心深为轸念。著阿尔泰查照前此平定金川之例，即行查明酌定等第，具折奏闻，分别蠲免。其蠲剩缓征之项并予展限，俾编氓早沾实惠，副朕奖劳优恤至意。"

（高宗朝卷九一〇·页八下～九上）

○乾隆三十八年（癸巳）正月壬辰（1773.1.24）

又谕（军机大臣等）："四川自办理军务以来，一切征调官兵及挽输馈运，皆系动用公帑，从未有丝毫累及闾阎，而赉送遄行，不无少资民

力。上年曾降旨分别蠲缓，以示优奖。而百姓等趋事奉公，倍加踊跃，一年之内又已积有勤劳。兹当小金川全境荡平，自宜益霈隆施，俾共洽新春膏泽。著再加恩将四川省官兵经过之成都、华阳、新都、汉州、德阳、绵州、梓潼、剑州、昭化、广元、郫县、灌县、汶川、保县、杂谷厅、茂州、松潘厅、双流、新津、邛州、名山、雅安、荥经、清溪、打箭炉、芦山、天全州、金堂、简州、资州、资阳、内江、隆昌、泸州、纳溪、叙永厅、永宁、三台、中江、蓬溪、射洪、渠县、蓬州、南充、大竹、梁山、奉节、云阳、万县、巫山等五十厅、州、县乾隆三十八年分额征钱粮，俱缓至三十九年带征。其分办夫粮未经过兵之温江……九十厅、州、县所有三十七年蠲剩、应行带征之项，俱展限至三十九年再行带征。至官兵经过地方，番民有认纳夷赋银米、贡马者，俱著一体缓征，用昭格外轸恤。庶茅蕝作息益得宽舒，副朕曲体民劳有加无已之至意。该部即遵谕行。"

又谕："迩年办理小金川以来，节次调派陕甘官兵较他省为数稍多。一切经过地方停宿供亿均动支官帑，丝毫不以累民。第念陕省为入川总汇之区，凡调取陕甘官兵、解送军装铅药饷鞘等项皆所必经，兹当小金川全境荡平，兵差所过之地民劳可念，允宜量加恩泽，用普春祺。所有陕省接壤川境临栈之宝鸡、南郑、城固、西乡、沔县、略阳、宁羌、褒城、洋县、凤县、留坝厅十一厅、州、县，缓征正赋钱粮十分之五。其路当孔道差务繁多之咸宁、长安、咸阳、兴平、临潼、渭南、凤翔、扶风、岐山、潼关厅、华州、华阴、武功十三厅、州、县缓征钱粮十分之四。办差稍次之鄠县……四十州、县，缓征钱粮十分之三。至甘省僻近西陲，民多贫瘠，而办送兵差并皆黾勉趋事。所有差务较繁之陇西、岷州、宁远、漳县、西固州同、阶州、成县、文县八厅、州、县，缓征正赋钱粮十分之五。其次之皋兰……三十一厅、州、县，缓征钱粮十分之三。但缓征旧欠则急公输将之户转不得一体同邀惠泽，而次年新旧并征，民力亦仍不免拮据。并著将陕、甘过兵各州、县应完之项统于乾隆三十八年分新赋内分别缓征，以昭公溥。其酌缓四五分者，仍分作三年带征；酌缓三分者，分作二年带征。俾群黎从容输纳，永免追呼，共享升平之乐。该部即遵谕行。"

（高宗朝卷九二四·页三下～七下）

○乾隆三十八年（癸巳）正月甲午（1773.1.26）

谕："川省自征剿小金川以来，贵州、湖广及云南昭通等营亦俱调拨官兵。所有师行供亿，及一切运送军装、火药等项，俱动用官帑，丝毫不以累民。而沿途承应执劳皆能踊跃趋事，民情殊为可嘉。兹当小金川全境荡平，允宜广沛恩施，俾沾闿泽，用普春祺，曾传谕各该督、抚，令查明征兵经过之地应如何酌量加恩之处，分别具奏。今据各该督、抚等陆续奏到，并称各该省秋成丰稔，户乐盈宁，小民实自忘其劳，兹蒙格外施仁，遵即查明酌议缓征分数具奏等语。所有官兵经过之贵州毕节、威宁等十七州、县，湖广之竹山、竹溪等五十七州、县、厅，云南之恩安、大关同知等八州、县、厅应征乾隆三十八年分钱粮，俱著照该督、抚等所奏分别按数缓征，用纾民力。各该督、抚等，其董率所属悉心察核，俾闾阎实被恩膏，以副朕嘉惠体恤至意。该部即遵谕行。"

（高宗朝卷九二四·页一二上～一三上）

○乾隆三十八年（癸巳）闰三月丁亥（1773.5.19）

谕："昨因进剿金川，曾于湖广各营调拨官兵所有经过各州、县地方本年应征钱粮，业经降旨按数缓征，以示体恤。此外尚有漕项银款例不并缓，小民仍有赴公输纳之劳，著加恩将湖北竹山等二十二州、县，湖南长沙等二十六州、县本年随漕等银，准其同地丁一并缓征，俾民力益滋宽裕，以副朕加惠无已之至意。该部即遵谕行。"

（高宗朝卷九三一·页一九下）

土尔扈特渥巴锡等奏请赴藏熬茶，清廷特准官为办理护往

○乾隆三十七年（壬辰）七月己未（1772.8.24）

谕军机大臣等："昨据舒赫德等将土尔扈特渥巴锡、舍楞等赴藏礼拜达赖喇嘛所派之人官为办理，派员护送等情具奏。此系伊等私事，理宜自备资斧前往。前杜尔伯特车凌乌巴什等已如是办理。今念其自俄罗斯投附以来力甚穷促，且一切尚未习惯，格外施恩，姑准官为办理护往，以后毋得照此。著传谕车布登扎布晓谕渥巴锡等外，并谕杜尔伯特车凌乌巴什等知之。"

（高宗朝卷九一三·页一九上）

订译四体合璧大藏全咒和满文大藏经

○乾隆三十八年（癸巳）二月甲戌（1773.3.7）

又谕（军机大臣等）："大藏经中咒语乃诸佛秘密心印，非可以文义强求，是以概不翻译。惟是咒中字样，当时译经者仅依中华字母约略对音，与竺乾梵韵不啻毫厘千里之谬，甚至同一汉字亦彼此参差。即如纳摩本音，上为诺牙切，下为模倭切，而旧咒或作曩谟，或作奈麻，且借用南无者尤多，皆不能合于正。其他牵附乖离类此者，难以缕数。尝命庄亲王选择通习梵音之人，将全藏诸咒详加订译，就正于章嘉国师。凡一句一字，悉以西番本音为准，参之蒙古字，以谐其声，证之国书，以正其韵，兼用汉字，期各通晓，编为四体合璧大藏全咒。使呗唱流传，唇齿喉舌之间无爽铢黍，而于咒语原文一无增省。且按全藏诸经卷帙编次字样，并为标注，以备检查。书既成，序而寿之剞劂，列为八函，兹装潢藏工，著交该处，查明京城及直省寺院向曾颁过藏经者，俱各给发一部。俾缁流人众展卷研求，了然于印度正音本来如是，不致为五方声韵所淆，庶大慈氏微妙真言，阐扬弗失，不可谓非震旦沙门之幸。若僧徒等因传习已久，持诵难以遽调，惮于改易字音者，亦听其便。将此传令各僧众等知之。"

又谕："大藏汉字经函刊行已久，而蒙古字经亦俱翻译付镌，惟清字经文尚未办及。揆之阐教同文之义，实为阙略。因特开清字经馆，简派皇子、大臣于满洲、蒙古人员内择其通晓翻译者，将藏经所有蒙古字、汉字两种悉心校核，按部翻作清文，并命章嘉国师董其事。每得一卷即令审正进呈，候朕裁定。今据章嘉国师奏称，唐古忒甘珠尔经一百八部俱系佛经，其丹珠尔经内有额讷特珂克得道大喇嘛等所传经二百二十五部。至汉字甘珠尔经则西方喇嘛及中国僧人所撰全行列入。今拟将大般若、大宝积、大集华严、大般涅槃、中阿含等经及大乘律全部翻译。其五大部支派等经八种，并小乘律皆西土圣贤撰集，但内多重复，似应删繁就简。若大乘论、小乘论共三千六百七十六卷，乃后代祖师在此土撰述，本非佛旨，无庸翻译等语。所奏甚合体要，自应照拟办理。粤自白马驮经，梵文始传震旦，其间名流笔授展转相承，虽文字语言未必即与竺乾悉协，然于佛说宗旨要不失西来大义。逮撰集目录者，以经、律、论区为三藏，于是大乘、小乘，裒集滋繁。且于佛经外，兼取罗汉、菩萨所著赞明经义者，以次类编入部。在西土诸佛弟子，尚系亲承指授，或堪羽翼宗风。洎乎唐宋以降，缁徒支分派别。一二能通内典者，辄将论疏、语录之类，觊得续入大藏，自诩为传灯不坠，甚至拉入塔铭志传，仅取铺张本师宗系，乖隔支离，与大慈氏正法眼藏去之愈远。殊不思此等皆非佛说真言，列入续藏内已为过分，岂可漫无区别！如章嘉国师所云，实释门之公论也。昔我皇考曾命朕于刊刻全藏时，将续藏中所载丛杂者量为删订。嗣朕即位后，又令大臣等复加校核，撤去开元释教录，略出辨伪录、永乐序赞文等部。其钱谦益所著楞严蒙抄一种，亦据奏请毁撤。所有经板书篇均经一体芟汰，期于澄闱宗门。兹清字经馆正当发凡起例之始，如不立定规条，致禅和唾余剽窃，亦得因缘贝夹，淆乱经函，转乖敷扬内典之指，可将章嘉国师奏定条例清单，交馆详晰办理。并传谕京城及直隶各寺院，除现在刊定藏经毋庸再为删削外，嗣后凡别种语录著述，只许自行存留。倘有无识僧徒，妄思裒辑汇录，诡称续藏名目，觊欲窜淆正典者，俱一概永行禁止。庶几梵文严净，可以讨真源而明正见。但此事关系，专在释教，毋庸内阁特颁谕旨。著交与该管僧道处行知各处僧纲司，令其通饬僧众人等永远遵行。"

（高宗朝卷九二六·页三一上～三五上）

西藏贵族的袭封

○乾隆三十八年（癸巳）闰三月丁丑（1773.5.9）

予故西藏辅国公恭格丹津致祭如例。

（高宗朝卷九三一·页四下）

○乾隆三十八年（癸巳）闰三月甲申（1773.5.16）

以故西藏辅国公恭格丹津子锡纳木扎勒袭爵。

（高宗朝卷九三一·页一五上）

驻藏大臣的任免、奖惩

○乾隆三十八年（癸巳）正月辛亥（1773.2.12）

又谕曰："恒秀著赏给副都统职衔，赴藏更换索琳。其应赏款项，照例给与。"

（高宗朝卷九二五·页九上）

○乾隆三十八年（癸巳）四月庚戌（1773.6.11）

谕曰："索琳前以户部侍郎与署侍郎博清额前往土默特查审事件，未能妥协，是以将伊革去侍郎，降为内阁学士，令其在军机司员上行走。嗣因驻藏需员，复给与副都统衔前往办事。乃于民人杜华身死不明一案，部议请革去职衔。彼时因索琳驻藏在外，当经降旨，俟其更换回京之日再降谕旨。后又因藏内及前在浙江藩司任内例应议处三案，共应降七级调用，均声明换班回京之日请旨。今经兵部汇案具奏，索琳著销去副都统衔，加恩授为内阁学士，革职留任。俟八年无过，准其开复。所有礼部侍郎员缺，仍著索琳暂行署理。"

（高宗朝卷九三三·页一四下～一五上）

赈灾、免赋

○乾隆三十七年（壬辰）四月丁卯（1772.5.4）

赈恤甘肃河州、沙泥州判、岷州、宁远、漳县、洮州厅、平凉、静宁、华亭、盐茶厅、山丹、东乐县丞、古浪、平番、宁夏、宁朔、中卫、平罗、秦州、秦安、高台等二十一厅、州、县乾隆三十六年夏秋水灾贫民。

（高宗朝卷九〇六·页八上～下）

○乾隆三十七年（壬辰）六月丁丑（1772.7.13）

补蠲甘肃皋兰、红水县丞、循化厅、金县、河州、狄道、靖远、安定、会宁、平凉、泾州、静宁、隆德、固原、盐茶厅、华亭、环县、张掖、山丹、东乐县丞、武威、永昌、镇番、古浪、平番等二十五厅、州、县乾隆三十六年分旱灾正耗银一万六千八百七十两，粮二万六千九百四十石有奇。

（高宗朝卷九一〇·页二〇上～下）

○乾隆三十七年（壬辰）十一月癸卯（1772.12.6）

赈贷甘肃皋兰、红水县丞、渭源、狄道、靖远、陇西、安定、会宁、平凉、华亭、泾州、隆德、镇原、固原、盐茶厅、安化、环县、正宁、宁夏、灵州、平罗、中卫、大通、肃州、王子庄、高台、金县、静宁、平番、巴燕戎格厅、西宁等三十一厅、州、县本年水、旱、雹灾饥民。

（高宗朝卷九二〇·页二六下～二七上）

○乾隆三十八年（癸巳）三月壬子（1773.4.14）

　　赈恤甘肃皋兰、金县、渭源、狄道州、靖远、陇西、安定、会宁、平凉、静宁州、华亭、泾州、隆德、镇原、固原州、盐茶厅、安化、环县、平番、宁夏、灵州、平罗、中卫、巴燕戎格厅、西宁、大通、肃州、高台乾隆三十七年分被灾贫民口粮有差。

　　　　　　　　　　　　　　（高宗朝卷九二九·页一五上～下）